中国科协产业技术路线图丛书

中国科学技术协会 / 主编

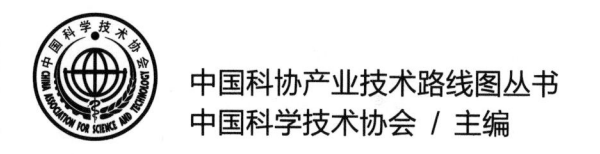

深潜装备产业
技术路线图

中国造船工程学会　编著

中国科学技术出版社

·北京·

图书在版编目（CIP）数据

深潜装备产业技术路线图 / 中国科学技术协会主编；中国造船工程学会编著 . -- 北京：中国科学技术出版社，2024.6

（中国科协产业技术路线图丛书）

ISBN 978-7-5236-0697-1

Ⅰ.①深… Ⅱ.①中…②中… Ⅲ.①潜水装备 – 装备制造业 – 产业发展 – 研究 – 中国　Ⅳ.① F426.4

中国国家版本馆 CIP 数据核字（2024）第 090105 号

策　　划	刘兴平　秦德继	
责任编辑	杨曦子	
封面设计	菜花先生	
正文设计	中文天地	
责任校对	吕传新	
责任印制	徐　飞	

出　　版	中国科学技术出版社
发　　行	中国科学技术出版社有限公司
地　　址	北京市海淀区中关村南大街 16 号
邮　　编	100081
发行电话	010-62173865
传　　真	010-62173081
网　　址	http://www.cspbooks.com.cn

开　　本	787mm×1092mm　1/16
字　　数	296 千字
印　　张	13.25
版　　次	2024 年 6 月第 1 版
印　　次	2024 年 6 月第 1 次印刷
印　　刷	河北鑫兆源印刷有限公司
书　　号	ISBN 978-7-5236-0697-1 / F・1250
定　　价	78.00 元

（凡购买本社图书，如有缺页、倒页、脱页者，本社销售中心负责调换）

本书编委会

首席科学家　徐芑南

编　写　组　王俊利　叶　聪　胡　震　李玉节　朱　忠
　　　　　　　李　龙　王　磊　王叶剑　许立坤　段梦兰
　　　　　　　庞永杰　曹　林　赵玫佳　刘　蕾　王传荣
　　　　　　　徐晓丽　赵羿羽　田晓宇　甄兴伟　郝金凤

序

习近平总书记深刻指出，要积极培育新能源、新材料、先进制造、电子信息等战略性新兴产业，积极培育未来产业，加快形成新质生产力，增强发展新动能。产业是生产力变革的具体表现形式，战略性新兴产业、未来产业是生成和发展新质生产力的主阵地，对新旧动能转换发挥着引领性作用，代表着科技创新和产业发展的新方向。只有围绕发展新质生产力布局产业链，及时将科技创新成果应用到具体产业和产业链上，才能改造提升传统产业，培育壮大新兴产业，布局建设未来产业，完善现代化产业体系，为高质量发展持续注入澎湃动能。

中国科协作为党和政府联系科学技术工作者的桥梁和纽带，作为国家推动科学技术事业发展、建设世界科技强国的重要力量，在促进发展新质生产力的进程中大有可为也大有作为。2022年，中国科协依托全国学会的学术权威性和组织优势，汇聚产学研各领域高水平专家，围绕信息技术、生物技术、先进制造技术、现代交通技术、空天技术等相关技术产业，以及生命健康、新材料、新能源等相关领域产业，开展产业技术路线图研究，研判国内外相关产业的整体发展态势和技术演进变革趋势，提出产业发展的关键技术，制定发展路线图，探索关键技术的突破路径和解决机制，以期引导广大科技工作者开展原创性、引领性攻关，为培育新质生产力奠定技术基础。

产业技术路线图重点介绍国内外相关领域的产业与技术概述、产业技术发展趋势，对产业技术需求进行分析，提出促进产业技术发展的政策建议。丛书整体兼顾科研工作者和管理决策者的需要，有助于科研人员认清产业发展、关键技术、生产流程及产业环境现状，有助于企业拟定技术研发目标、找准创新升级的发展方向，有助于政府决策部门识别我国现有的技术能力和研发瓶颈、明确支持和投入方向。

在丛书付梓之际，衷心感谢参与编纂的全国学会、学会联合体、领军企业以及有关科研、教学单位，感谢所有参与研究与编写出版的专家学者。真诚地希望有更多的科技工作者关注产业技术路线图研究，为提升研究质量和扩展成果利用提出宝贵意见建议。

前　言

当前，虽然浅海资源开发的技术日趋成熟，但浅海资源日益匮乏，围绕深海资源的开发与科学研究正在成为世界战略竞争的新焦点。人类对深海的探索和开发总体处于初级阶段，水下深潜装备及技术作为国际工程科技研究的难点和前沿问题，已成为全球海洋国家竞争的重要领域。目前，全球已形成由载人潜水器、有缆遥控潜水器、自主无人潜水器以及深海空间站等所构成的深潜装备体系，广泛用于水下调查、搜索、采样、维修、施工、救捞等使命任务。

美国、法国、俄罗斯、日本、中国已具备深海载人潜水器自主研发的能力，典型深海载人潜水器的作业水深在 4 500～7 000 米，而随着深海技术的不断发展和科考需求的扩大，深海载人潜水器正向全海深发展。2020 年 11 月，中国"奋斗者"号载人潜水器在马里亚纳海沟成功完成万米海试，坐底深度达 10 909 米。目前国际上商用的遥控潜水器系统基本工作在 3 000 米以浅，应用于 3 500 米以深的遥控潜水器只有美国、日本、法国、韩国、德国、中国等少数国家拥有；自主无人潜水器依靠自身决策和控制能力可高效完成以探测为主的诸多任务，也成为美国、法国、英国、日本、中国等国家重要的研发方向。同时，发展能在深海长时间停留、开展较大功率作业、可操控各类无人系统的居住型深海移动空间站及其配套的各类探测与作业辅助系统，将成为人类进入深海、驻留深海、研究认识深海与开发利用深海的重要支撑。未来，随着人工智能、新材料、生物技术、量子技术等前沿技术不断与海洋装备技术融合，以及装备研发、组织、管理、保障等运行模式的创新，深潜装备将不断获得发展新动能向智能化、高性能化、实用化、集群化、体系化等方向发展。

然而，与深海开发的战略需求相比，深潜装备发展仍存在如下问题：深潜装备尚未实现谱系化、体系化发展，缺乏顶层设计与规划；水下深潜装备探测感知与作业相关核心设备及零部件仍有缺失；目前已有的小型深潜装备功能仅限于"点域"和"短线"科学探测与研究等。

针对上述发展形势与问题，本书拟通过开展水下深潜装备工程科技发展研究，紧扣国际研发前沿趋势，对标先进研发水平和运营模式，提出相关装备技术未来发展方向、重点领域及运营模式，并结合已有基础和能力，提出深潜装备工程发展建议，绘制深潜装备产业技术路线图，为提升深潜装备领域竞争力，发挥在深海装备领域的领军作用提供支撑。

中国造船工程学会
2024 年 2 月

目 录

第一章 深潜装备的概念、系统构成与发展历程 /001
第一节　基本概念　/001
第二节　系统构成　/003
第三节　发展历程　/008

第二章 国内外深潜装备技术研究与发展现状 /035
第一节　总体技术　/035
第二节　材料技术　/050
第三节　能源技术　/064
第四节　传感器技术　/083

第三章 深潜装备运营与应用 /115
第一节　研发与运营模式　/115
第二节　应用场景　/132

第四章 深潜装备技术发展趋势与需求 /145
第一节　发展优势　/145
第二节　发展趋势　/148
第三节　技术挑战　/153

第五章 深潜装备产业分领域技术路线图 /158
第一节　载人潜水器　/158

| 第二节 | 无人潜水器 | / 161 |
| 第三节 | 总体技术路线图 | / 164 |

第六章 深潜装备产业发展愿景 / 165
第一节	发展思路	/ 165
第二节	愿景目标	/ 165
第三节	重点任务	/ 166

附录 深潜装备产业主体情况 / 169

参考文献 / 195

第一章

深潜装备的概念、系统构成与发展历程

第一节 基本概念

伴随深海探测技术的发展，人类对深海的认识逐步深入。深海装备是用于深海科学考察、资源探测与开发、安全保障等领域的海洋装备。深海装备种类繁多，可按照多种方式进行分类。按照是否可自主移动，可分为固定式深海装备和移动式深海装备；按照在水面和水下的状态，可分为深海浮式装备和深海深潜装备两大类。深海浮式装备主要包括深海采矿船、深海油气开采平台、深海养殖平台、深海浮标等作业装备；深海深潜装备主要包括深海空间站、潜水器、海底观测网、水下生产系统等作业装备。下文展示了深海装备分类（图1.1）。

深潜装备是深海装备分类中重要的组成部分，是人类探索海洋重要的海洋装备。目前深潜装备主要指，最大工作深度在1 000米及以深的深海区域探测与作业的各类装备。

深潜装备按照运动状态可分为固定式深潜装备和移动式深潜装备，也按照人员参与的状态可分为深海载人装备和深海无人装备。固定式深潜装备主要包括海底实验室、海底观测网、水下油气生产系统等长期驻留在海底的深潜装备。移动式深潜装备主要包括深海空间站、载人潜水器和无人潜水器等。满足当前及未来场景需求较为广泛的深潜装备主要有深海空间站、载人潜水器、无人潜水器三类。本书主要以这三类深潜装备为基础进行论述。

深海空间站（Deep-sea Space Station, DsSS）是用于深海科学研究、资源开发、安全保障的大型载人深潜装备，是满足水下长时间大功率探测、作业需求而研制的水下平台，不携带武备，配备声、光、电、磁等多种探测手段和机械手、起吊布放装置等作业工具。载人潜水器（Human Operated Vehicle, HOV）是由搭载的乘员操纵的

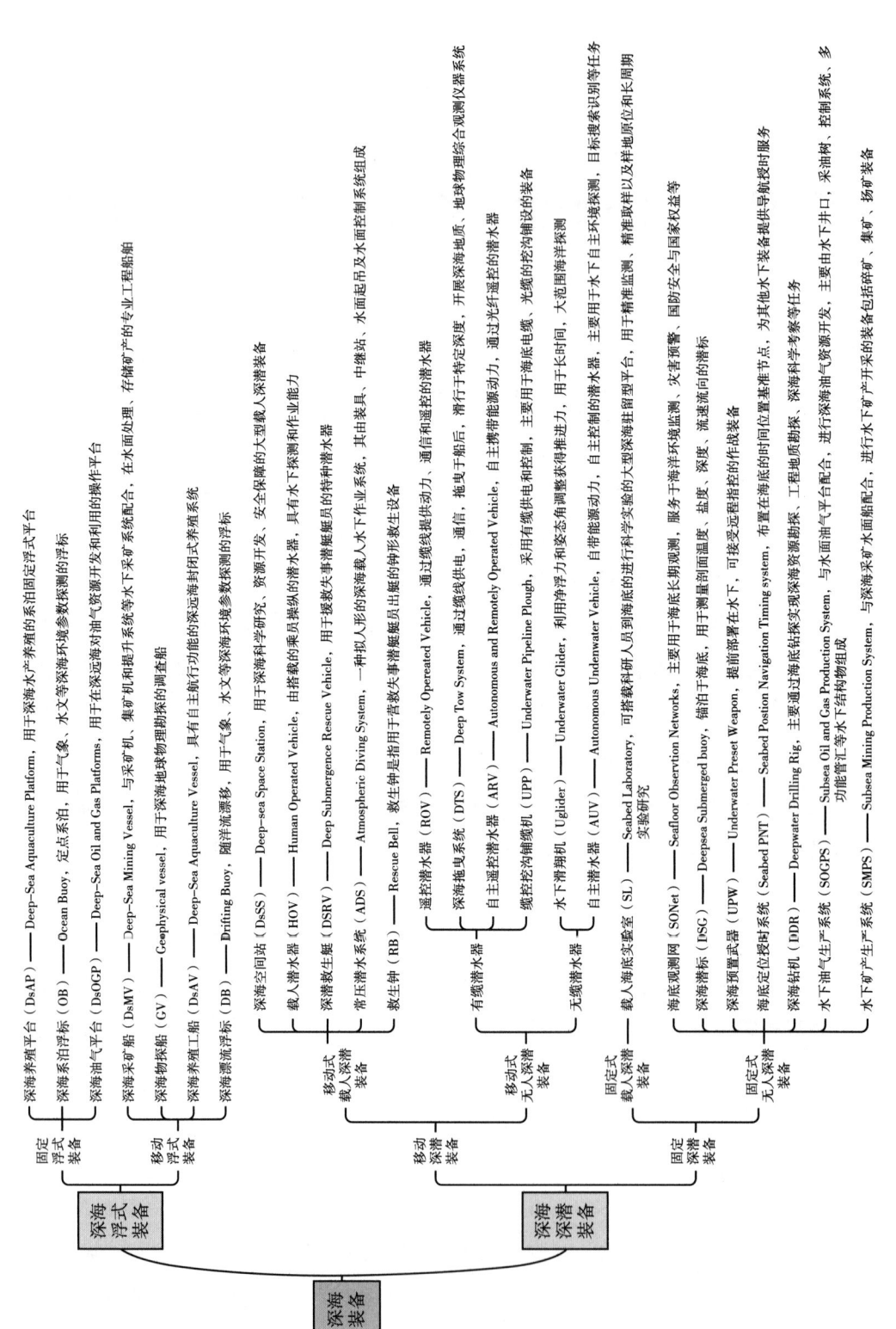

图 1.1 深海装备分类

潜水器，具有水下探测和作业能力。无人潜水器按照与水面母船或平台之间是否有连接，可以分为两大类：有缆潜水器和无缆潜水器。其中应用最广的潜水器有遥控潜水器（ROV）、自主潜水器（AUV）、自主遥控潜水器（ARV）和水下滑翔机（Uglider）。

第二节　系统构成

一、深海空间站

深海空间站为居住型自航式载人作业平台，能在水下悬停或直接在海底进行较长时间、较大范围的科学探测和较大负荷的作业，从而具有长时间，乃至全天候、大范围、大功率、载人多、不受海面恶劣风浪环境制约等作业能力。适用于21世纪相当长的一段时间内，海洋科学研究与开发规模将大为扩展的趋势以及深海工程作业和资源开发将会大部分集中在3 000米以浅水域且有增大有效容积、有效载荷、水下作业时间与作业能力作业需求的实际情况。而载人潜水器依赖水面母船，每个下潜航次仅限于在深海中一点或一个小区域，进行有限时间的观察、探测与取样的工作模式不足以满足相关作业需求。

深海空间站涉及船舶、能源、动力机械、材料、水声、电子信息等多领域的多学科技术，一般设有多个系统。

作为一种新概念大型载人潜水器，深海空间站与水面平台和水下潜器构成了三元海洋装备工作体系。它能够不受海面环境影响，在水下操控各类潜器，全天候、高效率地完成深海域的研究、探测和作业任务，发挥水下作业、控制中心、深海科学研究试验站、深海资源勘探开发保障平台的功能。为海洋物理学、地质学与地球物理学、海洋生物学、化学海洋学、环境科学、冰科学与大气科学的研究提供深海观测、海底钻探、原位取样的运载平台和移动研究基地，为深海资源开发、海底科学试验、深海探测网络建设与维护，提供重载作业与能源供应等保障条件。

二、载人潜水器

载人潜水器作为一种深海运载工具，可将科学技术人员与工程技术人员、各种电子装置与机械设备等人员和设备快速、精确地运载到目标海底环境中，遂行高效勘探测量和科学考察任务，已经成为人类开展深海研究、开发和保护的重要技术手段和装备。载人潜水器与搭载人员配合，可以有效地收集信息、详细地描述周围环境、快速地在现场作出正确的反应。过去的50年间，载人潜水器的安全运行、关键技术的逐渐完善，推动了深海探测领域的重大进步。

载人潜水器主要包括总体、结构、机械、电控和保障五个分系统。其中，总体分系统包括总布置、总体性能、推进、应急和生命支持等子系统；结构分系统包括耐压结构和非耐压结构子系统；机械分系统包括均衡、作业工具等子系统和设备；电控分系统包括电池组、供配电、综合显控、航行控制、观通导航等子系统；保障分系统包括甲板补给方舱、陆上运输车辆等子系统和其他设备。

相比深海科学考察的其他装备，载人型潜水器有诸多实际应用优势：①现代载人潜水器都配备了完善且充足的动力和便携操作系统，推进器可实现潜水器在水下自由航行；驾驶员可根据事先给定的坐标，驾驶潜水器到达预定目标进行科考作业。②可携带大量采样装置进入深海环境进行作业取样，配备灵活操作的机械手可实现在万米海底实时采样与装置回收。③可搭载多名科学家进入深海环境。通过观察窗，科学家可以近距离观测真实的深海环境，对海底地质结构、生物目标等进行长时间连续观测。④潜航员与科学家相互配合，可实现驾驶操作与观察同步进行，灵活自如地执行海底作业任务。⑤搭载探测地形地貌的先进设备，可对未知区域的环境进行精细地测量。

三、无人潜水器

无人潜水器也称为潜航器，无人驾驶，靠遥控或自动控制在水下航行。它主要指那些代替潜水员或载人小型潜艇进行深海探测、救生、排除水雷等高危险性水下作业的智能化系统。因此，无人潜水器也被称为"潜水机器人"或"水下机器人"。通常所说的无人潜水器包括遥控潜水器（ROV）、自主潜水器（AUV）和水下滑翔机（Uglider），而水下滑翔机在近十年有了很大进步，广泛应用于长时间、大范围探索海洋作业。因此本节重点介绍这几种无人潜水器。

（一）有缆遥控潜水器

有缆遥控潜水器通过脐带缆与水面支持母船连接，脐带缆具有能源和信息传输的作用，操作人员在水面可通过远程遥控潜水器本体搭载的声学、光学等专用传感器实时观察海底状况，并通过脐带缆发送指令远程遥控操作潜水器本体、机械手、任务载荷和作业工具。远程遥控潜水器是潜水器中种类最多、技术最完善、应用最广泛的种类，也是最早得到开发和应用的无人潜水器，非常适合水下长时间复杂定点作业。

ROV 以其经济、高效、作业深度大、作业时间无限制、极端环境适应强、无人员安全风险等综合优势，广泛应用于海洋科考、海洋调查、海洋观测、海上救捞、水利、考古、军事，以及海上油气开发等领域。ROV 在海上油气开发领域应用最为广泛，涉及海上油气田勘探、开发、生产和弃置各个阶段，包括钻井水下支持、各类工程建造项目支持，主要功能有导管架安装、管缆铺设、水下设施安装连接、工程前后调查、水下系统干预、生产期间的检测/维修和维护、深水调查以及弃置期间水下作业等，在海洋油气开发的全生命周期内发挥着不可替代的重要作用。

根据国际海事承包商协会（IMCA）标准，按作业能力将 ROV 可以分为 5 个级别：1 级是纯观察型，只能完成水下纯粹的观察作业，不能携带任何水下作业工具和设备；2 级是带有负载能力的观察型，能够带有简单设备完成水下观察作业；3 级是工作型，通常情况下带有机械手，能够完成水下较为复杂的工作；4 级是拖曳爬行类，主要指挖沟机和挖沟犁等；5 级是原型或改进型，包括改进或有特殊用途，不能归于其他级别的 ROV。

按动力源不同，分为电动和液压驱动 2 种。按运动方式可分为浮游式、履带式和爬行式 3 种。浮游式呈现零浮力，依靠其自身推进器在水下进行三维空间运动；履带式多用于电缆铺设等海底施工；爬行式目前比较少见。

在多年的发展过程中，国外商用远程遥控潜水器产品根据作业深度不同，逐渐形成了 1 000 米级、2 000 米级、3 000 米级、4 000 米以上等细分领域，在深度小于 3 000 米的范围内技术已经非常成熟。

ROV 通过配置摄像头、多功能机械手，携带具有多种用途和功能的声学、光学探测仪器以及专业工具进行各种复杂的水下作业任务。主要组成部分有水面控制单元、收放系统、脐带缆和水下潜器等。水面控制单元通过控制系统遥控 ROV；由液压站、绞车和 A 型架组成的收放系统进行潜器的下水和回收；脐带缆连接水下系统，通过它进行通信并提供动力；水下潜器接收水面指令进行水下作业。

目前，几乎所有水下检测和维护作业都需要通过水面支持船（作业母船）、ROV 系统和经验丰富的 ROV 领航员来完成。水面支持船是水面支撑系统，承担 ROV 的长途运输、动力支持、布放回收及水面控制等任务，且必须具备动力定位功能，保持在水面的位置。

ROV 系统包括水上、水下 2 个部分：水上部分由控制单元和布放回收系统（LARS）组成；水下部分由中继器（TMS）和 ROV 本体组成。以下为作业型 ROV 系统组成（图 1.2）。

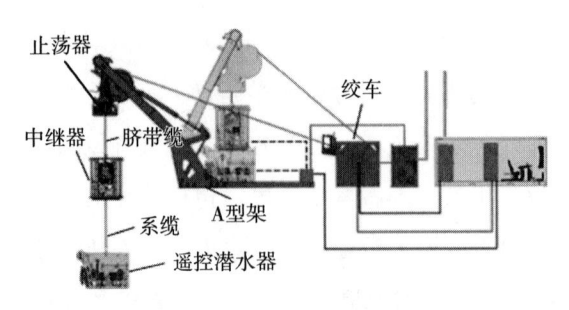

图 1.2　ROV 系统组成

大部分深水 ROV 系统还带有中继器（Tether Management System，TMS），它是 ROV 系统的重要组成部分，用于储存和收放中性缆的装置。为了保持 ROV 本体在水下具有良好的动作灵活性、运动平稳性和可操作控制性，消除或减小水面的扰动对 ROV 的影响，并增大 ROV 的作业半径，在 ROV 与甲板吊放系统之间设置中继器。中继器主要由中性缆绞车、导缆通道、对接联锁机构、液压动力单元、信息传输单元、控制单元、传感器单元以及框架结构等组成。主要有车库式和顶置式 2 种形式，以顶置式应用较为广泛。

按照功能分类，ROV 系统还可分为七大系统，分别为：推进系统（推进器）、动力系统（电液控制、电磁阀）、传感器和仪器（方向、姿态、深度、压力和温度等传感器）、通信系统（数据传输、中心控制板卡）、控制系统（控制单元）、载荷系统（采集器、科学仪器等）和浮力调整系统（可变浮力材料和压缩气体系统等）。

（二）自主潜水器

自主潜水器（AUV）是一类有动力、非载人的潜水器，将人工智能、自动控制、模式识别、信息融合与系统集成等技术应用于传统载体上，在与母船之间没有物理连接、无人驾驶的情况下，依靠自身携带的动力以及机器智能自主地完成复杂海洋环境中预定任务。具有活动范围不受电缆限制，隐蔽性能好等优点。AUV 的功能系统通常包括：推进系统、能源系统、传感器和仪器、通信系统、控制系统、载荷系统、浮力调整系统和导航与定位系统等。其中能源系统是包括电池的动力系统，与 ROV 由缆线提供动力的动力系统不同。另外新增的导航与定位系统，其作用是确定 AUV 的位置和方向，使其能准确执行任务，包括惯性导航系统、声呐系统和全球定位系统（在水面上）。

深海自主潜水器技术与装备一直是自主无人潜水器领域的研究热点。考虑不同的航行阻力，可设计为鱼雷形、立扁形等良好流体外形；考虑不同的作业需求，在载体布置上有单体、双体和三体等形式；考虑不同的作业任务，可搭载声学、光学和海洋环境测量载荷。

随着自主无人潜水器产品谱系的不断扩充，避免实际应用中经常出现的争议和混乱，需要提出更新、更科学、更合理的自主无人潜水器分级方法。美国海军在2016年呈交国会的报告《2025年自主潜水器需求》，提出了自主无人潜水器新的分类和分级方法。该报告将自主无人潜水器分为4个级别：小型（直径76~254毫米）、中型（直径254~533毫米）、大型（直径533~2133毫米）和超大型（直径大于2133毫米）。新的分级标准改变了以前口径和重量混列的分级方式，统一且仅按口径分级，在形式上更加科学合理。这种口径边界的划分显然是基于装备现状和军事应用的（76毫米是部分水声对抗器材和弹药的标准口径；254毫米是美国潜艇上现有的一类通海抛物口，也是部分水声对抗器材等装备的口径；533毫米是重型鱼雷的标准口径；2133毫米则是为了满足在潜艇大型垂直发射筒和背驮式坞舱中发射的需要）。

（三）自主遥控潜水器

自主遥控潜水器（ARV）是一种新型混合式潜水器，结合了自主无人潜水器和远程遥控潜水器的特点，具备自主无人潜水器较大范围探测、远程遥控潜水器水下定点作业的功能。与自主无人潜水器相比，自主遥控潜水器不仅实现了实时数据交互，还可以完成水下轻作业，提升了系统的作业能力；与远程遥控潜水器相比，自主遥控潜水器可携带长距离微细光缆，不仅扩大了水下作业范围，也降低了对支持母船的要求，降低了水面支持系统的复杂程度，减少了水面支持系统的体积和重量。在现有自主无人潜水器智能水平条件下，自主遥控潜水器是当今国际研究潜水器的一个热点，特别是在深海领域，代表着人类利用潜水器探索海洋活动的重要方向。主要应用领域包括深海复杂海区的勘探与调查作业，海沟、深渊调查及作业，极地冰下调查等。

自主遥控潜水器在自主潜水器系统配置的基础上，增加了缆线配置，一般仅通过缆线控制潜水器，而不通过缆线提供动力。

（四）水下滑翔机

水下滑翔机（Uglider）与在空中飞行的滑翔机类似，水下滑翔机融合了浮标技术、潜标技术及水下机器人技术，利用鱼鳔的工作原理，依靠自身重力与浮力平衡关系推进的带翼无人水下航行器，其本身并无螺旋桨等主动推进装置。水下滑翔机具有能源消耗少、效率高、续航力强的特点，虽然其航行速度较慢，但制造成本和维护费用低、可重复使用、并可大量投放等特点，满足了长时间、大范围海洋探索的需要。

水下滑翔机通常由推进系统、传感器、能源系统、控制与通信系统、姿态调整系统和变浮力驱动系统等组成。依靠姿态调整系统和变浮力驱动系统，水下滑翔机实现在水中滑行。

变浮力驱动系统是用于调节水下滑翔机重力与浮力关系的浮力变化发动机（简称"浮力发动机"），浮力发动机利用布置于湿端的柔性囊调节排水的体积，实现上浮与下潜，利用机翼或机身内部可前后移动的质量滑块（一般为电池包）形成俯仰力矩，同时与姿态调整系统联动，在上浮下潜的过程中保持稳定的攻角滑行。在滑行过程中，仅在水面或水下预定深度调整姿态时消耗少量的能量，部分水下滑翔机甚至可以在水面接收太阳能或在滑行过程中利用不同深度的海水温差产生能量，因此非常节能。

目前水下滑翔机的转向方式主要有两种，一种是通过质量滑块的横向移动或不对称电池包的旋转形成横滚力矩，另一种是通过转向舵实现转向。因此水下滑翔机在运动中必须通过上浮下潜才能前进及转向（水下滑翔机没有后退功能），故在无强海流干扰的理想条件下，其运动路线为锯齿形（亦称"之"字形）。在水下滑翔机上浮至海面附近时，利用安装于尾部的通信天线可向外发出其搭载传感器搜集到的数据，实现与空中及水面等平台的双向通信。水下滑翔机巡航速度一般小于1节，其控制系统及传感器负荷所消耗电能也非常低，平均不超过1瓦，一些滑翔机续航力可以超过6个月每3 000千米。

第三节　发展历程

一、深海空间站

早在20世纪60年代，美国就提出水下工作站的概念，继美国之后，俄罗斯及挪威等国家也开始进行水下工作站的研究和制造。早期的深海空间站一般是由潜艇改装而来，基本保持潜艇的形状特征，因此通常也称为潜艇。美国和苏联/俄罗斯是最早也是当前掌握最新深海空间站技术的国家，下面通过梳理这两个国家深海空间站发展情况来了解深海空间站技术发展史。

（一）美国

美国是最早应用深海空间站这一类水下装备的国家之一。深海空间站在常规战争及保持国家核威慑力方面的作用是不言而喻的。事实上，美国通过组建并使用这支水下特种力量，对苏联的海军战略设施与装备曾实施大量的侦察、窃听、打捞等任务，而在对其至关重要的海域又曾隐蔽地建设了本国的海战场设施，从而对美国的国家安全起到了非常重要的保障作用。

1. 由普通核潜艇改装的特种核潜艇

美国为了获取国防、外交、战略武器技术等涉及国家战略安全的信息，对部分海军潜艇进行了技术改造，这些特种潜艇在极其秘密的条件下执行相关任务。这类特殊任务从冷战时期一直持续至今，美国已经改造的部分核潜艇包括美国第一代核潜艇"海狼"号、"大比目鱼"号；第二代核潜艇："金吉鲈"号、"鲷鱼"号、"理查德·拉塞尔"号；第三代核潜艇"洛杉矶"号；第四代核潜艇"吉米·卡特"号。

（1）"海狼"号潜艇

"海狼"号（Seawolf，SSN–575）1957年入役，是美国"金属钠冷堆"试验潜艇，1958年底拆除了可靠性较低的"S2G金属钠冷堆"，替换为"S2W水冷堆"，海狼号装备了BQR—4A大型艏部主被动声呐，使其水下声学探测能力较同期其他潜艇大为提高，改造前后艇长有所加长，增加了坐底支架（图1.3）。1976年到1985年，海狼核潜艇参与了"旋花"行动，也参与了利比亚水下通信电缆的监听工作。1987年退役，累计服役30年。

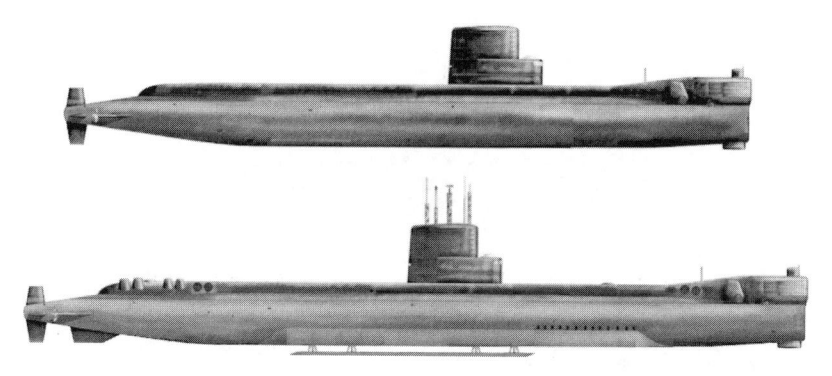

图1.3 "海狼"号核潜艇改造前后比较

（2）"大比目鱼"号飞航导弹核潜艇

"大比目鱼"号飞航导弹核潜艇原是一艘装备"天狮星"（Regulus）飞航导弹系统的核潜艇，但由于发射该类飞航导弹时潜艇的固有隐蔽性较差，于是美国在研制成功"北极星"弹道导弹系统后便停止了该类飞航导弹潜艇的使用，从而使该艇在服役 4 年之后便成了"鸡肋"。但也正是因为"大比目鱼"号核潜艇的艏部具有一个长 27.5 米，直径 7.6 米，容积近千立方米的导弹舱，所以便于在改装时在其内布置各类特种技术器材，同时又能做到尽可能地不破坏艇体的原有结构。该艇被克雷文小组一眼相中，在建造救生装置的幌子下，将其秘密改装成美国第一艘特种核潜艇。

"大比目鱼"号 1965 年由美国珍珠港海军造船厂改建提升探测作业能力，加装了声学设备、摄像机、信息处理计算机等水下探测作业工具，后又增加了一些包括水下通信电缆搜索装置、监听设备等特种作业设备，于 1976 年退役，1991 年报废。艇上分为 7 个舱室，分别为导弹库艏鱼雷舱、军官舱、导弹控制舱、指挥舱、反应堆舱、主机/辅机舱、尾鱼雷舱，主要声呐为 AN/BQR-2 型和 BQR-4 型。"大比目鱼"号排水量水面 3 854 吨，水下 4 895 吨，主尺度 106.7 米 × 8.8 米 × 6.1 米，潜深 213 米，航速水面 18 节，水下 16 节，载员 119 人，由 1 座 S3W 型压水反应堆提供动力，双轴双桨，功率 6 600 马力（图 1.4）。

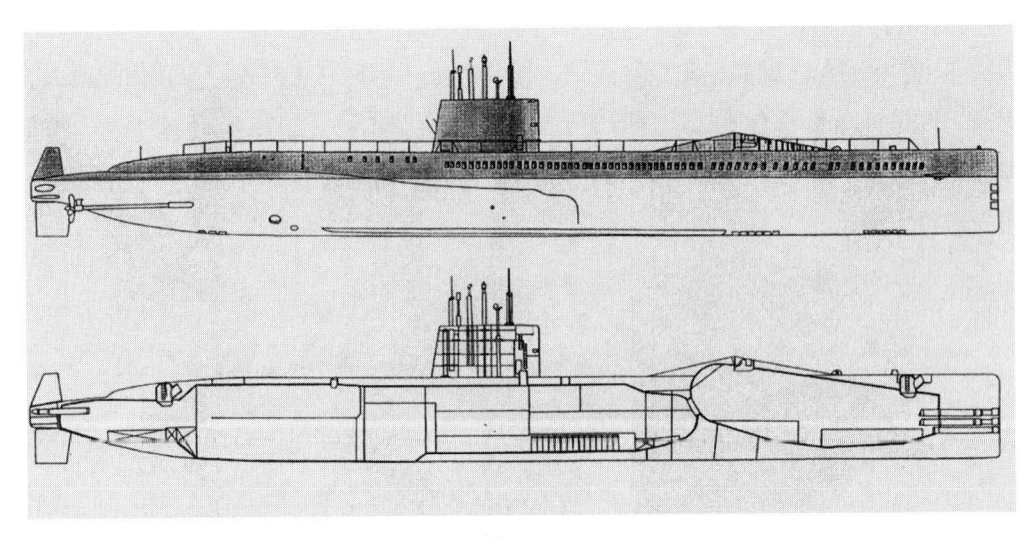

图 1.4 "大比目鱼"号特种核潜艇的外观及中纵剖面图

（3）"鲷鱼"号核潜艇

自"大比目鱼"号之后，美国将早期建造的"海狼"号液态金属反应堆核潜艇重新换装上新型压水堆（S2W）之后也让其参与了大量水下通信电缆的窃听行动。但由于"大比目鱼"号及"海狼"号（1987 年退役）均属于美国的早期核潜艇，固有噪声较大，艇体寿命不断减少，所以美国在 20 世纪 70 年代末期便开始使用鲟鱼级核潜艇"鲷鱼"号（Parche，SSN-683）加以替代。

"鲷鱼"号核潜艇的主要任务是在苏联太平洋舰队及北方舰队的水下通信电缆上隐蔽地安放窃听装置,而这些行动甚至有时是在苏联领水内实施的,20世纪80年代末至90年代初,海军对"鲷鱼"号核潜艇进行了长达3年的改装。而在这段时间内,美国海军为了达到同样的目的,还改装了另一艘"鲟鱼"级核潜艇"理查德·B.拉塞尔"号(Richard B. Russell,SSN-687)来加以替代。当"鲷鱼"号核潜艇改装完成后,其艇体增加了一个30.5米长的舱段,其内布置有各类搜索、处理信息的装备,以及各种生活、办公舱室。艇员编制则由136人增加到179人。此外,该艇还配备了若干远程遥控深潜器,具有打捞海底物体的能力,而为了布置特种装置的绞车,其指挥室围壳首部加装了长为10米的流线型突出体。为提高该艇的隐身性,还在该艇的外壳上敷设了消声瓦。改装后的"鲷鱼"号核潜艇排水量急剧上升,由原来的4 980吨上升为7 800吨,而艇员编制也由原来的136人增加到179人。该艇于2004年退出海军现役(图1.5)。

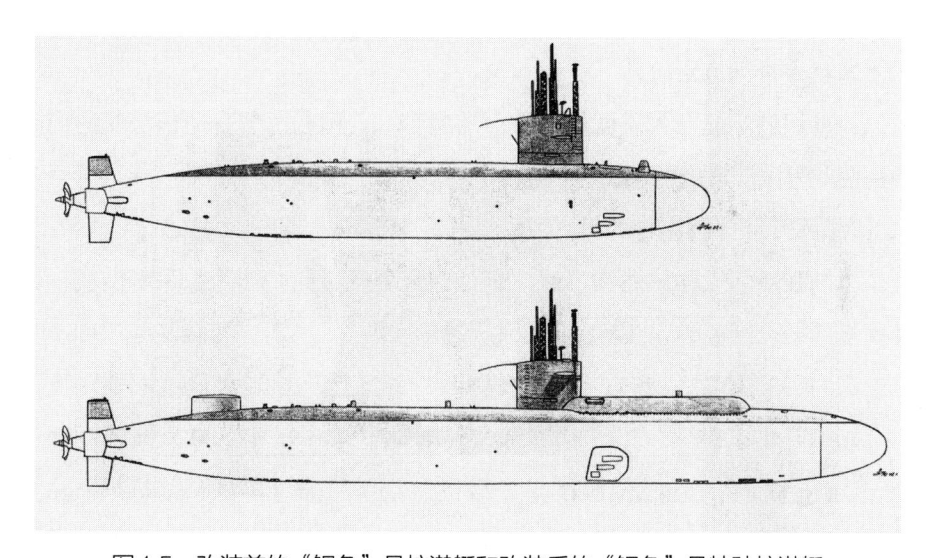

图1.5 改装前的"鲷鱼"号核潜艇和改装后的"鲷鱼"号特种核潜艇

(4)"吉米·卡特"号核潜艇

鉴于2000年以后海军的特种核潜艇数量急剧减少,美国决定将当时在建的新"海狼"级多用途潜艇的第3艘"吉米·卡特"号改装成特种核潜艇。改装后的"吉米·卡特"号于2005年服役,其指挥室围壳后部被增设了一个独立舱段,其形状类似一个"蜂腰"(图1.6),它不仅能容纳各种深潜装备,还能为其释放与回收提供通海接口。同时,其内加装了更为先进的指控设施,也为各类特种水下作业提供了良好的保障措施。此外，"吉米·卡特"号还能隐蔽地运送约50名特种作战人员，并可搭载先进海豹突击队运输艇（ASDS）。

图1.6 "吉米·卡特"号特种核潜艇的"蜂腰"舱段

2. 大深度专用深海空间站

为弥补普通核潜艇在大潜度作业方面的劣势，美国在改装普通核潜艇的同时，还研发了一型专用深海研究的深海空间站

（1）"海豚"号深潜实验潜艇

美国为加强对各大洋的海沟、深渊进行水文调查，同时作为大深度潜航标靶艇为反潜战积累数据、经验，在1962年开工研制了"海豚"号。"海豚"号1968年下水，曾配置一具"533"鱼雷，1971年改装时拆除。"海豚"号排水量水面800吨，水下930吨，主尺度46.3米×5.9米×4.9米，耐压艇体材料为HY-80型高强度钢，潜深1392米，航速水面7.5节，水下15节，载员30人，由2台GM柴油机提供动力，单轴单桨，功率1500马力。"海豚"号对美国潜艇技术的发展，大深度潜艇的作战使用等有巨大贡献，被称为美国海军的深海试验室。

（2）"NR-1"号深潜研究潜艇

"NR-1"号深潜研究潜艇（简称"NR-1"号潜艇）是由美国海军核潜艇计划的领导人——休曼·里科弗海军上将作为一个特种方案提出研制的（图1.7）。"NR-1"号潜艇于1965年财年计划建造，1969年10月27日正式服役，2008年11月21日，在其服役了40年之后退出海军现役。

第一章 深潜装备的概念、系统构成与发展历程 013

图 1.7 美国"NR-1"号潜艇

"NR-1"号潜艇排水量约 400 吨，其外形与普通的潜艇基本相似，主艇体为圆柱形，从艏至艉有一个比较大的上层建筑，艇体前部设有指挥室围壳，其上布置有围壳舵，艉部采用十字形尾翼布置，并采用双轴推进。该艇的最大下潜深度为 1000 米左右，这超过了美国所有核潜艇的下潜深度。由于该艇采用了核动力装置，故其在水下停留的时间可达载人深潜器的好几倍。此外，"NR-1"号潜艇还装备了两个可收放的轮子（艏、艉各一个），这使它能够在海底移动或坐沉在海底。而该艇艏、艉部各布置的两对交叉侧推装置则可保证该艇具有较高的机动能力。此外，该艇的耐压船体外还装备有高强度的照明设备、电视系统和若干观察窗、近程声呐、遥控机械手，以及用于取海底物品的活动工作模块。"NR-1"号深潜研究潜艇艇员人数相对较少，仅 11～13 人（图 1.8）。

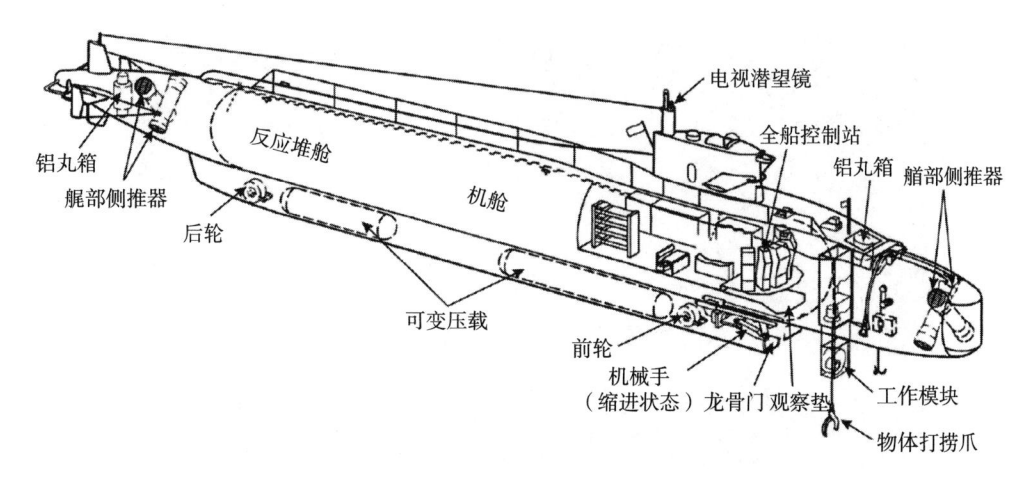

图 1.8 "NR-1"号深潜研究潜艇总布置示意图

而考虑到该艇的航速较小,故在前往目的地时,既可用专用母船拖航,也可以将其置于水面舰船或潜艇的甲板上运送。

"NR-1"号潜艇的基本参数如表1.1所示。

表1.1 "NR-1"号潜艇主要技术参数

项目	主要技术参数
水下排水量	372吨
全长	44.4米
耐压壳体长	29.3米
直径	3.8米
设计工作深度	724米
主机	压水堆1座+汽轮发电机组+推进电机1台
航速(水面/水下)	4.5节/3.5节
武备	无
艇员人数	13(3名军官和2名科考人员)
自持力	30天

关于"NR-1"号潜艇正式研制的目的,以及所承担的具体任务,美国海军一直处于保密状态。但据推测,该艇主要用于实施深潜研究和一些超级保密的工程(图1.9),这些工程是美国海军当时装备的各种用途潜艇和深潜器均无法胜任的。而这类工作的直接成果,正如"NR-1"号潜艇的设计师雷克凡尔所说的那样:"将有助于美国确立在大陆架地区的统治权。"

图1.9 "NR-1"号深潜研究潜艇水下作业想象图

据报道，在20世纪60年代至70年代"NR-1"号潜艇曾被调去安装SOSUS系统和其他类似的水声系统。20世纪70年代初，美国怀疑苏联在地中海也部署了类似美国SOSUS系统一样的声呐监听系统，于是曾派遣"NR-1"号潜艇与"海马"（Seahorse）号核潜艇一起前往侦察过。1976年，一架F-14"雄猫"（Tomcat）战斗机从"肯尼迪"号航空母舰上滚落入600米的深海，"NR-1"号深潜研究潜艇在此次打捞中发挥了关键性的作用。1985年，"海狼"号核潜艇协同"NR-1"号深潜研究潜艇在地中海实施了窃听利比亚海底通信电缆的行动。此外，该潜艇还于1986年在佛罗里达沿岸海域积极地参加搜索"挑战者"号航天飞机碎片行动。1997年夏，"NR-1"号深潜研究潜艇应以色列军方领导人要求，完成了搜索"达卡尔"号柴油机潜艇残骸的任务。

（3）"NR-2"号深潜研究潜艇

"NR-2"号深潜研究潜艇（以下简称"NR-2"号潜艇）是"NR-1"号潜艇的替代艇设计方案。美国很早以前就开始了相关的探索设计研究，并曾于1990年和1999年分别提出三种不同概念设计（图1.10）。

为能够更好地支持"NR-2"号潜艇的研究，在美国海军海上系统司令部的指导下，美国兰德（RAND）公司的国家防务研究所（NDRI）于2001年前后对"NR-2"号潜艇进行了先期研究，为美国海军未来方案论证提供支持。美国兰德公司的研究分别从军事应用和科学研究两方面来对"NR-2"号潜艇的未来任务进行确认，并进行相应的优先次序排列。在军事应用方面，美国专家们认为"NR-2"号潜艇应完成如表1.2所列举的这些军事使命，并对其所应具体完成的任务目标也作了列举。

表1.2 "NR-2"号潜艇的军事使命和任务目标举例（按优先次序排列）

使命（优先次序）	任务目标举例
保护海底国有资产（1）	对美国以及盟国所有的海底信息设施的完整性和安全性进行监控 在任何情况下对针对国有（东海岸和西海岸）及军用的海底基础设施的潜在干扰或干扰企图作出调查和回应
攻击性信息行动（2）	对敌人的商用或军用通信或信息设施进行秘密的干涉；对专用军用通信系统进行秘密的破坏或干扰 埋植可以根据指令切断商用通信电缆的装置 有能力（使用"NR-2"号潜艇或其支持舰船）在对手的通信电缆附近通过公开的行动引发对手的混乱
战场情报准备（3）	秘密地绘制海底地图支持未来可能的作战行动 通过确保作战空间内无敌方远程遥控电路来支持其他的情报任务
法庭证据调查（4）	收集海底位置或区域的证据以供在原地分析或在任务结束后分析 监视活动或材料样品

续表

使命（优先次序）	任务目标举例
扩大的情报、监视和侦察（5）	通过对排放物的取样获得大规模杀伤性武器的制造证据 获取对手的水下系统图像以供分析
防御性信息行动（6）	检查商用或军用的通信系统来获得敌方干扰的印记 从坠毁或者是残骸的地点回收计算机和通信设备
其他隐蔽行动（7）	阻碍敌方舰船的推进 标记敌方的设施以确保在适当的范围内能对其实施跟踪 支持在浅水中遂行上述任务 支持隐蔽进入敌人高度戒备的水域以削弱或瘫痪敌人的武力

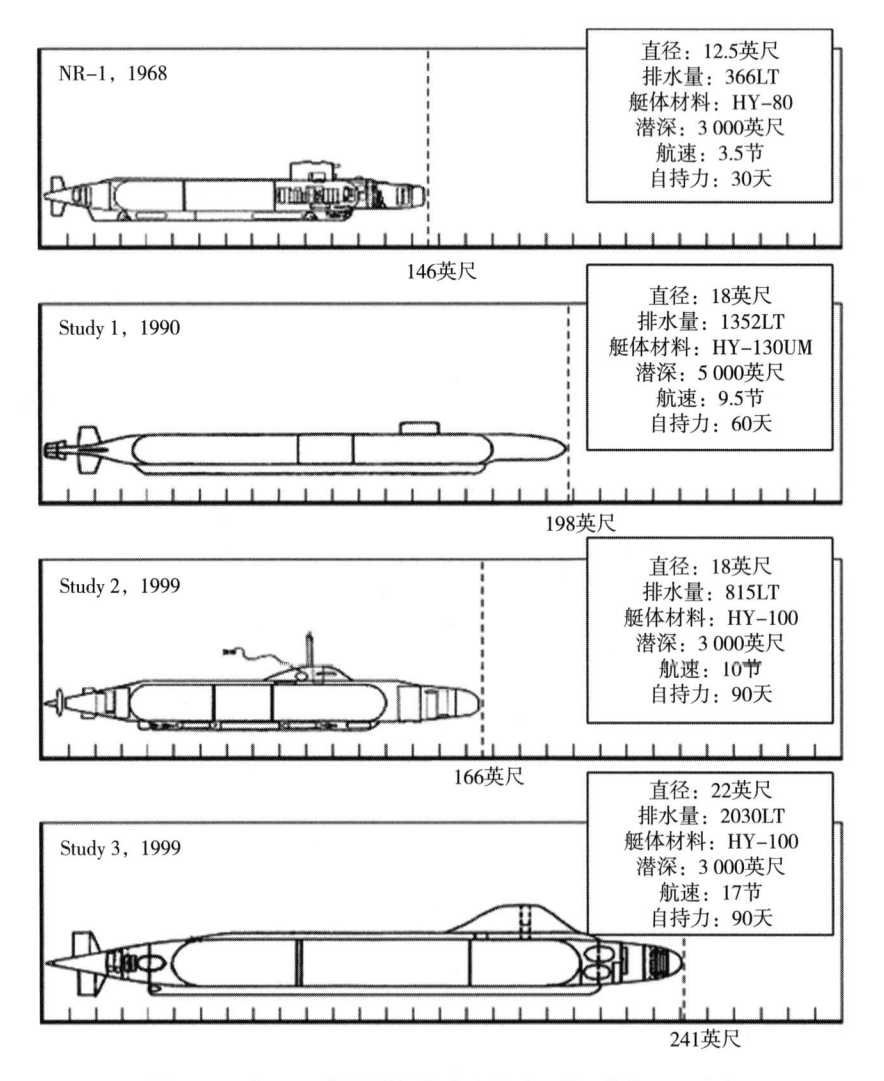

NR-1，1968
直径：12.5英尺
排水量：366LT
艇体材料：HY-80
潜深：3 000英尺
航速：3.5节
自持力：30天
146英尺

Study 1，1990
直径：18英尺
排水量：1352LT
艇体材料：HY-130UM
潜深：5 000英尺
航速：9.5节
自持力：60天
198英尺

Study 2，1999
直径：18英尺
排水量：815LT
艇体材料：HY-100
潜深：3 000英尺
航速：10节
自持力：90天
166英尺

Study 3，1999
直径：22英尺
排水量：2030LT
艇体材料：HY-100
潜深：3 000英尺
航速：17节
自持力：90天
241英尺

图1.10 "NR-1"号潜艇概念方案（1英尺约为0.3米）

研究表明，如果要建造"NR-2"号潜艇，那它将被设计为一艘专门用于在海底或近海底遂行信息和情报收集任务的深海技术装备，绝非一艘普通的战斗潜艇。随着未来战争逐步向网络战环境的过渡，"NR-2"号潜艇在军事领域的重要性将越显突出，因为这样的装备不仅使美国有能力保护本国的海底资产，也使美国的"全频谱"战场情报的准备能力更趋完善，还能让其掌握他国在海底开发的情况。

研究小组还根据不同情况提出2种"NR-2"号潜艇的设计方案，这2种设计方案有一定共同之处：强调潜艇设计的灵活性、具备充足的有效负载空间、下潜深度为3 000英尺、可实施海底作业、可以携带ROV/AUV等无人负载、最大航行速度可达15~20节、不携带武器、不具备冰区活动能力。

与"NR-1"号潜艇相比，"NR-2"号潜艇的自主性能得到了很大幅度提高。"NR-1"号潜艇主要是将水面保障船作为母船，从而影响了其行动的隐蔽性，而"NR-2"号潜艇则在开展自主行动的同时，主要将潜艇作为母艇，隐蔽性能可得到大幅提高。

虽然美国兰德公司的研究小组所设计的"NR-2"号潜艇概念不是最终的设计概念，美国海军也一直没有对外宣布"NR-2"号潜艇的研制时间表。但是，美国兰德公司的研究成果对美国未来深海研究潜艇的设计，将会具有非常重要的参考价值，对海军的最终决定将起到重要影响。

(二) 苏联/俄罗斯

1. 深海核动力工作站

在"谁能控制海底，就能控制海洋"的海洋战略思想指导下，苏联自20世纪70年代起，持续发展了三型七艘深潜核动力工作站（分别为1910型、1851型和10831型），并将这些与"NR-1"号潜艇的深海作业平台类似，但排水量比其要大的特种核潜艇分级为"一级深潜核动力工作站"。这些深潜核动力工作站均不配备武器，以在深海海底或近海底执行可疑探测与信息网络、军事设施的侦察、干扰和破坏、水下搭线侦听、情报准备、水下特种设施、节点装置的搭载、布放、回收、维护、维修、充电、信息交换等特种作业为主要任务。

（1）第一代深潜核动力工作站

苏联第一型可用于在大深度下长时间工作的特种核潜艇（图1.11）——1910型（北约分级：Uniform），该艇由圣彼得堡"孔雀石"海洋机械制造局设计，该艇官方报道的正式代号为"雅乌扎"（Яуза）。该型艇总共建有3艘，其战术代号分别为：AC-

图 1.11　1910 型深潜核动力工作站及其模型

13、AC-15、AC-33，交付时间依次为：1986 年、1991 年、1994 年。有报道称，该类深潜技术装备可在海底进行特种水下作业，并曾主要服务于苏联情报总局。该艇的若干主要技术参数如表 1.3 所示。

表 1.3　1910 型深潜核动力工作站主要技术参数

项目	主要技术参数
排水量（水面 / 水下）	1 340/1 580 吨
主尺度	69 米 ×7.0 米 ×5.2 米
航速（水面 / 水下）	6/10 节
下潜深度	1 500 ~ 2 000 米
1 台压水堆功率	15 兆瓦
2 台汽轮机功率	10 000 马力（7.5 兆瓦）
1 台主推进器	—
2 台辅助推进器	—
艇员	30 人

（2）第二代 1851 型深潜核动力工作站（图 1.12）

图 1.12　1851 型深潜核动力工作站

1851型深潜核动力工作站（北约分级：X-Ray）由圣彼得堡"孔雀石"海洋机械制造局设计。该型艇总共也建有3艘，其战术代号分别为：AC-23、AC-21、AC-35，交付时间依次为：1986年、1991年、1995年。据报道，该艇装备有可保障蛙人进出的设闸室。该艇的若干主要技术参数如表1.4所示。

表1.4　1851型深潜核动力工作站主要技术参数

项目	主要技术参数
排水量（水面/水下）	550/1 000吨
主尺度	40米×5.3米×5米
水下航速（水面）	20节
下潜深度	1 000米
反应堆功率	10兆瓦

（3）第三代深潜核动力工作站

10831型深潜核动力工作站（北约分级：Norsub-5）同样由圣彼得堡"孔雀石"海洋机械制造局设计，目前已知建成1艘，战术代号不明。据报道，10831型深潜核动力工作站的特点之一，是采用了与美国深潜救生艇类似的多球交接耐压船体结构（图1.13）。由于这样的结构容易使人联想起苏联某著名动画片中的主角"小马驹"，故该艇的代号就被称为"小马驹"（图1.14）。此外，该艇设计时还参考了1851型深潜核动力工作站与其核潜艇-母艇的联合使用经验，并可能装备了各类缆控无人潜水器以提高该艇的搜索、作业能力。该艇的若干主要技术参数如表1.5所示。

表1.5　10831型深潜核动力工作站主要技术参数

项目	主要技术参数
正常排水量	950吨
主尺度	60米×7.0米×5.1米
最大航速	6节
下潜深度	3 000米
艇员	15人

关于这些深潜核动力工作站（深潜技术装备）的使命任务，国外的报道一直较少，但从以下披露的内容可对其管窥一二。有文献指出深潜技术装备肩负着若干特种

图1.13　10831型深潜核动力工作站

图1.14　美国深潜救生艇的多球交接耐压船体（左图），苏联动画片的主角"小马驹"（右图）

任务，其中包括：
- 对沉没物体的搜索、调查与打捞；
- 对水下通信电缆及各类水下设施的检查；
- 俄罗斯联邦安全局战线上的其他各种任务。

上述这些使命任务是基于苏联/俄罗斯多年的深海工作经验和惨痛教训而得出的，并与历史事实也是相符的。在冷战早期，由于苏联缺乏对大洋海底的掌控能力，致使美国特种间谍核潜艇频频得手：苏联落入海底的大量试验武器装备，甚至携带核弹头的弹道导弹潜艇，均被美国打捞出水并运回美国本土拆解研究，而这很可能也是"库尔斯克"号飞航导弹核潜艇爆炸沉没后，俄罗斯无论如何也要将其打捞出水的原因。此外，苏联领海附近的军用水下电缆亦曾多次遭到搭接窃听，大量具有重大战略意义、重大战役价值的军事情报被美国获取，从而使其在与美国战略对抗的形势中处于不利的地位（图1.15）。

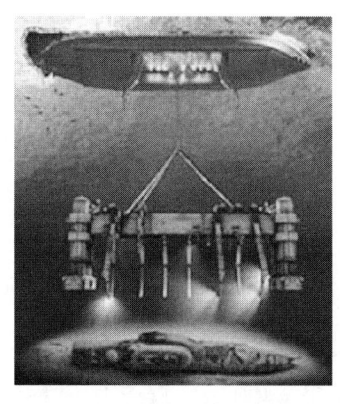

图1.15 美国中央情报局打捞苏联潜艇示意图（左图），美国水下电缆窃听装置实物（右图）

2. 油气开发专用工作站

从20世纪90年代开始，针对北极海域的油气资源开发，俄罗斯联合挪威、加拿大等国家，开展了海洋油气开发新装备体系的论证与研究。开展研究的装备主要包括：核动力深海探测及作业平台，核动力水下供能平台，核动力水下钻井装备，核动力水下补给及作业平台，核动力水下天然气转运平台，水面破冰保障平台。涉及的范围包括了油气资源开发过程中的勘探，钻井，水下施工，应急维修，油气转运，能源及物资补给，水面保障等各环节。

其中，核动力深海考察探测平台（命名为"海梭"号）主要使命是在北极海域勘探油气资源，并为该海域油气开发的水下设施提供观察、维修等水下作业支持。考虑到各类载人探测潜器的排水量小、续航距离短、航速低、作业时间短、探测功能单一等因素，俄罗斯和加拿大联合提出了综合利用核潜艇技术及多种水下探测技术的核动力深海考察探测平台。该平台的水下排水量约为1 050吨，长32.3米、宽5.2米、高9.2米，工作深度600米。水下航速6.2节，续航时间60个昼夜，固定艇员8人，另载研究人员4人，采用小核动力系统（电功率175千瓦），耐压壳体材料为钛合金。该平台携带地震勘探设备，可进行油气资源的地震勘探作业，并在平台内进行记录和分析；携带缆控海底探测潜器，可进行海底地形地貌的探测作业，并绘制海底地图。携带γ射线探测装置，进行海水水质放射性污染探测作业。该平台还能携带、布放和回收缆控作业潜器，并在平台上操控其进行水下作业。平台上设有专用通海闸，可布放回收装备常压潜水装具的潜水员进行海底作业。该平台的底部可携带1台排水量为50吨的载人潜水器，可将潜水器运送至水下作业点，附件布放并水下回收，还利用潜水器作业转运平台在水下进行工作人员的轮换。

核动力水下供能平台主要用于为水下油气资源开发生产系统所需的电能，由四个独立的核动力水下航行体及一个水下对接模块组成。水下对接模块由锚泊定位系统固定悬浮于冰盖下50~150米深度处，核动力水下航行体可与水下对接模块进行对接，并提供电能。整个平台的总长为140米、型宽为56米、高度为21米，水下排水量约20 000吨，最大可提供35兆瓦的电能。

核动力水下钻井装备由核动力水下钻井平台和海底支持模块组成，主要用于巴伦支海、喀拉海油气资源开发的水下钻井作业。水下钻井平台的总长为98.6米，型宽31.2米、总高32.5米，排水量约为23 000吨，工作深度60~400米。自持力60昼夜，最大功率6 000千瓦。配有最大钻井深度为6 000米的ARKTIKA3500/400钻井设备，钻井管和套管、循环灌浆系统、水分类柱、防井喷设备、监控设备、2台干式布放的缆控作业潜器，1台60位的救生潜器，人员生活设施等。海底支持模块用于固定水下钻井平台，其总长为123米、宽30米、高15米，排水量约8 900吨，工作深度400米。海底支持模块还配有水下喷射设备、物资转运设备和泥渣存储舱等。

核动力水下补给及作业平台主要用于水下油气资源开发生产过程中物资的运送（如钻井工具、各种钻管、膨润土、重晶石、水泥等散料）及水下作业，其总长76.9米，宽27.4米，高15.5米，工作深度为400米。采用并列布置的3个圆柱耐压壳，直径分别为7.2米和9米，排水量约7 000吨，最大功率6 000千瓦，水下最大航速10节。平台配有大容积非耐压有效载荷舱及水下起吊设备、2台缆控作业潜器、潜水员布放装置、管路维修装备、水下推土机等。

核动力水下天然气转运平台主要用于天然气输送过程中的增压，通过海底支撑平台布设于海底。采用双层壳体结构，配有核动力装置、天然气增压装置、天然气干燥装置、管路、监控设备、人员居住设施等。

2006年，俄罗斯提出研发北冰洋油气开采六类专用型深海核动力工作站的设想，由核动力水下钻井平台、核动力水下运输平台、多功能探测平台、核动力水下天然气转运平台、核动力水下供能平台和核动力水下作业平台等六类平台组成深海油气资源开采装备体系，用于北冰洋深海海底的油气资源探测与开发，这六类平台的正常排水量在6 000~23 000吨，图1.16是其效果图。

（a）水下钻井平台 　　　　（b）水下运输平台 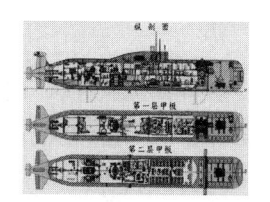　　　　（c）多功能探测平台

（d）天然气转运平台 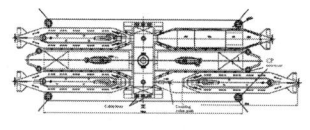　　　（e）水下供能平台 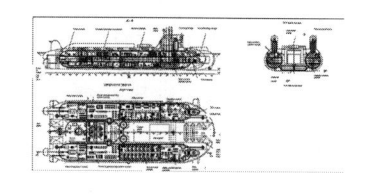　　　　（f）水下作业平台

图 1.16　用于北冰洋油气开采的六类深海作业平台

二、载人潜水器

载人潜水器作为深海潜水器的一种，具有排水量小、潜深大的特点，更多用于科学研究，由于人在舱室，有较高的决策效率和处理突发问题的能力，在承担复杂任务具有较大优势。海洋技术协会载人潜水器委员会（MTS MUV）将载人潜水器产业划分为四大类：研究、旅游、政府/军事和商业/个人，这也是其应用的主要方面。

（一）20世纪50年代

1953年，瑞士人皮卡德（Piccard）父子设计了的里雅斯特"Trieste"号载人潜水器，采用钢制载人球壳和加注汽油的船形浮筒。美国海军购买了该载人潜水器，并于1960年下潜到太平洋10 913米深的马里亚纳海沟，此举表征人类向深海极限挑战的成功。自此拉开了向深海进军的序幕。

（二）20世纪60年代至70年代

1964年，美国在"Trieste"号载人潜水器的基础上，建造了2 000米级的"Alvin"号、4 600米级的"Aluminaut"号、6 100米级的"Trieste Ⅱ"号载人潜水器，其中"Alvin"号真正开启了人类深海科学研究的活动。1970年，受"长尾鲨"号攻击型核潜艇大深度潜航试验时沉没事故触动，美国海军先后建成1 524米级的"Mystic"号和"Avalon"号深潜救生艇，单次救援人数24人。

（三）20世纪80年代

20世纪80年代，随着计算机、材料学、水声学等技术的飞速发展，法国、苏联、日本等海洋强国在以前建造的深海载人潜水器的基础上，开始研制6 000米级载人潜水器。1985年，法国建成6 000米级的"Nautile"号深海载人潜水器。1987年，苏联建成2艘6 000米级载人潜水器"MIR I"（和平 I）号和"MIR II"（和平 II）号。1989年，日本建成6 500米级的"深海（Shinkai）6500"号载人潜水器。这些载人潜水器在20世纪90年代中，充分显示了科学研究人员、工程技术人员能亲临深海和洋底现场进行直接观察和勘查的优越性。

（四）20世纪90年代

20世纪90年代，载人潜水器商业化公司不断涌现。1995年，美国SEAmagine公司成立，其设计制造的载人潜水器载人范围2~6人，深度级别150~1500米。2005年，荷兰的U-Boat Worx公司成立，研制了多型号系列的载人潜水器。如深海科学探索的C-Researcher系列，2人型号深度级别3 000米，3人型号深度级别2 500米；休闲旅游的Cruise-Sub系列为多乘客潜水器，载人范围5~11人，深度级别200~1 700米。2008年，美国的通用动力（Triton）公司成立，其设计制造的载人潜水器载人范围1~7人，深度级别500~2 300米，该公司还能够设计制造全海深（11 000米）载人潜水器。2009年，美国OceanGate公司成立，大力推进基于复合材料的4 000米级"Titan"号研制，该载人潜水器载人数5人（图1.17）。

图1.17 主要深海HOV发展历程

（五）21世纪至今

21世纪以来，深海载人潜水器的研发又开始活跃，特别是全海深（11 000米级）载人潜水器的研制引发了新一轮科技竞赛。2012年，美国卡梅隆团队研制的"Deepsea

Challenger"号下潜至马里亚纳海沟10 898米深处,刷新了单人下潜的深度纪录。2013年,美国"Alvin"号开始重大升级,升级后最大工作深度将达6 500米。2016年,日本"深海(Shinkai)6500"号进行重大改造,以实现单驾驶员模式。美国的Triton公司研制万米级、可载2人的Triton 36 000载人潜水器("深潜限制因子"号),已在2019年5月完成马里亚纳海沟10 928米下潜。2002年以来,我国载人潜水器经历了近20年的跨越式发展。2012年,"蛟龙"号创造了下潜7 062米的中国载人深潜纪录。2017年,研制成功4 500米级"深海勇士"号。2016年启动了全海深(11 000米)载人潜水器研制工作,2021年3月,"奋斗者"号全海深载人潜水器正式交付中国科学院深海科学与工程研究所。

  法国和日本维持现有的深海载人潜水器。美国2011年新加入了"Nadir"号载人潜水器,2018年新加入了"Triton 36000/2"全海深载人潜水器。俄罗斯运营着4艘6 000米级的深海载人潜水器、4艘100米级深潜救生艇。葡萄牙的1 000米级、西班牙的1 200米级的载人潜水器,分别于2011年和2013年研制成功并形成作业能力(表1.6)。

表1.6　国内外现役作业水深1 000米以上的载人潜水器(2019年)

序号	名称	业主	深度(米)	建成年份	载员	船级	国别
1	Deepsea Challenger	伍兹霍尔海洋研究所(WHOI)	11 000	2011	1	—	美国
2	Triton 36000/2	个人	11 000	2018	2	DNVGL	美国
3	"蛟龙"号	中国大洋矿产资源研究开发协会(COMRA)	7 000	2009	3	CCS	中国
4	"深海(Shinkai)6500"号	日本海洋科学技术中心(JAMSTEC)	6 500	1989	3	NK	日本
5	MIR Ⅰ	俄罗斯科学院	6 000	1987	3	GL	苏联
6	MIR Ⅱ	俄罗斯科学院	6 000	1987	3	GL	苏联
7	Rus AS-37	俄罗斯联邦海军舰队	6 000	2001	3	—	俄罗斯
8	Consul AS-39	俄罗斯联邦海军舰队	6 000	2011	3	—	俄罗斯
9	Nautile	法国海洋开发研究院(IFREMER)	6 000	1985	3	BV	法国
10	New Alvin	伍兹霍尔海洋研究所(WHOI)	6 500 (4 500)	2013	3	NavSea	美国
11	"深海勇士"号	中国科学院	4 500	2017	3	CCS	中国
12	PISCES IV	夏威夷海底实验室(HURL)	2 000	1971	3	ABS	美国

续表

序号	名称	业主	深度（米）	建成年份	载员	船级	国别
13	PISCES V	夏威夷海底实验室（HURL）	2 000	1973	3	ABS	美国
14	Nadir	MV ALUCIA	1 000	2011	3	ABS	美国
15	Decep Rover	CANDIVE	1 000	1984	1	LR	加拿大
16	Deep Rover DR2	MV ALUCIA	1 000	1994	2	ABS	美国
17	LULA 1000	瑞比克夫·尼格勒基金会（RNF）	1 000	2011	3	GL	葡萄牙

三、无人潜水器

（一）有缆遥控潜水器

1. 20世纪50年代至60年代

1953年，美国设计了最早的一款远程遥控潜水器，命名为POODLE，属于远程遥控潜水器研究的开端。1961年，美国军方在远程遥控潜水器操控系统方面取得了实质性进展，最终研制成610米级的CURV，属于第一艘具有实质性突破的远程遥控潜水器系统，因1966年在西班牙外海打捞起一枚坠海氢弹而在全世界引起极大轰动。此后，研制了工作深度更大的CURV系列。

2. 20世纪70年代至80年代

20世纪70年代至80年代，石油危机的爆发促使海洋油气产业得到了迅速发展，远程遥控潜水器也开始被投入商业应用，其技术日臻成熟，逐渐形成了相关产业。随后，远程遥控潜水器在海洋研究、近海油气开发、矿物资源调查取样、水下打捞以及探雷、猎雷、灭雷等方面都获得了广泛的应用。1975年，第一套商业用"CRV125" ROV首先应用于北海油田和墨西哥湾执行水下管道连接和水下钻井，之后ROV进入大发展时期。发展曲线几乎呈级数增长，并且开始形成了ROV产业，到1982年为止已经生产了500多台机器。

3. 20世纪90年代至今

自20世纪90年代至今为止，ROV工业到了它的成熟期，形成了一个巨大产业，全球有超过100家制造商。1995年，日本海洋研究中心研发的"海沟"号ROV下潜至11 022米深的马里亚纳海沟，创造了当时潜水器最大作业深度的记录。随后，一些销量较大的优秀ROV相继出现。例如，美国Ametek公司的"Scorpio"号ROV、Perry

公司的"RECON-IV"和"TRITON"号、DSSI公司的"Max Rover"以及加拿大ISE公司的"Hysub"号等。据不完全统计，全球有近300家厂商可提供各种ROV整机、零部件以及ROV服务。在ROV技术研究和应用方面，美国、加拿大、英国、法国、德国等国处于领先地位（图1.18）。

图1.18 主要深海ROV发展历程

目前，全球主要的ROV制造商有Oceaneering、Forum、SMD、Technip-FMC、Fugro等，其中Oceaneering、Fugro、Saipem、Subsea7等既是制造商又是运营商，全球范围工作级ROV系统已超过1000套。

中国自1983年开始研制第一台200米级远程遥控潜水器原理样机"海人一"号，实现了零的突破，为后续深海远程遥控潜水器发展打下了坚实的基础。1993年，研制成功600米级8A4作业型远程遥控潜水器。最近十年，深海远程遥控潜水器技术才取得了长足进步，紧跟先进水平，先后研制成功海星系列、"海马"号、深海科考型系列、海龙系列远程遥控潜水器。

国内外主要深海远程遥控潜水器在役情况如下表1.7所示。

表1.7 国内外现役作业深度1000米以上的遥控潜水器（2019年）

序号	名称	研制单位	深度（米）	国家
1	海龙11000	上海交通大学	11 000	中国
2	KAIKO	日本海洋科学技术中心（JAMSTEC）	7 000	日本

续表

序号	名称	研制单位	深度（米）	国家
3	Jason 2	伍兹霍尔海洋研究所（WHOI）	6 500	美国
4	Isis	英国南安普顿海洋研究中心（NOC）	6 500	英国
5	CURV-21	美国海军	6 096	美国
6	"海龙3"号	上海交通大学	6 000	中国
7	"深海科考"号	中国科学院沈阳自动化研究所	6 000	中国
8	海星6000	中国科学院沈阳自动化研究所	6 000	中国
9	Victor 6000	法国海洋开发研究院（IFREMER）	6 000	法国
10	KIEL 6000	德国基尔大学	6 000	德国
11	ROSUB 6000	印度海洋技术研究院（NIOT）	6 000	印度
12	"海马"号	上海交通大学	4 500	中国
13	ROPOS	加拿大渔业和海洋部	4 500	加拿大
14	"海龙2"号	上海交通大学	3 500	中国
15	Hyper Dolphin	日本海洋科学技术中心（JAMSTEC）	3 000	日本
16	Hemire	韩国海洋研究开发院（KORDI）	3 000	韩国
17	海星1000	中国科学院沈阳自动化研究所	1 000	中国

（二）自主潜水器

1. 20世纪50年代至80年代

AUV的研究始于20世纪50—80年代，随着美国华盛顿大学建造的自推进水下研究器（Self-Propelled Underwater Research Vehicle，SPURV）的研制成功，标志着AUV时代的开始，紧接着出现了众多的AUV，如苏联的"SKAT"；日本的"OSR-V"；美国海军的"EAVE West""RUMIC"和"UFSS"；美国新罕布什尔州大学的"EAVE east"；法国的"Épaulard"。初期大部分AUV不是太大、效率低或造价太高，所以20世纪60年代初期投入作业，70年代中期才见到成效。由于技术上的原因，自主潜水器的发展在20世纪60年代至90年代徘徊多年，包括20世纪70年代以前的特殊应用时期，20世纪70年代至80年代的探索时期，20世纪80年代至90年代的自主无人潜水器概念原型开发、试验、使用时期。

2. 20世纪90年代

20世纪90年代，随着微电子、计算机、人工智能和致密能源等高新技术的发展，科学研究、海洋工程和军事应用也对深海自主无人潜水器提出了需求，深海自主无人潜水器迎来了技术推动下的快速发展时期。1990年，挪威国防研究所和康斯伯格海事（Kongsberg Maritime）公司（简称Kongsberg公司）合作研究军事应用的HUGIN系列自主无人潜水器，并于2004年向挪威海军交付首艘HUGIN 1000。1996年，美国的伍兹霍尔海洋研究所研制4 500级深远探测器"ABE"，是美国科学界第一艘自主无人潜水器，不幸于2010年丢失。英国、日本、俄罗斯、加拿大、法国等海洋强国也开展相应工作。

3. 21世纪至今

21世纪，深海自主无人潜水器技术得到了进一步发展，商业化深海自主无人潜水器不断涌现。2001年，美国水螅虫（Hydroid）公司成立，其技术起源于美国的伍兹霍尔海洋研究所的REMUS系列，该公司2008年被挪威的Kongsberg公司收购。1997年，美国麻省理工学院工程师创立蓝鳍（Bluefin）公司，是世界上第一家独立的自主无人潜水器公司，该公司2016年被美国GD公司收购。挪威的Kongsberg公司拥有HUGIN系列、REMUS系列、MUNIN系列，作业深度有1 000米、3 000米、4 500米和6 000米不同级别。美国GD公司拥有Bluefin系列，最大工作深度4 500米；2014年，"Bluefin-21"在搜寻"马航MH370"失事客机中名声大噪；2017年，参与搜寻阿根廷失事的潜艇"圣胡安"号。当前全世界形成了挪威的Kongsberg公司和美国GD公司在谱系化自主无人潜水器领域两家独大的局面。此外，加拿大的ISE公司拥有1 000米级"Theseus"和6 000米级"Explorer"两型自主无人潜水器，在寒冷极地、油气领域表现极为出色，而且是唯一有超大型自主无人潜水器商业运营记录的制造商（Theseus长度达11米）。美国的泰勒迪恩·伟伯研究（Teledyne Webb Research）公司（简称Teledyne公司）拥有功能强大、种类丰富的水下传感器，2010年收购了冰岛的哈夫米因德（Hafmynd）公司，拥有1 000米级"Gavia"和6 000米级"SeaRaptor"两型自主无人潜水器。

中国在20世纪90年代中期研制成功第一台1 000米级探索者自主无人潜水器，此后与俄罗斯合作研制了6 000米级CR-01和CR-02两型深海自主无人潜水器（图1.19）。自2011年起，分别构建了潜龙系列深海自主无人潜水器和探索系列深海自主无人潜水器2个技术体系，其中潜龙系列自主无人潜水器主要用于深海资源勘查，主要包括："潜龙一"号（6 000米）、"潜龙二"号（4 500米）和"潜龙三"号（4 500米）；探索系列自主无人潜水器主要用于海洋科学研究，主要包括"探索100"（100米）、"探索1000"（800米）和"探索4500"（4 500米）。

图 1.19　主要深海 AUV 发展历程

国内外主要深海自主潜水器在役情况如表 1.8 所示。

表 1.8　国内外现役作业深度 1 000 米以上的自主潜水器（2019 年）

序号	名称	研制单位	深度（米）	国家
1	"潜龙一"号	中国科学院沈阳自动化研究所	6 000	中国
2	Sentry	伍兹霍尔海洋研究所（WHOI）	6 000	美国
3	REMUS 系列	Kongsberg 公司	1 500/3 000/6 000	美国
4	Autosub 6000	英国国家海洋研究中心（NOC）	6 000	英国
5	Autosub Long Range	英国国家海洋研究中心（NOC）	6 000	英国
6	"大键琴"1R	俄罗斯科学院	6 000	俄罗斯
7	"大键琴"2R-PM	俄罗斯红宝石设计局	6 000	俄罗斯
8	Explorer	ISE 公司	6 000	加拿大
9	"潜龙二"号	中国科学院沈阳自动化研究所	4 500	中国
10	"潜龙三"号	中国科学院沈阳自动化研究所	4 500	中国
11	探索 4500	中国科学院沈阳自动化研究所	4 500	中国
12	Bluefin-21	Triton 公司	4 500	美国

序号	名称	研制单位	深度（米）	国家
13	HUGIN 系列	Kongsberg 公司	1 000 / 3 000 / 4 500	挪威
14	Echo Voyager	美国波音公司	6 000	美国
15	URASHIMA	日本海洋科学技术中心（JAMSTEC）	3 500	日本
16	Alister 3000	ECA 集团	3 000	法国
17	ScaBed	伍兹霍尔海洋研究所（WHOI）	2 000	美国
18	MUNIN	Kongsberg 公司	1 500	挪威
19	Theseus	ISE 公司	1 000	加拿大
20	探索 1000	中国科学院沈阳自动化研究所	800	中国

（三）深海自主遥控潜水器

1. 21 世纪国外发展

2001 年，美国的伍兹霍尔海洋研究所开始混合型潜水器的关键技术研究工作，2008 年研制成功"Nereus"（海神）号；2009 年，成功下潜至马里亚纳海沟 10 902 米水深处；2014 年，在探索新西兰的克马德克海沟时在水下 9 990 米处失踪，初步认定是陶瓷球在水下爆裂所致。2001 年，法国赛博尼捷克斯（Cybernetix）公司与合作伙伴法国海洋开发研究院（IFREMER）、利物浦大学在全尺度海上测试期间成功展示了 SWIMMER 的原型机。2010 年，IFREMER 研制成功混合式潜水器"Ariane"（阿丽亚娜）号，最大工作深度 2 500 米。2011 年，美国的伍兹霍尔海洋研究所针对极地海冰调查，开始研制新的混合型潜水器——"Nereid UI"，最大工作水深 2 000 米。

2. 21 世纪国内发展

在自主遥控潜水器发展上，国内与国外基本同步发展。2003 年，中国科学院沈阳自动化研究所在国内率先提出自主/遥控潜水器的概念。2008 年，第一代 100 米级的"北极"号自主/遥控潜水器搭乘"雪龙"号科考船出征我国第三次北极科考，在北纬 84.6 度开展了冰下调查，圆满完成了首秀。2014 年，改造后的 100 米级"北极"号自主/遥控潜水器（轻型）搭乘"雪龙"号科考船出征我国第六次北极科考，首次获得"雪龙"号完整的冰下视频资料，为我国将来建造新型破冰船提供第一手资料。2014 年，"蛟龙"号搭载"龙珠"号自主/遥控潜水器在西太平洋海山区成功进行水下作业，验证了各项功能，并首次取得了"蛟龙"号水下作业影像资料。2016年和2017年，"海斗"号全海深（11 000米）自主/遥控潜水器2次赴马里亚纳海沟，7次潜入万米以深的深渊，最大下潜深度10 888米，创造了我国无人潜水器的最大下潜深度纪录，是我国首台下潜深度超过万米并完成科考应用的潜水器，采集了超万米深度的全海深温盐数据及海底实时视频数据。目前，上海交通大学和中国科学院沈阳自动化研究所都完成了新的全海深（1 000米）ARV系统的研制工作（图1.20）。

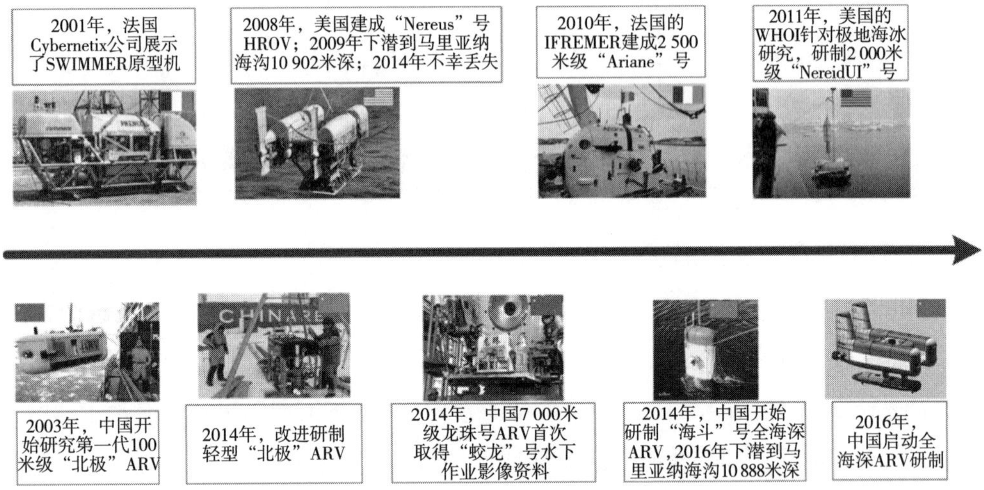

图1.20 主要深海ARV发展历程

国内外主要深海自主遥控潜水器在役情况如表1.9所示。

表1.9 国内外现役作业深度1 000米以上的自主遥控潜水器（2019年）

序号	名称	研制单位	深度（米）	建成年份	国别
1	海斗	中国科学院沈阳自动化研究所	11 000	2015	中国
2	龙珠	中国科学院沈阳自动化研究所	7 000	2014	中国
3	MR-X1	日本海洋科学技术中心（JAMSTEC）	4 200	—	日本
4	Ariane	法国海洋开发研究院（IFREMER）	2 500	2010	法国
5	Nereid UI	伍兹霍尔海洋研究所（WHOI）	2 000	2014	美国

(四)水下滑翔机

1. 20 世纪 90 年代

1989 年,根据浮标可在水中长时间工作的特点,美国提出了用于绘制海水特征剖面的水下滑翔机概念,1991 年,美国的 Teledyne 公司研制成功最早的水下滑翔机,命名为"Slocum"的水下滑翔机,经多年不断完善,已成为当前应用最为广泛的水下滑翔机产品之一。

2. 21 世纪

为进一步开发水下滑翔机的潜力,美国、加拿大、法国、日本、挪威、新西兰等国家都着手研制更长续航时间/距离、更低功耗和更大运输载荷的水下滑翔机,在此背景下,依靠混合动力、热能、太阳能和波浪能滑翔机的一系列新概念被提出。

2006 年,美国华盛顿大学为突破水下滑翔机深度极限,以"Seaglider"为基础,通过采用碳纤维复合材料耐压壳体,研制出了用于监测深海环境的大深度"UG-Deep"水下滑翔机,工作深度 6 000 米。2008 年,法国的 ACSA 公司开发了 700 米级的"SeaExplorer"水下滑翔机,配备可充电电池,属于混合驱动型,可在自主无人潜水器工作模式和水下滑翔机工作模式之间进行切换。美国斯克里普斯(Scripps)海洋研究所根据仿生学原理研制的"Spray"水下滑翔机采用扁椭球体外形,在常规巡航速度下,运行阻力小。欧盟的 Horizon 2020 研究和创新计划"BRIDGES",利用当前"SeaExplorer"水下滑翔机、"SPAN"自由潜水器和"AutoSub"自由潜水器平台开发过程中获得的技术经验、最新的技术能力以及升级机械滑翔结构,使得水下滑翔机能够在 2 400 米(Deep Explorer)和 5 000 米(Ultra-Deep Explorer)的深度下工作。该项目正在以模块化的形式设计 2 种水下滑翔机,这样不同的传感器和电池包就可以很容易地在任务之间切换,可以持续运行 2 个月。

2002 年,中国的天津大学开始第一代水下滑翔机的研制,于 2005 年研制完成温差能驱动水下滑翔机原理样机,并成功进行水域试验。2005 年,中国科学院沈阳自动化研究所开发出了水下滑翔机原理样机,并完成湖上试验。2017 年 3 月,中国科学院沈阳自动化研究所的"海翼-7000"深海滑翔机在马里亚纳海沟完成了 6 329 米大深度下潜观测任务,打破了当时水下滑翔机工作深度的国际纪录。2018 年 4 月,青岛海洋科学与技术国家实验室海洋观测与探测联合实验室(天津大学部分)的"海燕-10000"深海水下滑翔机在马里亚纳海沟首次下潜至 8 213 米,刷新了当时深海水下滑翔机工作深度的世界纪录;2020 年"海燕-X"水下滑翔机完成万米下潜(图 1.21)。

图 1.21 主要深海水下滑翔机发展历程

国内外主要深海水下滑翔机在役情况如表 1.10 所示。

表 1.10 国内外现役作业深度 1 000 米以上的水下滑翔机（2019 年）

序号	名称	研制单位	深度（米）	国别
1	海燕 10000	天津大学	10 000	中国
2	海翼 7000	中国科学院沈阳自动化研究所	7 000	中国
3	Deep Glider	华盛顿大学	6 000	美国
4	Seaglider M6	Kongsberg 公司	6 000	挪威
5	Spray	伍兹霍尔海洋研究所（WHOI）	1 500	美国
6	海翼 1000	中国科学院沈阳自动化研究所	1 000	中国
7	Slocum G3	Teledyne 公司	1 000	美国
8	Scaglider	Kongsberg 公司	1 000	挪威
9	Sea Explorer	ACSA 公司	700	法国

第二章

国内外深潜装备技术研究与发展现状

第一节　总体技术

一、总体设计技术

深潜装备总体设计是深潜装备研制过程中重要的环节，很大程度上决定深潜装备最终的性能，并且由于总体设计与深潜装备各个主要系统的设计相关，也是一个复杂的、阶段性的、反复性的过程。深潜装备的设计是按照方案设计、初步设计、技术设计和施工设计四个阶段，由最初的概念至全部加工图纸、技术文件完成。随着设计阶段的推进，设计的自由度会大幅度减小，在进入到初步设计阶段之前，艇体形式、推进系统形式、操纵控制方式等，确定设计方案都已经通过审批。在方案设计阶段，设计师主要绘制深潜装备的基本图纸，进行细节上的协调与分析。也可以说，绝大多数创造性的设计点都在方案设计的过程中完成，之后的设计主要是获得更准确的性能数据分析结果和完善一些局部细节。

深潜装备设计初期往往是凭借设计者的经验和才智，从熟悉的现有深潜装备类型，即母型，确定目标深潜装备初步的主尺度和结构形式，在深入的设计中不断修改，直到设计出一艘满足任务书要求，排水量与主尺度尽可能小的深潜装备。深潜装备设计是一项涉及学科面广、技术密集度高、学科间耦合作用复杂的系统工程设计，涉及的学科包括流体力学、结构力学、材料力学、能源学科、人工智能、控制理论等多个学科，并且在不同学科要求达到的技术性能之间存有不同程度的矛盾。

传统的深潜装备设计为一种串行设计模式。按照方案设计、初步设计等分阶段进行，由相关学科领域的专家负责各设计阶段过程的内容设计和优化，人为割裂了学科之间的关系，相关学科设计内容完成后再进行相互协调，这样导致的后果将是大量反复性地修改，并且由于缺乏学科间的均衡考虑而丧失系统最优解，最终降低了深潜装备总体设计的效率与性能。例如，在缺少母型和对设计缺少必要的原始资料的情况下，设计者在设计初始阶段不可能准确地计算出深潜装备的主机功率与能源需求的关系、重量与浮容积的关系等大量未知性能。这样就会导致反复修改总布置、主尺度及结构参数等。另外，深潜装备的设计参数与某些性能参数之间缺少可用的精确数学公式以表达函数关系。例如，计算主机推进功率时，需要采用深潜装备直航运动阻力值，而较为准确的阻力值是通过深潜装备设计完成后进行水动力数值计算，甚至要通过模型试验才能获得。因此，串行设计一旦需要反复修改设计方案，将会导致花费大量的计算时间与经济上的费用。

（一）国外发展现状

传统的串行设计遇到的这种困难在复杂工程领域普遍存在。20世纪80年代，一些航空领域的科学家和工程师提出飞机采用的各子系统串行设计方式无法考虑系统间的相互影响，据此得出的设计结果很有可能并非最优结果，并以J. 索比斯茨赞斯基－索比斯基（J. Sobieszczanski-Sobieski）为代表首次提出了多学科设计优化（Multidisciplinary Design Optimization，MDO）的思想。索比斯基提出的研究方法引起了学术界的极大关注，越来越多的人意识到开展MDO研究的必要性和急迫性。1991年，MDO技术委员会在美国航空航天学会（AIAA）成立，会上发表了关于多学科设计优化的白皮书，标志着MDO正式成为一个新的研究领域。书中阐述了MDO的定义、研究的必要性和急迫性、研究范畴及发展方向。MDO技术委员会对MDO定义如下：多学科设计优化充分探索和利用不同学科、不同目标之间的相互作用所产生的协同效应，从系统的角度进行优化设计，是用于研究复杂系统的一种设计方法学。

1994年8月，多学科设计优化分部（MDO Branch，MDOB）在美国国家航空航天局（NASA）兰利研究中心正式成立，该分部对倡导MDO基础研究、MDO工业实用化发挥了极大的作用。很多国家都积极表现出对MDO技术的关注。1994年，德国的国际结构及多学科优化协会（International Society for Structural Optimization，ISSO）联合美国的AIAA和NASA等组织举行了首次学术交流会，此后每两年举办一次。这已成为世界范围内影响最大的MDO领域学术会议。

利用MDO进行飞行器设计研究是MDOB的重要研究成果，如对第二代可重复使用运载器演示验证机X—33的塞式喷管发动机的设计。为了比较串行设计方法与MDO方法的区别，首先按照串行设计方法，以最大比冲为目标函数进行气动外形的优化，再以最小起始推重比为目标函数进行结构优化，最后以 MDO 方法对该喷管以最小起始推重比为目标函数同时优化气动与结构，在设计过程中集成计算流体力学模型、结构分析模型、弹道模型、热力学分析模型等多种学科模型。2 种方法计算结果表明，后者的最小起始推重比降低了 4%，该研究充分说明了 MDO 方法的优越性。随着论证项目的增多，MDO 的应用从最初的运载器设计逐步扩展到卫星、高速民用飞机等领域。近几年，MDO 研究在海洋工程领域也引起重视，并有不少研究成果问世。

随着学科理论知识、计算机技术及现代优化理论的发展，深潜装备各个学科的设计呈现了综合运用建模软件、学科数值分析计算软件、优化理论与技术的新特点。如运用 Fluent 模拟潜器在不同流场下的运动特性，运用 ANSYS 完成结构校核，运用面元法进行螺旋桨水动力性能预报，都能够获得高精度的分析结果。各学科知识的深度与广度进一步发展，致使深潜装备研制过程越来越复杂，研制周期越来越长。MDO 的主要思想，即关注于多学科复杂系统的解耦与协调，由并行设计替代串行设计，将各个学科本身的分析和优化与整个系统的分析和优化组合起来，能够结合高精度的学科分析工具，实现设计过程自动化与智能化。科技发展日益更新，现今不断要求提高总体性能和缩短设计周期，采用深潜装备总体多学科综合设计模式将会是深潜装备设计领域一个崭新且富有前景的发展方向。

2000 年，宾夕法尼亚州立大学、路易斯安那州立大学联合其他相关部门开展了多学科优化方法在水下航行器设计中的应用研究。查尔斯 D. Mc. 阿利斯特（Charles D. Mc Allister）等人为了测试 MDO 的优化效果，将其应用于智能潜水器系统设计之中。他们将 AUV 设计分为一个系统级和五个子系统，分别是导航与控制、有效负载、动力能源、机械、阻力与推进，优化的目标为最大化有效载荷段长度。研究过程主要侧重学科分析近似模型、不确定性建模、优化算法和求解过程可视化这四个方面，采用单学科可行性方法进行多学科的综合设计优化，并获得了满意解。并在随后的研究中，在协同优化框架中结合线性规划实现了 AUV 系统的优化，并证明尽管在执行系统级一致性约束条件时增加了计算复杂度，但算法的收敛性非常好。

2002 年，美国海军研究所发起水下武器设计与优化项目（Undersea Weapon Design and Optimization，UWDO），并指出了 UWDO 的未来发展方向。UWDO 从提高性价比出发，旨在为鱼雷、导弹等水下航行装置开发基础性的计算工具和协同设计虚拟计算环境。在协同分布式计算环境中，以速度、深度和航程作为系统性能指标，可选择的子系统包括能源动力、导航与控制、推进、水动力、耐压结构和有效载荷，在优化过程中可实现价格分析和仿真设计的同时执行。UWDO项目中指出，该计算环境给设计更快、更高效和价格适中的水下航行装置提供了一个平台，并指出未来的研究重点在多学科优化组织结构、高效率的优化算法、价格分析等几个方面（图2.1）。

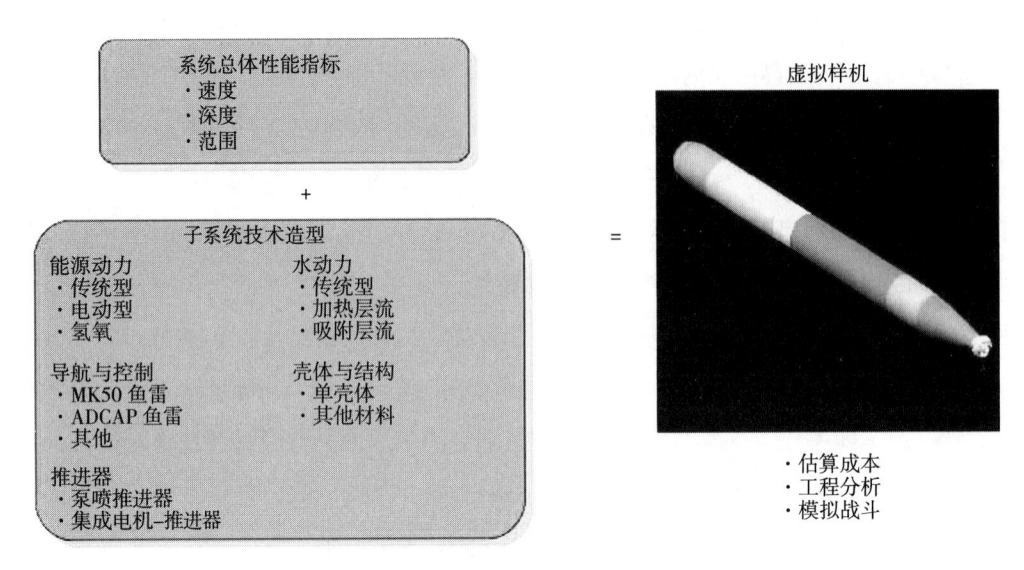

系统总体性能指标
· 速度
· 深度
· 范围

+

子系统技术造型

能源动力
· 传统型
· 电动型
· 氢氧

水动力
· 传统型
· 加热层流
· 吸附层流

导航与控制
· MK50鱼雷
· ADCAP鱼雷
· 其他

壳体与结构
· 单壳体
· 其他材料

推进器
· 泵喷推进器
· 集成电机-推进器

=

虚拟样机

· 估算成本
· 工程分析
· 模拟战斗

图2.1 美国海军研究所提出的水下武器设计流程

2010年，密歇根大学的N.弗拉霍普洛斯（N.Vlahopoulos）和C.G.哈特（C.G.Hart）研究了MDO方法在潜艇概念设计阶段中的应用。子系统分别考虑了内部甲板面积、快速性、操纵性和结构强度，系统级优化目标则是最小化潜艇耐压舱的制造费用。他们根据各学科在概念设计阶段的特点建立了可执行的分析计算模型，并提到接下来的工作主要包括：一是开发MDO计算环境模块化的能力，可以实现集成各种潜艇学科性能计算模型；二是采用高精度的学科计算模型，如计算流体力学（Computational Fluid Dynamics，CFD）、有限元分析（Finite Element Analysis，FEA）等代替工程估算模型；三是开发处理非线性和复杂数学函数的优化算法，能够与高精度模型联系，确定最优设计结果。

（二）国内发展现状

20世纪90年代中期，国内开始了MDO研究，并取得了一定的进展。西北工业大学、国防科技大学、南京航空航天大学、北京航空航天大学等都开展了MDO的理论研究工作，并在飞行器设计、卫星等工程系统进行了初步应用，获得了大量有价值的成果。随着MDO理论体系的不断完善，MDO已经成为一种新的工程学科，在美国、苏联/俄罗斯、日本、韩国、中国等众多国家的飞行器、舰船、建筑、汽车、机械等领域引起重视，并被积极投入应用研究。

西北工业大学的张宇文、卜广志等人在"九五"期间开展了"鱼雷优化设计理论与方法研究"。引进了作战效能、寿命周期费用、风险和研制周期的概念，给出了一种新的鱼雷总体综合设计方法。该研究侧重于理论与方法，仅给出了2个变量3个学科的简化算例，在实际应用中还需要结合研制项目的工程实际进行细化与具体化。"十一五"期间，崔维成课题组开展了多学科设计优化在7000米载人潜水器设计中的应用研究，并取得了一系列研究成果。课题组建立的子系统分析模型包括阻力性能、耐压球壳结构性能、推进器选型、能源需求、重量与浮容积估算；在iSIGHT软件平台进行集成优化，实现设计周期缩短，提高总体性能，并使整个设计过程可视可控的目的。在对MDO方法的研究中，课题组主要侧重计算机组成原理（CO）方法、两级集成系统综合（BLISS）方法在载人潜水器总体设计中的应用，并作了计算性能比较，得到大量有意义的计算数据。研究存在的问题是学科分析模型多采用工程近似公式，过于简单，不能完全体现载人潜水器学科的分析特征，导致最终优化结果存在一定误差。

二、结构技术

深潜装备结构重量和体积，是直接影响深潜装备总体性能的重要指标。主要结构部件的形式也与深潜装备的总体性能有关，并且工作深度决定着深潜装备耐压壳结构和外部结构的形状、重量。为了增强续航力，降低能耗，提高工作效率，必须相应地减轻深潜装备结构重量，进而降低深潜装备总重量。在保证深潜装备安全性能的条件下，深潜装备结构重量的减轻，意味着降低建造成本，以及增加装载能力和提高经济效益。

合理地减轻深潜装备耐压壳结构和外部结构的重量，是设计深潜装备的重要任务。深潜装备上新材料和新技术的应用，能使深潜装备结构重量减轻，但是由于深潜装备结构形式的特点和新材料的应用，必须用一种可靠的设计分析方法。当前的潜艇结构设计计算规则，仅适用于潜深300米左右现有的深潜装备规范，仍然建立在潜艇设计计算规范的基础上。强度设计准则和计算方法均基于一些简化公式，并包含了依据试验和经验得来的修正系数和安全系数，而这些修正系数和安全系数对于所用材料、结构形式及几何参数特点、载荷等与潜艇一般结构形式有显著差别的深潜装备来说，其适用性是值得推敲的。应用规范设计方法和设计准则，可能导致设计过于保守，也可能低估了结构的安全性能。这种传统的设计准则及线弹性计算方法，没有真正地估算出耐压壳体达到崩溃的承载能力，也就无法深入评估耐压壳体的真正安全余量。金属耐压壳结构强度与稳定性的弹塑性屈曲压力计算方法，可用于精确计算耐压壳结构的实际承载能力，从而能获得统一的安全标准，并进一步提高规范和设计要求。

因而，需要发展新的结构分析方法和设计准则，这些分析方法能应用于处理新材料和新技术，能够更科学地体现深潜装备结构形式等特点，这些设计准则能够考虑到深潜装备耐压壳结构和非耐压壳结构的特性。

此外，由于复合材料的迅速发展以及在航空航天领域的成功应用，在深潜装备上采用复合材料显示其优越性。由于影响复合材料应用，如价格高、工艺复杂等因素，正被逐步克服，因此对于深潜装备，特别是全深度潜水器，先进复合材料如碳纤维增强复合材料、陶瓷等不失为一种具有广阔前景的可选材料，但是相应的复合材料深潜装备结构的强度与稳定性分析方法，却尚未进行深入地研究。

（一）主要结构部件

深潜装备主要部件可以分为确定深潜装备形式与性能的结构系统和起次要作用的组成系统。

深潜装备的主要部件有：耐压壳、非耐压壳、动力装置、推进系统、操纵、航海、通信与显示系统、有效载荷、压载、浮力材料、采集作业系统等，载人深潜装备还需要有生命保障系统。

耐压壳的作用在于确保乘员、仪器与系统在深海工作深度下的安全。一方面，它要保证在工作深度不被破坏，并具有最轻的重量；另一方面，它还要有足够的容积以用于布置内部设备和装载乘员。

深潜装备耐压壳休的形状有球形、圆柱形、椭球形、锥形和倒楔形等多种形式，或是其组合形。其中最常用的是球形和圆柱形或二者的组合形（球－球，球－柱）。

非耐压壳的作用是，一方面在于保持深潜装备具有最佳流体动力性能，另一方面在于其形状与尺度能保证舷外设备的布置。非耐压壳可用于固定推进器系统、稳定翼、传感装置、仪器和其他设备。非耐压壳的结构应选择最佳的结构形式和选用高强度材料，使其具有最轻的重量，非耐压壳的部件应能保证壳体内设备的布置方便，且易接近与检修。

（二）结构设计过程

深潜装备基本使命特性如工作深度、速度、乘员、续航力及负载确定后，就需要进行深潜装备结构设计。

显然，主尺度是壳体设计最先要考虑的，并且它受上述参数影响。深潜装备壳体结构设计可分成两大类：耐压壳结构和非耐压壳结构，后者通常被称作外部结构或外壳。由于它们的不同的功能和设计载荷，它们的设计流程一般是不同的。当然，它们之间有内在联系，并相互影响，而耐压壳结构是最重要的部分，各种破坏准则如屈服、失稳、疲劳、断裂、蠕变及腐蚀都对结构设计有很大的影响。

耐压壳一般采用钢材制造，但也会使用其他金属材料，铝合金和钛合金，或非金属材料，如玻璃、丙烯酸树脂、玻璃增强塑料和纤维增强塑料。在耐压壳结构设计中，要考虑水动力特性、内部和外部布置、材料可获得性、成本及建造工艺的方便性。因结构重量占潜水器总排水量较大的份额，工作深度是影响耐压壳设计的一个主要参数，对于工作深度比较浅，通常认为低于600米的深潜装备，耐压壳重量并不是需要考虑的主要因素。最主要的一种耐压壳形式，即带半球封头的加筋圆柱壳及单球壳，也有其他耐压壳形式，包括多个交接球结构及椭球形。

评估各种壳体结构效率的通用准则是耐压壳的体积密度，它定义为壳体重量与排水量的比值，也被称为浮力系数。在理想情况下，单球壳的体积密度要低25%，结构效率高。与有加筋及增强的圆柱壳相比，单球壳的重量优势更大。然而，就总重量而言，考虑到水动力形状及内外布置，单球壳的纯重量优势下降了。单球壳另一个优点是允许深潜装备短而轻，它只需用一台起重设备。因此，许多浅深度潜水器采用单球壳设计，只有2~3名乘员、加筋球壳的应用也曾有过研究，但其成本并不低，没有多少实用价值。然而，在连接处加强的多交接球结构形式有很多吸引人的优点，其体积密度低，且外形有利于降低水动力阻力，内外布置更有利，多交接球比单球更具有吸引力，其发展应用大有前途。

加肋圆柱壳一般有优越的水动力形状，更好的内部布置，更轻的外部结构，更低的建造成本，与多曲率壳体相比，它受初始几何缺陷的影响较小，但由于体积密度不令人满意，加肋圆柱壳很少用于大深度潜水器。但有些情况下材料和制造技术可保证加肋圆柱壳结构下潜到6 100米深度。

也曾使用过其他形式的耐压壳在深潜装备，但因各种原因，其效率不如加肋圆柱壳、球壳及多球壳。锥形壳可用作圆柱壳与半球壳、椭球壳或平板封头之间过渡结构，但为减小过渡区的高应力需要进行加强，造成重量增加。扁球壳，常被称作潜碟，主要用于观察。其结构效率不高，但适合于浅深度。与球壳相比，这种外形改善了水平面内的水动力性能。扁长球壳具有诱人的体积密度和水动力形状，但难以制造，不易开孔且成本较高。

在耐压壳结构的设计中，开孔是要考虑的一个主要设计因素，开孔周围的应力梯度影响设计极限深度及耐压壳的疲劳寿命。小的开孔仅影响局部应力，但大开孔则会影响设计破坏深度。有效的开孔设计不应像某些低效耐压壳的开孔设计，仅仅靠重量补偿法来获得，应采用更详细的设计和分析技术进行综合设计，避免增强过度或强度不足。

对大深度潜水器，主要的开孔限于出入舱口盖、电气接插件和观察窗，尽量避免贯穿件以减少各种渗漏的可能。舱口盖可分为垫板型和围槛型。垫板型舱口盖通常用于浅深度潜水器，它较易制造，成本低，但其重量比围槛型舱口盖要重一点。围槛型舱口盖常用于大深度潜水器以减轻重量。它常用于具有均布平面应力的壳体上，如球壳、球壳舱口盖周围的加强，围槛型舱口盖承受壳体平台载荷。这种形式舱口盖增强环重量比垫板型增强要轻。

载人潜水器观察窗大致有 3 种形式：平圆形、锥台形和球扇形。平圆形成本最低，但限于小深度。球扇形视野开阔，但由于其强度低，也只限于小深度。因强度高，大深度潜水器观察窗常采用锥台形丙烯酸塑料。电气贯穿壳体接合处应保持水密。通常采用双层密封设计，即使外缆发生渗漏或一道密封失效，耐压壳也不会渗水。如外缆失效，贯穿件本身无须修理或替换，壳体并不受影响。耐压壳体因其厚度大，材料性能高及制造误差小，故成本较高，并且在深潜装备总重量份额中占有较大份额。对于大深度潜水器，尤其不适合于采用大尺度的耐压壳。基于此，耐压壳尺度要尽量小，只要能装载乘员、拥有必备的任务模块、系统控制及紧急逃生辅助设备就足够了。其他设备或子系统放在耐压壳外部，一般处在外部结构的支持和保护范围内。外部结构通常形成潜水器的外部边界，内有耐压壳并起支持作用。比较少见的一种形式是耐压壳构成潜水器部分长度的外部边界，非耐压壳联结于脂或舰，或者脂舰都有。外部结构有五点功能：为深潜装备提供流线水动力外形；减少与水下物体纠缠的可能性；作为耐压壳与各种系统部件的集成支撑；有些情况下，装载主压载水或其他压载液体/固体；有些情况下提供干舱及干甲板。

外部结构设计要满足使命要求、系统需求，要满足耐压壳尺度和形式的布置。潜水装备系统各种部件，如推进电机、电池、稳定翼、海洋设备的布置要合理分配重量以保证水面和水下状态的稳定，当然还要满足功能上的要求。建立各个系统设备布置及空间要求后，外部结构的外形也就决定了。外部结构的直径常取决于耐压壳直径及其支持结构的尺寸。外部结构的长度取决于总布置和水动力方面的一些因素，及其他限制条件，如运输方面的要求等。据此，可以开发出流线型表面，内有足够的空间用于支撑系统设备、建造出入口、维护等。其他因素也影响外部结构尺寸和外形的选取。比如，有时水面航行于恶劣海况时，为安全起见也要求外部结构能提供足够的储备浮力。

深潜装备壳体形状变化范围很广，主要原因在于深潜装备航速低，壳体形状对阻力的影响很小，所以对深潜装备壳体形状起决定作用的是其他因素。深潜装备壳体一般可采用圆柱体或一系列小角度截锥体。这些形状相较复杂形状有一些优势：它是一种有效的结构形式，能承受潜水器遇到的绝大多数载荷工况，其轴对称外形利于布置、安装及内部设备的维护，易获得良好的水动力和功率特性。最后一点，这种轴对称结构一般用材少，易于建造，因此经济性好。

获得低成本结构，比获得低重量结构更难更复杂。因为设计过程牵涉到各种各样的因素。应认识到，"最低成本结构"这一提法因成本涉及的对象不同，其阐释也不同。对于建造商来说，这一提法通常指结构易于建造，安装成本低，这意味着不同设计适合不同建造者。对设计单位也是同样的道理，"最低成本结构"意味着结构设计、分析和制图应花费最少的工程及制图成本。对拥有者或操作者来说，可能会喜欢另一种阐释，即服役寿命及操作成本，这不一定就是低设计成本和低建造成本。

上述目标是不可能都得到最优的设计，因此，可行的结构设计总是建立在某些设计特征上的综合平衡。比如，设计最小重量的最优结构很少考虑到基本需求，如易于建造和维修、出入方便、布置、低成本，某些结构件中刚度是厚度和材料选取的决定性因素，而高的强度重量比显得并不重要。

尽管获得最小结构重量是重要的，它可转化为给定排水量下的最大负载，但成本和研制计划的限制也不可忽视，实际上不能过分追求。对设计的紧凑和建造进度的要求，组织计划时间及相关的特殊材料和小批量材料成型的采购成本，都使得设计趋于简单、低成本，反对追求所谓"最优"结构，耗时的长期调研。基于上述原因，常采用传统设计过程，在传统设计中，采用试验、找问题，及比较评估的方法检验各种可选用的结构形式及各种可选用的材料。简单地说，这种设计过程包含3个明显的阶段：列出各种类型设计方案，评估方案，最后选出最好的方案。这种设计过程看起来有点"非系统"，但当经验丰富的设计师应用该方法后，它实际上包含了很多高度精选设计，捷径。即可经济地获得有效的设计。

（三）金属耐压壳强度与稳定性分析

深潜装备在水下受到极大的深水压力。耐压壳，即为抵抗这一压力的构件，耐压壳的受力特性决定了其横剖面采用圆形。施德培和李长春对于潜水器结构强度作了比较全面系统的论述，给出了深潜装备耐压壳体的应力分析和稳定性分析方法，对开孔加强计算作了说明，并就耐压结构设计的一些原则，耐压壳体尺寸的确定作了简要的描述。

1994 年，谢柞水和许辑平对潜艇薄壁大半径圆柱壳的总稳定性进行了分析讨论。他们指出用仅受轴向压力的无肋光壳，预报各向均匀受压的异常环肋圆柱壳的总稳定性，且具有足够的精度。深潜装备耐压圆柱壳在静水外压下，结构失稳一般具有 2 种形式，即沿圆周形成很多波的肋间壳板局部失稳和整舱总体失稳，现行深潜装备规范和俄罗斯的资料均假设壳体在失稳前处于无矩应力状态，带肋壳体弯曲可以简化为正交各向异性壳体弯曲，并且肋骨压缩刚度和壳板弯曲刚度远小于肋骨截面加上附连翼板的肋骨弯曲刚度，由扁壳理论得到几何形状完善的线弹性圆柱壳体失稳临界压力计算公式——米泽（Mises）公式。

在工程实际中，由于结构制造产生初始缺陷，完善的几何深潜装备耐压壳结构是不存在的。同时随着材料使用的渐趋合理，在结构优化设计的要求下，结构失稳往往发生在弹塑性阶段，因此对深潜装备耐压壳结构失稳压力的计算必须考虑几何和物理非线性影响。

在潜艇结构计算规则或潜水器规范和俄罗斯的资料中，对在理想条件下考虑几何完善、材料弹性，得到的耐压壳结构失稳临界压力公式，采用修正系数来考虑这种影响，即采用几何校正系数来考虑初始缺陷的影响，采用物理修正系数来考虑弹塑性影响。这种处理办法对于小深度潜艇或深潜装备，由于有大量的试验作参考，因而有一定的可靠性。

1979 年，周承倜提出了壳体弹塑性失稳的一个非线性理论，弹塑性失稳具有非线性和非保守的性质，因此不能简单地用经典弹性失稳的概念去理解和解释塑性失稳现象。文中首先用塑性形变理论和塑性增量理论对各向同性硬化的可压缩材料，在全面加载失稳准则的前提下，建立起小挠度解，以作为完善壳体系统的分支性载荷，这是该理论的基点，对于具有初始缺陷的非完善壳体，采用非线性大挠度理论来同时考虑壳体的几何非线性初始缺陷，以及材料的物理非线性 2 种因素的交互作用，及其对于初始后屈曲的平衡路线的各种影响。周承倜应用该理论对圆柱壳稳定性设计中的修正系数进行了详细分析和讨论，表明采用切线模量理论更符合实验结果。

物理修正系数理论上可根据双模量理论、切线模量理论或壳体弹塑性稳定性计算分析得到。工程实际往往是通过比较试验结果与弹性失稳理论计算结果得到的，几何修正系数可以根据非线性大挠度理论、初始后屈曲理论分析结果确定，工程实际中通常是比较试验结果与焊接模型试验数据得到的。

（四）非金属耐压壳强度与稳定性分析

对于非载人的耐高水压设备舱，国际上多采用半球封头的圆柱壳。其技术发展主要集中在新材料的应用，以达到低的重量/排水量比值，有纤维增强复合材料、陶瓷材料等。美国开发的已在6 000米潜水器上应用的碳纤维增强复合材料圆柱壳，其最大直径已可达800～900毫米，陶瓷材料的耐压壳直径最大已可达128毫米。

1995年，科勒（Collar）介绍AUTOSUB系列AUV的结构。自治水下机器人AUTOSUB系列耐压壳结构采用碳纤维增强复合材料（CFRP）圆柱壳，两端封头采用钛合金制造。应用碳纤维增强复合材料圆柱壳，减轻了耐压壳重量，并使其可获得全深度下的剩余浮力。这种组合结构形式使得AUTOSUB耐压壳可下潜到6 000米深度、60兆帕压力。AUTOSUB上两端封头采用钛合金，而没有采用全复合材料结构的原因主要是基于复合材料半球封头的建造难以达到与纤维缠绕圆柱壳相近的质量水平，并且不易开孔。

1994年，格雷厄姆（Graham）采用有限差分程序（BOSOR4）对AUTOSUB耐压壳进行了初步的应力和屈曲分析。BOSOR4程序适用于轴对称薄壳，但是AUTOSUB耐压壳壳板相对较厚，因此横向剪切和残余应变的影响显得更重要了。要考虑这些影响需要采用有限元法进行详细分析。1991年，史密斯（Smith）对采用钛合金封头和复合材料封头的2种设计方案进行了详细的有限元分析。通用有限元分析结果与BOSOR4程序计算的结果比较：周向应力增加了10%，屈曲压力降低了27%。因此根据有限元的计算结果对AUTOSUB系列的耐压壳设计尺寸进行了改进，并最终决定在圆柱壳两端采用钛合金封头。格雷厄姆还对一端采用钛合金封头，另一端采用CFRP封头的耐压壳进行了有限元分析。钛合金/CFRP连接处采用简单的搭接形式，对交接处可能出现应力集中的区域进行网格细化。采用轴对称实体单元，对几种可选的交接形式进行的分析表明，简单的搭接接头具有最小的应力集中。屈曲分析表明，采用CFRP封头代钛合金封头，耐压壳的屈曲压力只有些微增加。此外，在AUTOSUB的设计过程中进行了一系列复合材料的性能试验，目的在于比较不同公司生产的复合材料的性能参数，以提高设计的可靠性。复合材料耐压壳强度与稳定性分析显然与金属耐压壳有很多的不同点。鉴于这一重要问题，国内外众多学者对深潜装备复合材料耐压壳的强度与稳定性进行了大量的分析研究。

（五）结构设计特性

1984年，德米特里耶夫指出，作为深潜装备最佳性能的准则应是全面地考虑深潜装备技术指标和经济指标的综合因素。就评定深潜装备的性能而言，性能指标的优劣与深潜装备的特定用途有关，用途不同侧重点也不同。设计时一个最重要的任务是选取最佳方案或使其性能最佳。评估最佳性能准则的几个指标是：耐压壳体积密度（重量排水量比值）、耐压壳结构合理性系数、非耐压壳的扩展系数、海军部系数、动力装置系数、有效载荷比和单位重量造价等。这些指标都直接或间接取决于耐压壳结构和非耐压壳结构的设计好坏。

在深潜装备的设计流程中，了解深潜装备结构设计的一些特性或规律对于选取最佳方案是十分有意义的。1984年，德米特里耶夫介绍了可选的深潜装备耐压壳结构形式，包括潜水器常采用的球形、圆柱形、椭球形、锥形和倒楔形。列出了深潜装备耐压壳体常用的材料特性，而且就耐压壳结构强度与稳定性的传统计算方法作了简要说明，分析了耐压壳结构重量的影响要素和规律，耐压壳体积密度与下潜深度的关系曲线，并且德米特里耶夫还对非耐压壳形式选择的几个制约因素、非耐压壳重量与耐压壳重量之间的关系等作了详细的说明，并采用统计数据画出了关系曲线。

1992年，朱继懋在《潜水器设计》一书中系统地阐述了载人和无人潜水器的总体设计、结构设计、推进与操纵、导航、动力与能源、系统与设备、吊放回收等内容，主要从设计角度加以分析。同时对潜水器结构的一些传统设计进行了描述。从耐压壳形状、耐压壳体材料、耐压壳强度计算方法、试验等方面介绍了耐压壳设计中的一些重要问题。朱继懋详细阐述了潜水器的重量特征、潜水器的浮力特征、确定排水量的方法以及方案设计等内容。

2018年，崔维成在《潜水器技术与应用》一书中详细介绍了潜水器从设计到应用的全过程，包括潜水器总体设计方法、各分系统（控制、推进、导航与通信系统，动力与配电系统，液压与作业工具系统，生命保障系统）的设计与制造、总装建造、陆上联调、水池试验、海上试验、潜航员的选拔与培训、潜水器的操作与维护以及潜水器的应用。

对于深潜装备来说，节省重量，表现为最小的结构重量/排水量比值，这是一项基本要求，它可转化为更大的负载、更久的航程、更高的续航力，从军事上说则表现为隐蔽性和生存能力。不可置疑的是，深潜装备成功的设计是与结构新材料的应用联系在一起的，建造深潜装备的传统材料是金属，如钢、铝合金、钛合金等，而对于大深度潜水器来说，复合材料的优越性在于即使接近海洋全深度时，仍能提供有效浮力。具有高比强度的材料可用于耐压壳的制造，复合材料十分重要。

三、水动力技术

深潜装备在水下的运动所受的力可以分为内力和外力。其中，内力指的是静力，该力不随着运动而发生变化，在不考虑海水密度变化时，该力包括自身重力与浮力。另外，深潜装备在水下运动时，周围的流体会随之运动，流体的运动对深潜装备本身造成的作用力称为流体动力或者水动力。除此之外，外部作用力也是影响深潜装备运动的重要因素，包括风、浪、流引起的阻力和缆绳的拖曳力等，流体动力和外部作用力统称为深潜装备所受的外力。进行水动力性能研究是深潜装备在设计研发过程中极其重要的环节之一，深潜装备的水动力性能不仅可以决定其在深海是否可以正常完成预期科研工作，也对深潜装备的设计成本产生很大的影响。

（一）研究方法概述

深潜装备水动力性能研究常用的方法有3种，分别是理论分析、实验模拟和数值仿真。其中，应用数值仿真求解流场问题的方法称为计算流体动力方法，研究该方法的学科称为计算流体动力学（CFD）。

理论分析常常通过对复杂实际模型进行抽象得到简化力学模型，再通过流体力学的基本原理和公式对模型进行研究分析，常见的方法是忽略在水下运动时流体的黏性作用，用势流理论方法进行求解，但是深潜装备形状的复杂性、自由液面问题、流体的黏性作用使得理论方法具有很大的缺陷性。

实验流体动力学（Experimental Fluid Dynamics，EFD）在一定程度上可以满足工程上的精度需要，主要方式是模型试验。模型试验又可分为自由模实验和拘束模实验，常见的设备有风洞、水槽、激波管等。虽然试验方法得到的结果具有有效性，但是仍具有操作复杂、实验条件要求高、成本昂贵、耗时久等特点。

随着计算机技术的发展，计算流体动力学被逐渐应用在深潜装备水动力性能研究当中。该方法相对于其他两种方法具有周期短、成本低等特点。对深潜装备进行CFD

分析的主要目的是预报阻力性能、分析深潜装备周围的流场情况、优化整体型线等。CFD 的思路是利用计算机强大的处理系统求解所求流体的偏微分方程组，结合了理论分析和实验模拟二者的优点，可以定性、定量了解深潜装备在水下的运动状况。但是，CFD 也具有一定的局限性，首先，CFD 涉及大量的计算，要求计算机具有较高的配置；其次，使用 CFD 进行数值仿真依赖离散的有限数值模型，得到的结果也仅仅是有限个数值解，具有一定计算误差。进行 CFD 的工作通常需要使用软件予以完成，常见的 CFD 商用软件包括 Fluent、CFX、NASTRAN、Flight Loads、Flow 3D、VSAERO、PHOENICS、STAR-CD 和 FLDAP 等。

（二）研究现状

对深潜装备进行水动力性能研究的主要内容包括阻力计算、型线优化设计，以及下潜上浮过程速度和姿态模拟。下面对每一部分分别展开介绍。

在进行阻力计算时，国内外通常采用试验技术与数值模拟，即 EFD 与 CFD 联合方法，既可以保证数据的有效性，也可以减少实验次数进而提高研究效率。李佳使用 Realizable k-ε 湍流模型对某潜水器进行数值模拟并与具有缩尺比的船模阻力试验结果比较，发现二者的偏差在很小的差值范围内，符合预期结果，验证了 CFD 方法的有效性。董国玉基于一种简化深潜装备几何模型，通过求解阻力和有效功率的基本方程，并与试验进行比较验证了该模型的优越性并具备较高的稳定性。李明等人通过对湍流模型进行敏感性分析并与试验数据进行对比，发现 k-ω 湍流模型可以更好地预报 Myring 型回转体潜水器的阻力。美国海军泰勒研究中心基于 SUBOFF 小型水下 AUV 开展模型试验获得阻力实验数据，唐同泽等人对该实验数据进行数值模型有效性验证，发现二者结果较为吻合也验证了 CFD 方法的有效性。孙晓芳使用 Fluent 软件对潜水器循环水槽进行水动力系数求解并与试验进行比较分析，发现 CFD 计算具有很高的精确度。富格莱斯塔德（Fuglestad）等人通过数值模拟获得了"HUGIN 3000"号潜水器阻力并与实验所测的数据进行比较，发现 CFD 可以有效地进行高雷诺数下的阻力预报。金（Chin）使用了 CFD 商用软件 CFX 对某型号 ROV 进行了数值仿真，同时结合水池试验，发现数值模拟的水动力系数与实验误差较小，可用于 ROV 设计。瓦特（Watt）使用 CFX 软件，对不同姿态角度下的潜水器进行数值模拟，同时对网格、湍流模型分别进行了敏感性分析，与实验对比验证了数值方法具有有效性。萨卡尔（Sarkar）等人使用 PHOENICS 软件对 4 种不同结构的 AUV 潜水器的周围流场进行了数值计算，得到附近流场情况及潜水器阻力性能，通过与模型试验结果相比较，发现 CFD 方法具有一定的精确性，所设计潜水器能够达到预期设计要求。综上所述，EFD 和 CFD 联合方法已成为深潜装备阻力计算的主流。

对于深潜装备外形优化也是水动力性能研究的重要内容。与阻力计算类似，通常也是采用试验设计与近似技术相结合的方法，以深潜装备主尺度参数和主要系数为参数，通过数值分析，建立起近似的数学模型，并采用优化算法进行单目标或多目标的设计优化，其中目标函数一般选取为深潜装备所受的阻力。中国船舶科学研究中心针对"Deepsea Challenge"潜水器进行研究，选取了多个外形设计变量，研究了各个参数对潜水器艇体阻力的影响，通过试验设计（Design Of Experiment，DOE）选取了多个样本参数进行阻力性能研究，并用近似模型方法对 DOE 得到的样本数据进行处理，获得了潜水器阻力系数的近似公式。李（Li）等人对"Deep search"潜水器进行研究，通过参数化建模得到了主艇体的参数方程，并结合 DOE、RSM（Response Surface Methodology）、遗传算法和 CFD 协同作业的方法获得了潜水器阻力系数与参数化模型中各个设计变量参数之间的关系，同时得到了最优阻力性能的潜水器模型。华中科技大学舒乐时等人应用 ICEM CFD 软件建立潜水器参数化网格模型，用 CFD 商用软件 Fluent 计算得到各个参数化模型下的阻力值，通过近似模型技术建立了设计参数与阻力之间的数学模型，使用误差计算方法进行近似模型精确化，并通过全局优化算法对潜水器本体阻力及自身体积进行优化，得到了最优潜水器模型。以上实例都表明试验设计与近似技术可以在型线优化上取得良好的效果。这种技术在许多场合下都可以使用，例如中远海运重工有限公司段菲等人以某大型穿梭油轮为研究对象，对游轮进行参数化建模，建立了 3 种不同形式的船体形状，并结合多目标全局优化方法进行优化，得到了优化后的穿梭油轮船型，经计算，优化后的船型均满足冰区 IA 级航行要求。

深潜装备在深海做的主要是下潜上浮运动，因此，如何确定适合的下潜上浮方式也是水动力性能研究一个重要的课题之一，选取适当的下潜上浮方式对于节约能源、减少阻力、潜浮运动速度和潜水器的稳定性都有着密切的联系。由于全海深潜水器自身体积不大且下潜上浮的距离很长，无法携带过多的艇载能源，因此常见的全海深潜水器运动的方式为"无动力下潜、上浮"。潜浮过程中轨迹和姿态的模拟是决定潜浮时间和运动稳定性的重要因素。例如在"蛟龙"号研制过程中，对其进行无动力潜浮运动的姿态进行预报，采用 Matlab-Simulink 软件对潜水器潜浮运动进行了仿真计算，并开发了压载调载控制程序，为潜水器作业提供了重要条件，保证了潜水器的稳定性。由于潜水器刚下水以及回收阶段会受到波浪的影响，因此有时还需要模拟波浪对于潜水器的影响，分析了AUV在水面以下30米内时，波浪对下潜和上浮运动的影响，使潜浮运动仿真过程更加完整。

第二节　材料技术

一、结构材料技术

（一）耐压结构设计和制造技术

根据结构的保护对象和尺寸大小，将耐压结构分为设备耐压结构和生命支持耐压结构。设备耐压结构体积较小，通常装载电子产品等设备，一般为圆柱形筒体和球形端盖组合形式。生命支持耐压结构主要是载人潜水器的载人舱，体积较大对材料和工艺要求较高。当代具有代表性的大深度载人潜水器球壳的选材及建造方案示于表2.1。

表2.1　典型大深度载人潜水器及其球壳材料及建造方案

国家	名称	起用时间	设计深度（米）	球壳材料	建造方案
美国	Alvin	1974	4 500	Ti6211	半球整体成型，气体保护焊
美国	New "Alvin"	2014	6 500	Ti64 ELI	半球整体成型，电子束焊接
法国	Nautile	1985	6 000	Ti64	2个半球，螺栓连接
日本	"深海（Shinkai）6500"号	1989	6 500	Ti64 ELI	半球整体成型，电子束焊接
苏联	MIR Ⅰ	1988	6 000	马氏体钢	铸造半球，螺栓连接
苏联	MIR Ⅱ	1988	6 000	马氏体钢	铸造半球，螺栓连接
俄罗斯	Rus	20世纪90年代	6 000	钛合金	半球瓜瓣成型，窄间隙焊接
俄罗斯	Consul	20世纪90年代	6 000	钛合金	半球瓜瓣成型，窄间隙焊接
中国	"蛟龙"号	2010	7 000	Ti64 ELI	半球瓜瓣成型，窄间隙焊接

国内外现有4 500米潜深及以上的载人潜水器均为球形壳体，对这些耐压球壳的设计特性进行统计，包括工作深度、载人球内径、壁厚、观察窗透光直径和数量、观察视野等。大深度载人潜水器不仅结构形式均为球形，其球壳内直径大小也较为接

近，对于6 000米级潜水器仅美国的"Alvin"号和日本的"深海（Shinkai）6500"号内直径为2.0米，其余均为2.1米。从舱内布置、球壳重量以及乘员舒适度等方面来说，内直径2.1米的球壳已是一种设计趋势，而且2.1米大直径钛合金球壳的设计及建造工艺已趋于成熟。对于万米级载人潜水器而言，为了获取较好的容重比，随着高强度新型合金材料和复合材料的发展，球壳内直径取为1.0~1.8米是现实可行的。卡梅隆乘坐的"Deepsea Challenger"的球壳内直径仅为1.09米。此外，现有大深度载人潜水器均为单球壳，随着高新科技的发展，双球（多球）及多体组合型的结构形式亦有发展的可能，如表2.2所示。

表2.2 大深度载人潜水器耐压球壳设计特性统计表

潜水器名称	Alvin	"深海勇士"号	Nautile	MIRⅠ和MIRⅡ	"深海（Shinkai）6500"号	New "Alvin"	"蛟龙"号	Deepsea Challenger
国家	美国	中国	法国	俄罗斯	日本	美国	中国	美国
设计深度（米）	4 500	4 500	6 000	6 000	6 500	6 500	7 000	11 000
耐压壳内径（米）	2.00	2.10	2.10	2.10	2.00	2.10	2.10	1.09
耐压壳厚度（毫米）	49.00	53.00	62.00~73.00	—	73.50	71.30	77.00	64.00
壳体材料	钛合金	钛合金	钛合金	马氏体镍钢	钛合金	钛合金	钛合金	高强度锻钢
观察窗数目	3	5	3	3	3	5	3	1

目前以金属为主体材料的大深度载人球壳是通过将2个半球连接成一个整体球壳。半球成型有3种形式：铸造、整体冲压和瓜瓣拼焊。2个半球连接形式有2种方式：螺栓连接、焊接连接。俄罗斯的"MIRⅠ"号及"MIRⅡ"号载人球壳建造是采用马氏体钢铸造2个半球而后螺栓连接的方式。法国"鹦鹉螺"号载人球壳也是将2个钛合金半球采用螺栓连接而成。俄罗斯在后来建造的"俄罗斯"号和"领事"号以及中国建造的"蛟龙"号载人球壳采用钛合金材料，锻造成多个瓜瓣状的坯料，将多个锻造成型的瓜瓣采用窄间隙焊接技术拼焊成2个半球，再将2个半球焊接成整球。以前瓜瓣拼焊球壳建造工艺方案只有俄罗斯采用，而美国和日本均采用大厚度板材冲压成整体半球，2个半球的连接采用电子束焊接技术。后者工艺能够避免铸造缺陷，并最大限度地减少焊缝长度，减少球壳的变形和扭曲，提高球壳的安全性及可靠性。随着大

厚度板材制备水平的提高及电子束焊接技术的不断发展，采用半球整体冲压而后电子束焊接赤道环缝逐渐成为先进且稳定可靠的成型方式。

钛合金载人舱的制造工艺有2种：半球成型工艺和分瓣成型工艺。半球成型工艺是将大规格厚板直接冲压成型半球，再采用电子束焊接2个半球赤道环缝，先进行半球粗加工，孔座焊接完成后，再进行半球的精加工。日本、美国制造钛合金球壳采用半球成型工艺，该工艺的优点是焊接量较少，但对于板材尺寸和半球冲压成型工艺要求很高。分瓣成型工艺是将每个半球分为几瓣，每个球瓣分别成型后，采用窄间隙焊接将各个瓣组焊成半球，再焊接2个半球的赤道环缝。分瓣成型工艺的缺点是焊缝多，对球壳的整体性能有影响，但对板材和冲压能力的要求降低。"深海（Shinkai）6500"号和"挑战者"号的球壳采用半球焊接工艺，"蛟龙"号的钛合金球壳采用分瓣成型工艺。

在球壳焊接方面，美国和日本采用电子束焊接技术，而俄罗斯采用窄间隙填丝焊接技术。电子束焊接与窄间隙焊接各有优势，电子束焊接的自动化程度高、焊接速度快，具有工期短、工艺稳定及效率高的特点，但焊缝熔合区冷却速度较快，焊缝的韧性略低，有时受设备条件限制，复杂形状构件的焊缝不易实现；而窄间隙焊接的周期长，不排除人为因素影响，其工艺稳定性较低，但可以通过对焊丝成分的调控来实现焊缝力学性能的优化。总体而言，在可以实现的情况下，电子束焊接是钛合金载人球壳焊接的首选工艺。

深海空间站工作在深海海底，由于水深不同，其承压和水温均会不同。对于深海空间站来说，其外部可能需要承受几十个到几百个不等的大气压，并处于4摄氏度以下的海水温度中，这样的高压低温环境对深海空间站耐压壳体的设计及制造提出了严峻考验。此外，由于功能需要，空间站的耐压壳体尺度要大于现有载人潜水器，因此，大尺度耐压结构的设计和制造以及结构密封都存在较大难度。

（二）耐压结构材料技术

耐压结构可选用的材料有高强度钢、钛合金、高强度铝合金、复合材料、陶瓷材料、透明玻璃等，目前几个海斗深渊载人潜水器载人舱的参数如表2.3所示。万米载人潜水器"Trieste"号和"Archimède"号的耐压壳体用的是镍–铬–钼锻钢，该材料的屈服强度能达1 700兆帕。"Deepsea Challenger"载人舱使用的材料是超高强度合金钢，超高强度合金钢的屈服强度能达到1 370兆帕，抗拉强度能达到1 620兆帕。国内的中国宝武钢铁集团有限公司、中国钢研科技集团有限公司等单位具有制造超高强度的耐蚀合金钢的技术和能力。

表2.3 海斗深渊载人潜水器载人舱

潜水器名称	"深海（Shinkai）6500"号	New "Alvin"	"蛟龙"号	Trieste	Archimède	Deepsea Challenger
国家	日本	美国	中国	美国	法国	美国
状态	在役	在役	在役	退役	退役	在役
深度（米）	6 500	6 500	7 000	10 916	10 515	10 989
载人球舱材料	钛合金	钛合金	钛合金	镍铬钼锻钢	镍铬钼锻钢	高强度钢

高强度钢的比强度高，价格适中。但其密度较大，造成整体重量偏重，影响大深度载人深潜器重量及浮力的控制；钛合金相对较轻（重量只有钢的60%）、强度高（可达到1 000兆帕以上）、低磁性、耐化学腐蚀、表面易产生坚固的纯态氧化膜，具有较好的机械性能；铝合金重量轻、有较高的强度，但是可焊接性能差、应力腐蚀敏感。钛合金和铝合金是应用很广的2种材料，其优点是比重小、比强度高。选用大深度载人潜水器壳体材料时，不仅要考虑材料的比强度、比刚度，同时还要考虑耐腐蚀性能、制造性能、焊接性能、与材料适应的结构形式、经济性等。

载人潜水器耐压壳体材料的选用经历了从高强度钢向钛合金的发展历程，1973年开始，美国的WHOI对"Alvin"号进行重大升级，制造并换用钛合金耐压舱，即利用Ti-6Al-2Nb-1Ta-0.8Mo合金替代HY100高强钢新建壳体，同时利用Ti-6Al-4V合金制作浮力球和高压气瓶；20世纪80年代和90年代，日本分别利用超低间隙Ti-6Al-4V合金建造了下潜深度为2 000米和6 500米的载人深潜器；我国钛合金载人深潜器研究工作起步较晚，但发展速度很快，2003年开始建造的"蛟龙"号载人深潜器，质量为22.9吨，耐压壳体内径为2.1米，由超低间隙TC4合金建造而成；此外，法国的"鹦鹉螺"号和俄罗斯的2艘"MIR"（和平）号载人深潜器也采用了钛合金材料进行建造。

虽然各国设计的大深度载人潜水器的技术特点各不相同，但载人球壳材料选用钛合金是一致的。选用的钛合金有Ti64（Ti-6Al-4V）及Ti6211（Ti-6Al-2Nb-1Ta-0.8Mo）2种中强钛合金。美国后来放弃了Ti6211钛合金而选用Ti64 ELI（Exra-Low-Interstitial）钛合金。相比于钢铁材料，钛合金具有优异的抗海水腐蚀性能，包括抗静态腐蚀及抗循环加载条件下的动态腐蚀，更加适合于海洋应用环境。此外钛合金还具有较高的比强度，作为球壳材料能大幅度降低球壳的重量，增加其有效载荷，因此钛合金作为大深度载人球壳材料具有得天独厚的优势，被誉为"海洋金属"。尽管钛合金加工焊接要求高、造价相对较高，但仍然是大深度载人潜水器耐压壳体的首选材料。

非金属材料主要在深潜器上使用，深潜器的耐压壳上使用的非金属材料主要有先进树脂基复合材料和结构陶瓷材料。美国用石墨纤维增强环氧树脂材料成功制造出自动无人深潜器 AUSSMOD2 的耐压壳体，还计划用石墨纤维增强环氧树脂材料代替钛合金制造耐压壳体封头。以美国的欧申盖特（Ocean Gate）公司的"Titan"载人潜水器为例，技术突破重点是复合材料圆柱形耐压壳体加上钛合金材料前后端盖这一新型结构形式，在承载和减重方面取得很好的平衡。

陶瓷是一种应用于水下耐压罐的新型耐压材料，有较高的强度与重量比，具有耐腐蚀、耐磨损、耐高温和密度低的优点，但陶瓷固有的脆性使其应用范围受到很大的限制。

透明玻璃材料具有耐腐蚀、重量轻、透光性好等优势，且具有电磁惰性，可为载人潜水器驾驶员提供优越的水下视野，对深海航行、作业和观测等提供很多便利，但建造工艺流程难以控制。美国的 Ocean Gate 公司正在研制的 3 000 米潜深"Cyclops 2"和 Triton 公司的 11 000 米潜深"Triton 36000/3"载人潜水器均计划采用透明玻璃作为耐压壳体材料。

碳纤维复合材料、强化玻璃材料等已开展相关研究，是未来载人球壳的理想材料。碳纤维与环氧树脂复合材料的比强度和比模量均比钢和铝合金大数倍，并具有优良的耐热、耐疲劳、耐蠕变等性能。目前来看，国内满足全海深载人舱的类玻璃的透明材料尚无成熟的制造工艺。

此外，猜测在克尔马德克（Kermadec）海沟近万米深海中陶瓷罐崩溃可能是造成 2014 年 5 月美国"海神"号潜水器失事的原因，更增加了人们对使用超高强度但塑韧性很差的非金属材料制造全海深载人球壳的担心。如果有合适的高强高韧钛合金材料，使用钛合金建造全海深载人球壳不失为一种务实可靠的选择。

二、浮力材料技术

浮力材料技术具体包括大深度低密度浮力材料的设计、制备、成型技术，浮力材料的测试与安全性评估技术等。全海深潜水器需要耐高压、低密度、安全的浮力材料，浮力材料的先进性是用给定承压能力的条件下它的密度和吸水率来表示的，密度和吸水率低的浮力材料能提供更大的浮力，并能有效地减小潜水器的体积和重量。

目前在潜水器上使用的浮力材料有 2 种类型，一种是玻璃微珠掺杂环氧树脂制成的可机加工型浮力材料，这种能承受 7 000 米高压的浮力材料，最小密度可达 481 千克每立方米。另一种是陶瓷球，在同等强度条件下，陶瓷的密度较低，因此做成的耐压罐体具备较小的重量，这样可以节省大量浮力材料。从"曲斯特Ⅰ"号的汽油浮力舱到"蛟龙"号的玻璃微珠掺杂环氧树脂固体浮力材料，再到"海神"号所用的陶瓷浮力球，该技术一直是大深潜载人潜水器的关键技术之一。

微珠复合固体浮力材料克服了传统浮力材料密度大、耐压强度低和不可机械加工的缺点，它的潜力巨大。通过不同的配方设计，微珠复合固体浮力材料可以满足全海深使用的要求。美、日、俄等国家均已研制出可以应用于 6 000~7 000 米深度的高强固体浮力材料。伍兹霍尔海洋研究所研制的"海神"号 11 000 米级无人深潜器所使用的高强微珠复合泡沫材料的密度为 0.62 克每立方米，该材料已应用到全海深深潜探测器上。美国的爱玛森 & 康明（Emerson & Cuming）公司研制的 7 000 米级浮力材料的密度为 0.56 克每立方米，我国"蛟龙"号载人潜水器用的就是这种材料。日本 11 000 米级无人深潜器"海沟"号所使用的微珠复合泡沫材料包括 2 种不同粒径的空心玻璃微珠，采用级配方式将小球填充到大球之间，实现堆积密度的最大化。俄罗斯海洋技术研究所也研制出密度为 0.7 克每立方米、耐压强度 70 兆帕的深潜用微珠复合泡沫材料。

陶瓷材料具备天然的防海水腐蚀能力，具备适应极限深度的特点，应用最为典型的是美国"海神"号 HROV 深海运载器，该潜水器的耐压罐即采用陶瓷材料作为主要基材，并于 2009 年 5 月，成功下潜至马里亚纳海沟 10 902 米的海底，证实此新型材料可以满足深海潜器的要求。该陶瓷球外径 91 毫米，每个球质量 140 克，排海水量为 404 克，且均套上 5 毫米厚的聚氯乙烯（PVC）套来进行冲击保护，整个潜器在壳体的上方使用了 1 472 个浮球，可提供 417 千克净浮力。然而陶瓷球本身极脆的物理特性仍有待继续改性研究，一旦一个陶瓷球发生爆裂极易引起连锁反应，导致爆炸，例如美国"海神"号在 2014 年因陶瓷材料水下爆裂造成了丢失。

三、深海材料腐蚀防护技术

（一）典型金属材料腐蚀规律及防护技术

根据碳钢与低合金钢、铝合金、铜合金、不锈钢及钛合金 4 种典型金属材料开展相关深海腐蚀规律研究及对应腐蚀形式的防护技术。

1. 典型金属材料腐蚀规律

（1）不锈钢深海腐蚀研究

不锈钢具有较高的耐蚀性和抗拉强度、较低的屈服点、极好的塑性和韧性，广泛应用于潜标锚系和深海工程设备中。不锈钢腐蚀起因于表面钝化膜被破坏，当氯离子和氧化性盐存在时更易发生腐蚀。深海环境中，溶解氧随海水深度的增加先降低后升高，在300~1000米范围内达到最大值，在南海，测得在750米左右海水深度溶解氧含量达到最大值；温度是随海水深度增加逐渐降低的；盐度随海水深度的增加波动范围不大，一般在32‰~37‰。在海水中，不锈钢的耐蚀性随氧浓度的升高、含盐量的降低以及温度的降低而逐渐增强。对不锈钢来说，随着海水深度的增加，其腐蚀速率一般呈减小趋势，且数值相差不大。不锈钢在深海中容易发生点蚀腐蚀、缝隙腐蚀、隧道腐蚀及应力腐蚀4种腐蚀形态。

国外研究表明，不锈钢在阿拉伯海1000米深度以上点蚀腐蚀速率随深度的增加逐渐减小。在印度洋海域不锈钢挂片结果显示在500米、1200米、3500米和5100米深度条件下暴露16天后，不锈钢仍能形成致密钝化膜，且点蚀腐蚀速率几乎为零，原因是表面的钝化膜降低了金属腐蚀效果。

缝隙腐蚀也是不锈钢常见的腐蚀形态，是在缝隙中形成氧浓差电池，缝隙外侧起阴极作用，缝隙下的面积起阳极作用，形成大阴极小阳极的腐蚀微电池，是一种自加速腐蚀。这类腐蚀出现在金属表面的任何一种沉积物下面、附着的藤壶下面以及接头的接合面处。美国在1969年对比了深海和表层海水不同条件下的缝隙腐蚀速率，证明了缝隙腐蚀随含氧量和阴阳面积比的变化而变化，随含氧量的增加，缝隙腐蚀加剧。国内方面，进行过304不锈钢耐缝隙腐蚀性能影响方面的研究，在3种条件下（室温下饱和含氧量、室温下除氧、4摄氏度下除氧的海水中）按GB/T 13671—92进行试验，结果显示其再钝化电位是逐渐升高的，说明抗缝隙腐蚀性能是逐渐升高的，3种条件下抗缝隙腐蚀性能随着含氧量和温度的降低逐渐升高，进一步证实了含氧量和温度对缝隙腐蚀的影响。

应力腐蚀断裂是不锈钢材料在环境破坏中最普遍最严重的破坏形态之一（简称应力腐蚀，SCC）。它是在拉应力和特定腐蚀介质协同作用下发生的金属材料的断裂现象。在深海条件下，不锈钢构件承受很大的静压力，应力腐蚀敏感性升高，力学性能劣化，威胁深海结构物/装备的服役安全。已有研究表明，AISI 405与焊接并敏化处理的AISI 316不锈钢分别在1830米和762米处暴露近400天后，抗拉强度、屈服强度和伸长率出现严重下降；15-7AMV、RH1150和RH950在1719米的深海下暴露751天发生应力腐蚀开裂；AISI 201和AISI 300系列不锈钢在不同深海条件下，力学性能并未受到不良影响。整体上来看，从几种腐蚀的出现率和严重程度而言，AISI

300系列不锈钢优于AISI 400系列不锈钢和沉淀硬化不锈钢。

（2）铝合金深海腐蚀研究

铝合金具有密度低、比强度高、耐蚀性较好、易加工成型等诸多优点，使其在海洋环境中得到广泛地应用。铝合金在海洋环境中的腐蚀不但与合金自身有关，且受海水环境因素的影响，海水中二氧化碳－碳酸盐体系的变化同样会影响铝合金的海水腐蚀性能。

铝合金在海水中的点蚀腐蚀主要发生在材质薄弱点或钝化膜被破坏处，而氧化环境往往是保持钝化膜不被破坏，从而获得较高耐蚀性必不可少的条件。铝合金在表层海水的腐蚀研究表明，在全浸区暴露一年以上均会发生点蚀，但点蚀的直径、深度和密度有较大差别。铝合金深海点蚀深度往往高于表层海水，国外有研究表明5000系铝合金5086在表层海水和700~1 600米深海中的点蚀腐蚀行为，在表层海水中，典型点蚀深度为0.13毫米每年以下，而在深海中点蚀深度处于1.3~1.9毫米每年，增加了10倍以上。国内方面钢铁研究总院青岛海洋腐蚀研究所在2002年通过不同铝合金在青岛海域全浸区暴露试验发现，工业纯铝的耐点蚀性能较差，暴露2年的最大点蚀深度为0.35毫米。暴露16年的点蚀深度最大值为1.47毫米。5000系防锈铝在海水中的耐点蚀性能较好，暴露8年点蚀深度小于0.4毫米，暴露16年点蚀深度小于0.9毫米。

在深海中铝合金的缝隙腐蚀同点蚀一样比较严重，腐蚀量很大程度上取决于缝隙的几何形状以及阳极（缝隙下）与阴极（缝隙外）面积之比。国外研究表明，1100铝合金在一次表层海水试验中出现了微不足道的缝隙腐蚀，但是在深海中不到200天就在缝隙处腐蚀穿孔了，深度超过1.5毫米。同样，6061铝合金在表层海水中的缝隙腐蚀深度为0.20毫米，而在深海中则为1.07毫米。5052铝合金在表层海水中未出现缝隙腐蚀，但是在连续进行不到200天的深海试验中出现1.65毫米的缝隙，并导致穿孔。

铝合金海洋腐蚀形式以点蚀和缝隙腐蚀为主，高强度铝合金在应用过程中还存在应力腐蚀问题。高强度铝合金因为含有适量可溶性合金元素所以在海洋环境中应用时存在应力腐蚀敏感性。这种敏感性的程度随成分和热处理的变化而变化，产生最高强度的热处理会明显增加应力腐蚀开裂的敏感性。深海中不同系列铝合金应力腐蚀研究表明，选择屈服强度50%和75%的应力，在760米的深海中暴露402天，除7000系外其他系列铝合金均无应力腐蚀敏感性。7000系铝合金中7075、7079、7178存在应力腐蚀开裂现象。

(3)钛合金深海腐蚀研究

钛合金作为一种新型合金,尽管发展时间较短,但由于钛及其合金优异的耐海水腐蚀性、高比强度、高韧性、无磁性等优点被广泛应用于海工装备及大型承压结构装备。但钛合金材质的深海工程装备在深海中服役时,不仅会受到海水腐蚀,同样亦受到海水静水压力、海水流速、温度等诸多综合因素的影响。

钛合金在海水环境中具有优异的抗腐蚀和抗点蚀性能,深海条件下基本不发生腐蚀。国外研究方面,美国土木工程实验室研究了钛合金深海应力腐蚀敏感性,结果显示,除了对焊接的13V-11Cr-3Al合金外,当对其他任何未焊接的和焊接的合金施加数值等于屈服强度的75%的应力,并在表层海水暴露180天、在762米深处暴露402天和在1828米深处暴露1751天时,均未发生应力腐蚀开裂破坏。

但在缺氧环境下,一旦钛合金表面钝化膜被破坏将很难自我修复。氧的溶解度较小,钛合金结构装备会受到深海高静水压力的作用,高强钛合金的应力腐蚀敏感性高于其他种类的钛合金。钛合金的应力腐蚀会导致构件突然失效断裂,因而会发生严重事故。国内研究方面,哈尔滨工程大学通过在空气、海水及25兆帕压力下的深海三种环境下对TA2、TC4、Ti80进行实验。得到TA2、TC4、Ti80在海水环境中没有显著应力腐蚀敏感性,在25兆帕深海中的综合性能最差。因此,海水及压力会促使钛合金应力腐蚀开裂,随着静水压力的增大,点蚀坑深度也随之增加,并且在坑底存在微裂纹,这些微裂纹则会造成应力腐蚀开裂。

(4)碳钢与低合金钢深海腐蚀研究

与浅海相比,深海环境中静水压力、温度、盐度、溶解氧浓度和酸碱值(pH)等因素随着海水深度的变化而发生变化,这些因素对碳钢与低合金钢腐蚀行为的影响机制错综复杂,也必然导致其在深海环境条件下的腐蚀行为与浅海存在显著差异。

国外研究方面,印度国家海洋技术研究所用实海挂片方法研究了碳钢在印度洋500米、1200米、3500米、5100米深度的腐蚀行为,结果显示深海环境中氧浓度是影响均匀腐蚀过程的主要因素,碳钢在深海中的腐蚀速度随溶解氧浓度的降低而减小。美国怀尼米港海军建造营中心的土木工程实验室曾在1962—1970年,在太平洋开展大规模海水环境试验,结果显示碳钢与低合金钢在1828米深海的腐蚀速度是在表层海水中的33%左右,762米深处的腐蚀速度也比1828米低,钢暴露1年的平均腐蚀速度与氧浓度呈正相关关系。

国内研究方面,通过室内模拟试验研究了深海静水压对低合金钢腐蚀行为的影响，发现高静水压不甚影响其阴极过程，但能够提高氯离子的活性，加快阳极溶解速度。

（5）铜合金深海腐蚀研究

铜合金在深海环境下仍以均匀腐蚀为主，基于质量损失计算的腐蚀速度能可靠地应用于结构设计，但这并不适用于脱成分腐蚀敏感的铜基合金。已有实海挂片试验结果显示，不同深度海水中，除含砷海军黄铜、铝黄铜、镍黄铜、铝青铜以及硅青铜外，所有含10%~42%锌的黄铜都出现脱成分腐蚀。深海中铜合金比在表层海水中腐蚀更缓慢，但这种倾向不明显，除紫铜和硅青铜外，其他铜合金的腐蚀速度随氧浓度的增加而增加。

国外研究方面，印度相关机构研究了铜、黄铜及铜镍合金在阿拉伯海和孟加拉海湾浅海、1 000~2 900米深处暴露1年的腐蚀行为，结果显示黄铜的腐蚀速度与深度没有明显关系，且其他材料在2 900米深处比在1 000米和浅海环境下的腐蚀速度更低，同时铜合金腐蚀速率受到熔解氧含量的控制。

国内研究方面，北京科技大学在中国南海海域开展了500米和1 200米级实海暴露实验，研究了H62黄铜、QAl9-2铝青铜、QSn6.5-0.1锡青铜在深海暴露3年的腐蚀行为。结果表明，随着水深的增加，H62黄铜的腐蚀速率呈线性降低，QAl9-2铝青铜和QSn6.5-0.1锡青铜的腐蚀速率随水深的增加先降低后升高，腐蚀速率的最小值出现在水深800~1 200米，腐蚀速率的大小依次为：H62黄铜>QSn6.5-0.1锡青铜>QAl9-2铝青铜。铜合金深海腐蚀规律相对单一，且任何一种铜合金均对应力腐蚀不敏感。

2. 腐蚀防护技术

在深海环境中，材料的腐蚀是不可避免的，所以必须采取合理、有效的方法来控制材料的腐蚀。目前最主要的降低深海材料腐蚀的方法有防腐涂料、阴极保护及新型耐腐蚀材料研制3种方法。

（1）防腐涂料

防腐涂料作为金属材料的主要防腐蚀技术手段，已经在各领域成功广泛应用，深海环境特点与浅海有明显的不同，将会对腐蚀性介质在涂层中的渗透行为和涂层的微观力学行为产生显著影响，进而影响涂料的防护性能和使用寿命。

针对深海装备用防腐涂料，国外发达国家海军开展了一些研究工作。2003年，美国海上系统司令部批准INTERGARD 143高固体分环氧涂料用于深海装备的维修防护涂料，提高了深海装备的防腐性能、安全性和可靠性。俄罗斯联邦海军舰队使用

E-51液态环氧树脂为基料，酰氨基胺类为固化剂合成的厚浆型涂料，该涂料体积固体分高达98%，涂层干膜厚度大于1毫米，涂层柔韧性好，耐盐雾性能优良。英国海军的S级、特拉法尔加级与先锋级深海装备透水部位采用高固体分环氧涂料（82%），涂层干膜厚度在300微米左右。德制209级深海装备采用高固体分环氧涂料（81%），涂层干膜厚度达550微米，设计使用寿命10年。目前国内针对深海装备防腐涂料的实际应用较少，研究主要集中于实验室内分析深海防腐涂料的失效机理与失效性能评价。国内研究方面，针对2种防腐涂层（72-H06-5和725-H44-61），在中国南海800米和1 200米深的水域开展了3年的深海挂片试验，样板在实海中浸泡后，涂层表面完整，漆膜无起泡、无裂纹、无脱落。通过各国海军深海装备上防腐涂料的应用可以发现，环氧类涂料是当前应用范围最广的海洋用重防腐涂料。

（2）阴极保护技术

阴极保护技术是海洋工程装备最常用、最有效的腐蚀防护技术，该技术采用一种比所用材料更负的金属作为要牺牲的阳极，提供保护电流，以保证金属构件不受大的损害。在某些条件下也可以外加电流，使被保护金属构件保持一个足够负的电位来预防金属的溶解。不同海域，不同深度，以及不同暴露时间，不同金属及合金材料所需要的阴极保护电流差异很大。阴极保护技术可单独用于海洋工程装备的腐蚀防护，也可与涂层配套应用，不仅可以防止均匀腐蚀，也可有效防止孔蚀、缝隙腐蚀、应力腐蚀、电偶腐蚀等。阴极保护由于其可靠性强、易于施工而广泛应用于深海结构的防腐工程。

国外研究方面，世界上工业发达国家早在20世纪60年代就开始研究深海环境对牺牲阳极保护系统的影响。美国的佛罗里达大西洋大学曾经针对墨西哥湾的水文特点，在实验室模拟890米水深的深海环境，研究了静水压力、溶解氧、温度、含盐量等特征环境因素对牺牲阳极保护系统的影响规律，并与墨西哥湾890米深海条件下获得的实海数据进行了比较。1983—1984年挪威船舶研究所在墨西哥湾开展了1 083~1 945米深海环境为期272天的实海暴露试验及金属和合金材料的阴极保护性能研究。研究表明在不同海域、不同深度以及不同暴露时间里，不同金属及合金材料所需的阴极保护电流差异较大，但对同一金属及合金材料而言，一般在浅海环境比深海环境下所需的阴极保护电流更高。美国腐蚀工程师国际协会在1996年报告了一种铝牺牲阳极在深海环境的长期测试结果，发现该阳极在深海服役半年后的电容量为2 570安时每千克，而在1年和2.5年后，其实际电容量分别降为2 280安时每千克和1 860安时每千克，当试验周期从半年增加至2.5年时，其实际电容量降低了25%以上。美国的深水（DeepWater）公司开发了 Retro 系列铝合金深海牺牲阳极，目前该阳极已广泛应用于深海油气开发设备，其在超过 500 米的深海环境下仍显示了良好的阴极保护性能，同时该公司还开发了适用于 300 米以上水深环境的外加电流阴极保护系统，其辅助阳极采用了钛基混合金属氧化物，其工作电流密度可达 400~1 000 安每平方米，其消耗速率为 0.6~6 毫克每安年，使用寿命超过 20 年。MPM 公司是专业的深海外加电流阴极保护设计与工程公司，其开发的第四代 GEN Ⅳ 辅助阳极系统可应用于水深超过 300 米的深海环境中，最大输出电流可达 800 安培，使用寿命为 10 年以上，最长可达 50 年，该辅助阳极同样采用了混合金属氧化物，其支撑结构采用了玻璃纤维复合材料。

国内研究方面，目前主要集中在海洋表面/浅海环境下材料的防腐蚀问题上面，对于牺牲阳极的保护机制和主要影响因素也作了充分的探讨。在深海环境下的牺牲阳极保护系统的研究才刚刚起步，研发出了专用于深海环境的铝合金牺牲阳极材料和 Al-Zn-In-MgGa-Mn 高活化牺牲阳极，并在海洋工程装备上安装应用，针对深海环境用铝合金牺牲阳极，在 Al-Zn-In 三元合金的基础上，通过添加 Mg、Ti、Ga、Mn 等合金元素，利用合金元素间的复合活化作用，获得其在深海中的高活化性能，研制出深海铝合金牺牲阳极材料，以满足服役于不同深海环境的工程装备防腐需求。

（3）新型耐腐蚀材料技术

新型耐腐蚀材料采用耐腐蚀合金钢、铜、聚乙烯、聚氯乙烯和环氧树脂等常规材料，会造成成本的大幅增长，性能也得不到保障。为了使材料都能够达到相应的耐腐蚀性能和力学性能的要求，研究者将不锈钢与一些有机高分子材料反应生成了性能较好的生物有机金属材料。如以陶瓷基为基础研制的陶瓷基复合材料，它相对于一般的陶瓷材料有着很好的韧性、强度。相对于一般的金属材料又有着较强的抗腐蚀能力，使得陶瓷基复合材料有良好的使用前景。选择耐压、耐腐蚀的材料，增强设备材料本身带来的耐腐蚀效果，加入 Cr、Mo 和 N 等元素，提高钢基体抗点蚀能力；加入高氮奥氏体不锈钢，提高基体材料的耐腐蚀；减少钢中杂物，特别是 S 的含量，以提高材料局部耐点蚀能力。

（二）材料深海环境试验装置

深海腐蚀试验装置可以分为 3 种：一种以美国研发的装置为代表使用的是试样框架坐底的潜式试验装置，另一种是借助于海洋水文浮标进行腐蚀试验的串挂式试验装置，最后一种是以苏联、印度、挪威为代表进行新型深海试验装置。

1. 坐底潜式试验装置

美国海军于1962—1970年进行了大量材料深海试验,其装挂试样的试样框架坐沉在试验海域的海床上。其试验框架(称为STU)沉在海底,其上连接专门的回收尼龙绳索,回收绳索平铺于海底;另有一根较细的缆绳,顶端固定浮球,下部与沉块相连固定在海底,并与回收绳索相连。回收时,细缆绳与沉块脱离,浮球带细缆绳浮到水面,用细缆绳将打捞用的绳索拉到回收船上,借助于船上的绞车将框架拉到海面。这种装置结构稳定、试样丢失率低、布放深度准确,但要求试验场海底必须是面积较大的平坦硬质海泥,回收船也要有较大吨位(图2.2)。

2. 串挂式深海试验装置

串挂式深海试验装置是苏联、印度、挪威等国家使用的腐蚀试验装置。该装置除顶端有一大浮球外,其中间不同深度还固定有较小浮球,试样用绳索串挂在浮球上,投放时装置靠重力锚沉入海床,回收时靠浮球浮力上升到海面,将装载材料试样的试验框架安装在水文浮标上进行材料腐蚀试验,串挂式试验装置对试验场地要求不高。可同时测量多个深度试验数据,但该装置长度大,易受到海流的影响发生偏移,摆幅可达20度,且投放材料的种类和数量受到限制,装置的试样框架只适合进行金属的试验,不能进行其他种类的腐蚀试验(图2.3)。

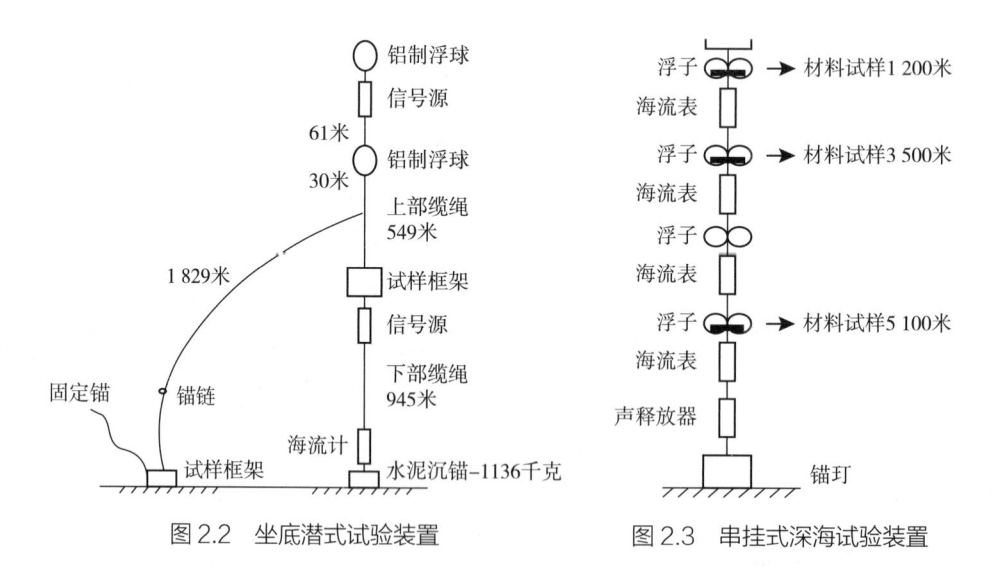

图2.2 坐底潜式试验装置

图2.3 串挂式深海试验装置

3. 新型深海环境试验装置

立足深海环境试验需求,利用先进的设计理念,设计研制了深海环境试验装置及高效串型深海环境试验装置2种新型深海环境试验装置。其中近底悬浮式装置是利用本身的储备浮力将一个尺寸较大的试样框架悬浮在距离海底 20~30 米的位置，避免了装置坐底产生的吸底现象；装置总体采用冗余设计、部件采用耐蚀材料，提高了装置整体的安全性、可靠性、海域适应性；装置的试样框架采用模块化设计，即将相同试验目的的试样安装在尺寸相同的小试样框架中，再将该模块安装在试样框架上，方便安装拆卸和运输，提高海上作业效率；该装置具有载样量大、结构简单等特点；采用一种介于先锚后标和先标后锚两种方法之间的新投放方法，保证装置不缠绕、不磕碰，顺利下水，试样的布放深度准确（图 2.4）。

高效串型深海环境试验装置可同时进行多深度深海环境试验，装置采用模块化设计，将电偶腐蚀、应力腐蚀、涂层耐环境老化等不同目的的试验装置进行模块化设计，使其能够根据需要进行组合，固定在深海试验装置的试验框架上，以达到高效试验的效果；整套装置结构简单，便于组装拆卸，重复使用性强；满足承载试样量大、试验周期长等要求；由于装置长度长，受到海流影响大，在设计时，通过流体力学建模，利用计算机编程，对试验装置各个试样框架在水中的受力情况和姿态进行了精确的分析和计算，保证试验装置不会因海流等外力作用造成连接部件断裂或产生深度上较大的偏差位移（图 2.5）。

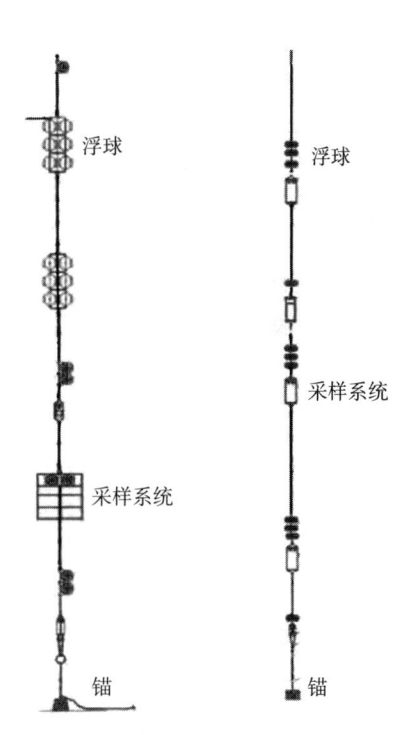

图 2.4 新型深海环境试验装置

图 2.5 装置投放及回收

第三节 能源技术

一、锂电池

1. 应用情况

（1）载人潜水器

美国"迪里亚斯特"载人潜水器采用铅酸蓄电池，仅用于驱动螺旋桨、舵等小型动力装置，以实现水下姿态的微调和抛载，尚不具备海底勘探和采样作业能力。法国"鹦鹉螺"号 HOV 采用铅酸电池，能量密度为 25 瓦时每千克，下潜深度 6 000 米；我国"蛟龙"号则采用银锌电池，能量密度为 55 瓦时每千克，最大下潜深度 7 020 米。美国"Alivn"号和日本"深海（Shinkai）6500"号 HOV 装备了锂离子电池，能量密度达 130 瓦时每千克，其下潜深度分别为 4 500 米和 6 500 米，单次作业时间为 6～10 小时，如表 2.4 所示。

表 2.4 不同深海载人潜水器性能作业指标比较

主要指标	法国"鹦鹉螺"号	中国"蛟龙"号	美国"Alvin"号	日本"深海（Shinkai）6500"号	中国"深海勇士"号	中国"奋斗者"号
动力能源类型	铅酸蓄电池	银锌蓄电池	锂离子电池	锂离子电池	磷酸铁锂电池	磷酸铁锂电池
最大下深度（米）	6 000	7 000	4 500	6 500	4 500	11 000
水下作业时间（小时）	5	8	4	8	6	10

近年来，在国家重点研发计划和中国科学院战略性先导科技专项的支持下，我国 HOV 开启了国产化和锂电化的新征程。2017 年，我国的 4 500 米"深海勇士"号载人潜水器问世，可搭载 120 瓦时每千克磷酸铁锂电池，海底作业时间约 6 小时。2020 年，"奋斗者"号载人深潜器顺利完成万米海试，搭载 135 瓦时每千克锂离子电池，最大载人深潜 10 909 米，最大作业时间约 10 小时，具有强大的勘察、探测等作业能力。HOV 动力的发展趋势显示，持续提升能量密度、深水耐压性能，同时延长潜水作业时间，以满足世界各国水下装备发展的刚性需求。固态锂电池采用固态电解质替代传统液态电解液，不仅具有耐深水高压特性，在显著提升能量密度的同时，还具有本征安

全性，是 HOV 动力能源的理想选择。

（2）无人潜水器

深潜装备的能源供给水平直接决定了其作业能力和续航时间。目前，水下装备动力能源通常以化学电源为主，包括铅酸、银锌、锂电池和燃料电池等，主要性能指标详见表 2.5。受限于水下装备的体积、重量、可靠性等设计要求，AUV、HOV 等深潜装备的能源装载量受到极大的限制，导致作业时间和作业效率偏低，作业成本居高不下。因此，近年来持续提升水下装备的续航能力、延长作业时间和作业效率已成为世界海洋强国水下装备技术竞赛的焦点。

AUV 和 ROV 等水下无人航行器作为水下探索和作业的先锋，是观测、探测海洋的核心装备。由于 ROV 需要人为操控，其工作效率和活动范围受到极大的限制，具有一定的局限性；AUV 本体携带能源和自主导航，具有自主航行控制与作业能力，广泛用于海洋经济开发与海疆防卫。ROV 的能源供给来自母船电源或岸上电源，通过具有承载强度的多功能复合缆进行电力、通信的传输，其能源供给方式较为简单。而 AUV 的能源主要源自其所携带电源，其作业能力和安全性取决于所携带单体电池的能量密度和安全可靠性。AUV 的一次电源主要采用质子交换膜燃料电池、金属海水燃料电池和锂亚硫酰氯电池，部分置于干舱内，其二次电源先后经历了铅酸蓄电池、银锌蓄电池、锂离子电池等阶段，如表 2.5 所示。

表 2.5 深潜装备化学电源主要性能指标

化学电源大类	小类	质量能量密度（瓦时每千克）	体积能量密度（瓦时每升）	充电时间（小时）	循环寿命（次）	安全可靠性
铅酸蓄电池	开阀富液式	~25	~40	8~10	300	充电析出易燃易爆气体，维护烦琐
	阀控密封式	~45	~80	8~10	300	充电析出易燃易爆气体，维护简单
银锌蓄电池	二次电池	80~110	180~200	8~10	100	充电析出易燃易爆气体，维护烦琐
锂电池	锂亚硫酰氯一次电池	350~550	800~1 000	—	—	一次电池，有爆炸隐患
	磷酸铁锂二次电池	120~180	320~350	2~3	>500	免维护，较安全
	三元液态二次电池	180~270	360~750	2~3	>500	免维护，有热失控隐患

续表

化学电源大类	小类	质量能量密度（瓦时每千克）	体积能量密度（瓦时每升）	充电时间（小时）	循环寿命（次）	安全可靠性
锂电池	固态锂离子二次电池	220～400	450～850	3～5	>500	免维护，高安全，深水耐压
	固态锂金属二次电池	400～550	900～1 200	8～10	100～200	免维护，较安全，寿命较短
燃料电池	质子交换膜燃料电池	350～550	250～400	—	—	维护烦琐，可靠性差（需要电电混合使用）
	金属/海水燃料电池	500～700	500～700	—	—	高安全，输出功率小

早期的 AUV 二次电源大多采用铅酸蓄电池。1994 年，我国首台水下自主航行器"探索者"号问世，采用充油铅酸蓄电池，下潜深度 1 000 米（图 2.6）。20 世纪 90 年代，银锌蓄电池一度成为 AUV 的主流动力电源，美国的先进无人搜索系统（AUSS）、韩国"OKPL-6000"、加拿大"Theseus"、中国"CR-01"等均采用银锌蓄电池。由于银锌蓄电池存在充电速度慢、寿命短、成本高、充电析出易燃易爆气体等缺点，陆续被锂电池替代。中国"潜龙一"号、美国"LMRS""Bulefin-9"、法国"Alister 3000"等 AUV 均搭载锂离子动力能源。美国"REMUS-6000"AUV 使用 Saft 公司研制的锂离子电池组作为动力电源，最大工作水深达 6 000 米。2015 年，中国科学院沈阳自动化研究所研制的 6 000 米"潜龙一"号搭载锂电池动力系统，最大续航 24 小时，标志着深海 AUV 技术达到先进水平。深海燃料电池主要包括质子交换膜燃料电池和金属海

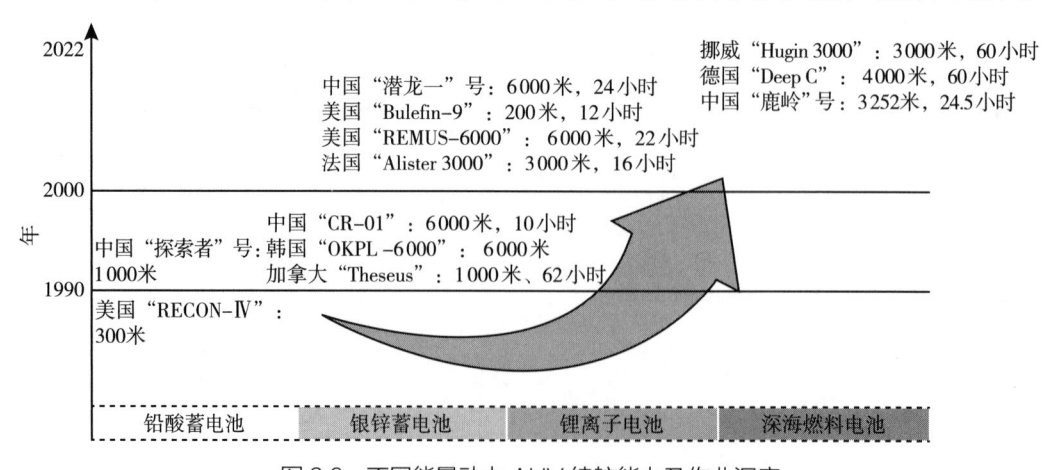

图 2.6 不同能量动力 AUV 续航能力及作业深度

水燃料电池，能量密度超过400瓦时每千克，具有高能效、快启动、无污染等特点。美国"海马""桑塔"、挪威"Hugin 3000"、德国"Deep C"、日本"Urashima"等应用了燃料电池。挪威"Hugin 3000"携带45千瓦时铝海水燃料电池，续航能力达到60小时，一次续航440千米。德国"Deep C"采用质子交换膜燃料电池，续航时间60小时，一次续航400千米，航速60节。2020年，中国科学院大连化学物理研究所成功研制出镁海水燃料电池系统，最大下潜深度3 252米，累计作业时间为24.5小时，累计供电达3.4千瓦时。

尽管金属海水燃料电池具有更高的能量密度，但由于海水中的溶解氧浓度低，导致其输出功率低，无法满足AUV的瞬时高功率作业需求，作为唯一能源应用时仅适用于水下长期观测设备的能源供给。锂离子电池具有长寿命、高功率等优势，目前仍为AUV的主流能源动力，符合具有水下隐蔽持续能源补给能力的智能化AUV集群发展需求。由金属海水燃料电池、锂离子电池组成的一次、二次组合能源系统则为兼顾长续航和高动力性能的单兵AUV提供了可靠的能源支撑。

2. 应用方式

（1）常压型

常压型应用方式是将电池组直接安装在耐压壳体内。在潜水过程中，电池不受海水压力变化的影响，始终处于常压状态。在下潜深度不超过2 000米的无人深潜器上常采用这种方式，其优点是结构相对简单，便于深潜器流线型设计；缺点是当电池组出现严重问题发生燃烧时，会导致密闭的压力容器内压骤增，引起壳体炸裂，发生伤人事故。此外，由于壳体需要承压，壁厚增加，导致质量增加，降低了深潜器的有效载荷能力（图2.7）。

图2.7 法国的SAFT公司为轻型操雷及重型概念鱼雷研制的标准锂离子电池模块

（2）油浸型

油浸型应用方式是将电池固定在一个内腔充满绝缘油的电池箱中，利用压力补偿器对电池箱进行压力补偿。压力补偿器比较常用的结构方式有一体式和分体式。

一体式压力补偿器利用补偿皮囊直接作为电池箱体的上盖，电池则固定在金属箱体内，上盖与箱体通过螺栓紧固在一起后，内部为密闭空间。其工作原理：当深潜器下潜时，柔性补偿皮囊受到外界海水压力后，率先于金属壳体向内凹陷，对绝缘油形成挤压，绝缘油体积被压缩，因而产生内压。由于绝缘油的压缩模量较大，较小的压缩量就能迅速使绝缘油产生与外界压力相等的内压，因而电池箱壁两侧压力就瞬时达到动态平衡，避免了电池箱形变和破坏；而处于电池箱体内的电池，根据流体力学帕斯卡原理，静止液体内任何一点压强的变化都将等值传到各点。因此，只要电池内部没有空隙存在，其表面任何一点所受合力均为零，因而不会被压坏。当深潜器继续往下潜时，补偿皮囊则继续向内凹陷，直至内外压力达到一个新的动态平衡为止。当深潜器上浮时，外压减小，内压逐步释放，使补偿皮囊向外复位。当深潜器上浮至水面后，补偿皮囊又恢复到常压状态（图2.8）。

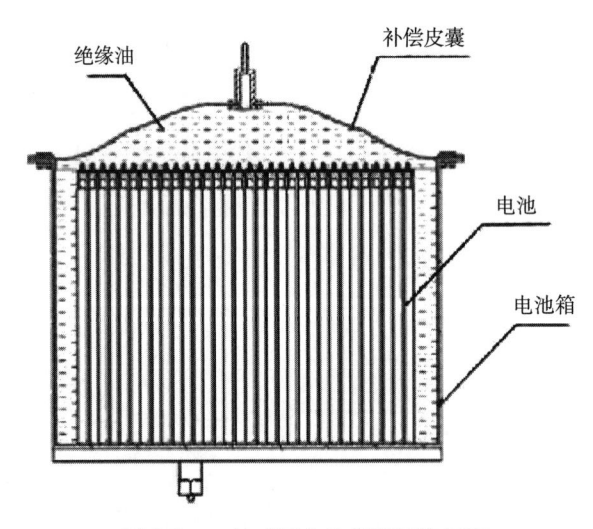

图2.8　一体式压力补偿器结构示意

分体式压力补偿器将外置压力补偿器与电池箱彼此分立，使用时通过输油软管连通。压力补偿器内部结构较常用的方式有活塞式和皮囊式。其工作原理：下潜时，外界海水压力大于电池箱绝缘油的内压，活塞（或皮囊）向内运动。补偿器中的绝缘油被推入箱体，对箱体内的绝缘油形成挤压，进而产生内压，使电池箱壁两侧压力瞬时达到动态平衡。当深潜器上浮时，外压减小，内压逐步释放，活塞/皮囊向外归位运动，当深潜器上浮至水面后，补偿皮囊又恢复到常压状态。"MIRⅠ"号和"MIRⅡ"号载人深潜器电池组，即采用此种结构方式。

油浸型结构方式包含三方面的优点：

一是有效载荷大，适用于任何下潜深度的深潜器。特别是在大深度深潜器上应用更有优势，箱体壁厚仅为常压结构壁厚的十分之一左右，数倍提高了深潜器的有效载荷。

二是可靠性好、安全性高。首先，使用前可预先进行电池耐压模拟测试，确认电池的耐压性能，提高了系统的可靠性；其次，一旦电池组在水下出现安全问题时，可通过深潜器上设置的抛载机构进行抛弃，电池组在自身重力的作用下沉入海底，以保障潜航员和深潜器的安全；此外，当电池组停留在甲板时，亦可避免类似电池组在压力容器内因极端情况下发生燃烧引起的爆炸伤人事故。

三是散热效果好，热量可通过海水直接冷却降温。

（3）裸潜型

裸潜型应用方式是将单体电池或单元电池与线路板整体灌封在树脂胶内，外部设置水密接头，用于电路输出。灌封后的电池可以直接使用，也可以通过水密电缆对电池再次进行串联或并联连接，组合成所需电压和容量。灌封的作用在于：使电池正负极形成绝缘防护层，避免电池在下潜过程中与海水接触造成短路。这种结构方式的优点是结构简单，成本低；缺点是可靠性与循环寿命差，出现故障不能维修（图2.9）。

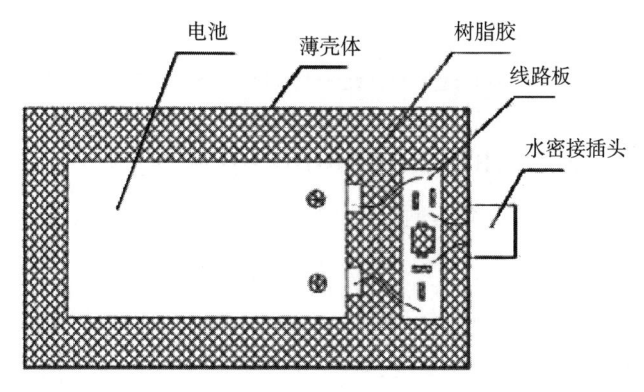

图2.9 裸潜式电池结构示意

（4）混合型

混合型应用方式是将单体电池或单元电池固定在一个充满硅胶油的带有补偿皮

囊的薄形密闭壳体内。单体电池的正负极与电路控制板通过导线连接到设置在壳体上的水密接件上。使用时，通过水密电缆将电池进行串联或并联连接，组成所需要的电压和容量。美国的"深海挑战者"号载人潜水器和 Bluefin 系列 AUV 所携带的锂离子电池组，即采用这种混合型方式。混合型方式的优点是电池组合灵活，适用于任何下潜深度的深潜器；缺点是由于连接点多，影响电池组的可靠性（图 2.10、图 2.11）。

图2.10 美国的"深海挑战者"号深潜器锂离子电池组

图2.11 Bluefin 系列可快速更换的深海锂离子电池包与安装现场

需要指出的是，无论是油浸型、裸潜型，还是混合型，均要求单体电池本身能承压。由于液态圆柱形及方形钢铝壳锂离子电池，其内腔存在空气及液态电解液。在电池受压之后，空气与电解液被压缩，导致电池内压急骤升高，安全阀打开，引起电解液外泄与壳体破裂，致使电池失效。因此，上述 3 种应用方式仅适用于聚合物锂离子电池。

3. 技术发展

（1）锂一次电池

为了满足对深海探索、探查/识别、监控侦察、载荷运送、反潜战等军事作战的需求，深海装备需要具备大深度、远航程、长航时、机动性能好、搭载平台灵活的特点，因此要求深海动力电池具有工作电压高、放电平台电压稳定、高比能量、长储存寿命以及免维护的特点。锂一次电池中，锂/亚硫酰氯电池比能量很大，一般可达 420 瓦时每千克，低速率放电时最高达 650 瓦时每千克，此外还具有比功率大；电压高：电池开路电压为 3.65 伏，以 1 毫安每平方厘米放电时，电压可保持在 3.3 伏，90% 的容量范围内电压保持不变；电池能以 10 毫安每平方厘米或更高电流密度放电，电压精度高：常温中等电流密度放电时放电曲线极为平坦；高低温性能好：一般可在 –40～50 摄氏度内正常工作，甚至在 –50～150 摄氏度内也能工作；–40 摄氏度时的容量约为常温容量的 50%；储存性能好：一般可湿搁置 5 年或更长时间。

早在 2000 年的时候，锂/亚硫酰氯电池就被研制应用于远程水雷侦查系统（LMRS），用于雷区情报收集和水雷识别定位。LMRS 应用高能量密度的锂/亚硫酰氯电池，可在水下工作深度为 12～460 米，航程可达 200 千米，日工作区域达 90 平方千米，能持续工作 40～48 小时。锂/亚硫酰氯电池虽具备高能量密度，但其存在安全稳定性较差、低温放电容量衰减较大、电压滞后现象以及大电流放电能力差等缺点，导致深海装备经过储存后，出现明显钝化、激活时间过长；电性能参数在其储存寿命内衰减至不能满足工作要求，以及安全性变差。

国内研究者目前对 Li/MnO_2、Li/SO_2、$Li/SOCl_2$、Li/CFx、$Li/CFx-MnO_2$ 等几种高性能锂一次电池进行研究，这些一次电池在保持其高比能的同时，也存在电池成本较高、放电过程中膨胀率较大、温升较高等问题亟须解决。

（2）锂二次电池

1）锂离子电池

锂离子电池相对于锂一次电池具有更好的循环寿命及安全性，在侦察、探测、信息收集、深海考察等领域有更高的应用价值。

由美国水螅虫公司生产的 REMUS 系列无人潜航器都应用锂离子电池，其中，REMUS-6000 应用一个带耐压外壳的 12 千瓦时的高度模块化二次锂离子电池组，系统可选配加装第二组 12 千瓦时的电池组，充电时间 8 小时，该电池最多可充电 300 次或使用寿命为五年。REMUS M3V 无人潜航器，于 2018 年 3 月完成首次试航，潜深 300 米，航速最高可达 10 节。

海洋能源技术（Ocean Power Technologies，OPTT）公司于 2020 年推出 SUBSEA 电池（图 2.12），该深海电池为磷酸铁锂（$LiFePO_4$）电池。外壳采用全钢压力容器，使用寿命长达 10 年,最大水深达 500 米。该电池总标称容量为 132 千瓦时,峰值功率输出高达 15 千瓦。

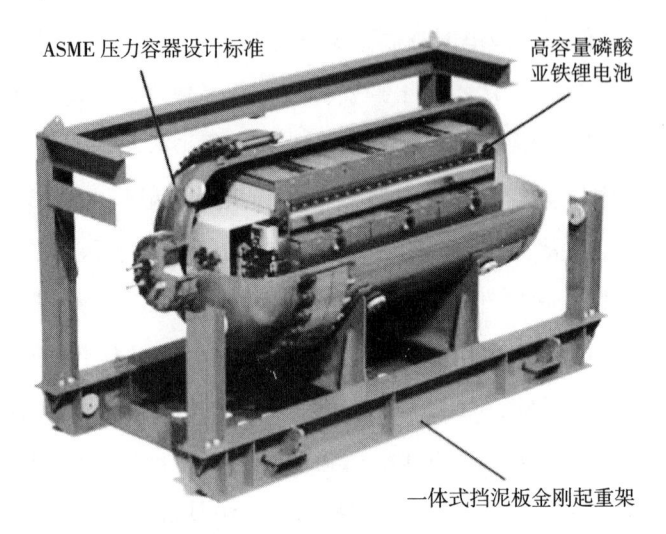

图2.12　SUBSEA 电池

此外,混合动力 PowerBuoy® 深海电池系统复合磷酸铁锂电池和太阳能电池,可通过太阳能电池板进行充电,1 千瓦斯特林发动机可提供备用动力(以液态丙烷为燃料)。这种结合使混合动力 PowerBuoy® 成为低碳至零碳的动力,同时可以在极端天气,大风浪或低浪环境中提供动力。

由美国的 L3Harris 公司生产的"Iver4900"无人潜航器,于 2019 年 9 月完成 12.5 小时,27.5 海里的远距离无人反水雷测试任务。该潜航器使用锂离子电池,航程可达 80 海里,同时提供长达 40 小时的适用寿命,航速最高可达 3 海里每小时。

由美国克雷肯机器人公司 2019 年 10 月展出的研制的"Thunder Fish"潜航器,搭载模块化可互换的高密度聚合物封装耐压锂离子电池提供动力,完成 720 小时的水下耐久性。航行时间为 20～48 小时,可下潜至 6 000 米的深度。

英国 RS Aqua 公司为 ROV 和 AUV 执行长期监控与传感器部署任务设计了"Power Pack"——大容量深海锂离子电池,Power Packs™ 提供一系列标准配置,容量从 650 到 5 210 瓦时,4 种标准电压:14.4 伏、25.2 伏、46.8 伏和 50.4 伏。钛或聚甲醛(POM)制成的外壳的深度等级为 100 米、300 米、3 000 米、4 000 米和 6 000 米。适用于冰下或深海等极端条件。

德国的 SubCtech 公司在深海动力方面有几个代表性电池,电池主要输出电压为

14伏、24伏、200伏和400伏。

SubCtech Power Packs™ 标准电池提供不同的标准配置，包括容量，电流，电压，尺寸和外壳，可以按需定制所有电池。使用钛或聚甲醛（POM）外壳使该电池可用于6 000米的深度。大功率高能量锂离子Power Pack™参数如下。标准容量：674瓦时和1 700瓦时；电压范围：14伏，25~50伏；放电电流7安，最高可达50安；应用范围为水下300米，2 000米，4 000米，6 000米。NEW "Long-Jim" "A"型高容量电池的主要参数如表2.6所示。此外SubCtech公司还可以提供定制电池服务，电压范围在14伏至400伏，功率最高达25千瓦，电流最高50安，峰值140安，可在水下充电，水下UPS功能，工作深度达6 000米。

表2.6 NEW "Long-Jim" "A"型高容量电池的主要参数

规格	NEW "Long-Jim" "A"型高容量电池							
	14.4伏		25.2伏		46.8伏		50.4伏	
类型	Sta.	XL	Sta.	XL	Sta.	XL	Sta.	XL
容量（安时）	180	362	90	181	43	90	43	90
能量（瓦时）	2 605	5 210	2 279	4 559	2 038	4 233	2 195	4 559

2020年11月，德国的EAS电池公司推出新型船载模块化电池系统。灵活的拓扑结构可以使电池模块灵活组合。此外EASy-Marine®模块混合动力系统将电池和柴油发电机组结合在一起，其目标是将燃料消耗保持在最佳点，并始终保持在最佳水平。采用EASy-Marine®，每艘船可节省多达30%的柴油（图2.13）。同时该电池还可以和氢燃料电池一起高效地运用。EAS电池公司还研制了其他几款磷酸铁锂-石墨锂离子电池适用于水下的电池，主要参数如表2.7所示。

配置示例
系统电压
880伏
容量
70千瓦时
持续功率
350千瓦
23模块电池管理单元

图2.13 EASy-Marine® 模块

表 2.7　EAS 磷酸铁锂 – 石墨锂离子电池参数

电气特性		HP601300 LFP 22	HP602030 LFP 40	HP602030 LFP 50	EASy-Marine®
最大容量		24 安时 @1 库仑	42 安时 @1 库仑	53 安时 @0.5 库仑	80 安时 @1 库仑
标称容量		22 安时 @1 库仑	40 安时 @1 库仑	50 安时 @0.5 库仑	—
能量		70 瓦时	128 瓦时	160 瓦时	3100 瓦时
放电电流（25摄氏度）	建议	44 安（2 库仑）	80 安（2 库仑）	50 安（1 库仑）	80 安（1 库仑）
	最大连续	550 安（25 库仑）	800 安（20 库仑）	250 安（5 库仑）	400 安（5 库仑）
	最大脉冲（2 秒）	1 320 安（50 库仑）	1 600 安（40 库仑）	500 安（10 库仑）	1 200 安（15 库仑）
比能量		78 瓦时每千克	99 瓦时每千克	118 瓦时每千克	50 瓦时每千克
能量密度		189 瓦时每升	223 瓦时每升	280 瓦时每升	66 瓦时每升
比功率	连续放电	1 600 瓦每千克 @25 库仑 /50%SoC	1 750 瓦每千克 @20 库仑 /50%SoC	540 瓦每千克 @50 库仑 /50%SoC	250 瓦每千克 @50 库仑 /50%SoC
	2 秒脉冲放电	2 600 瓦每千克 @60 库仑 /50%SoC	2 400 瓦每千克 @40 库仑 /50%SoC	1 030 瓦每千克 @10 库仑 /50%SoC	750 瓦每千克 @15 库仑 /50%SoC
功率密度	连续放电	3 850 瓦每升 @25 库仑 /50%SoC	3 900 瓦每升 @20 库仑 /50%SoC	1 290 瓦每升 @5 库仑 /50%SoC	328 瓦每升 @5 库仑 /50%SoC
	2 秒脉冲放电	6 300 瓦每升 @60 库仑 /50%SoC	5 400 瓦每升 @40 库仑 /50%SoC	2 450 瓦每升 @10 库仑 /50%SoC	989 瓦每升 @15 库仑 /50%SoC
最大脉冲充电电流（15 秒）		220 安（10 库仑）（最大 SOC70%，平均电流 < 88 安）	320 安（8 库仑）（最大 SOC70%，平均电流 < 120 安）	100 安（2 库仑）（最大 SOC70%，平均电流 < 50 安）	—
绝对放电下限	连续（-30 ~ 60 摄氏度）	2.0 伏 @25 库仑	2.0 伏 @20 库仑	2.0 伏 @5 库仑	—
	脉冲（-30 ~ 60 摄氏度）	1.5 伏 @60 库仑	1.5 伏 @40 库仑	1.5 伏 @10 库仑	—
循环寿命	100%DoD	> 5 000cycles@2 库仑	> 6 000cycles@2 库仑	> 4 500cycles@0.5 库仑	> 5 000cycles@2 库仑
	80%DoD	> 6 000cycles@2 库仑	> 7 500cycles@2 库仑	> 5 500cycles@0.5 库仑	> 6 250cycles@2 库仑

德国的 Kraken Power 公司研制了可承受 600 巴静水压力（相当于 6 000 米水深）的电力驱动系统，以及基于功率范围在 1.6 千瓦时到几兆瓦时的能量供应系统。

Kraken Power 公司通过电池系统自身的耐压技术替代传统的压力外壳，可在 6 000 米的深度中使用。其耐压系统（PTS）的工作方式类似于压力补偿系统，系统内组件承受静水压力，使用不可压缩的弹性体（如硅树脂或聚氨酯）替代原有的液体压力补偿结构，同时采用专有的真空技术封装聚合物。与充油补偿系统相比，耐压系统具有较低的比重和较小的体积，耐腐蚀性强，维护成本低。

2）锂聚合物电池

近几年应用在深海装备中的二次电池中，锂聚合物电池应用得较为广泛。锂聚合物电池不仅具有锂离子电池的优良性能，还可以制成任意形状和尺寸，并且由锂聚合物电池提供动力的 UUV 普遍下潜深度更深。

由 Kongsberg 公司 2018 年 12 月推出最新研制的 HUGIN Superior 无人潜航器，搭载 62.5 千瓦时耐压锂聚合物电池提供动力，可在 8 小时内完成充电，同时内置安全系统，可避免过充和过放以及一般使用的危险。最高航速可达 5.2 节，该潜航器可在 3 节速度下执行任务 72 小时，在 4 节速度下 52 小时，可下潜至 6 000 米的深度。

美国的 Triton 公司研发出耐压锂聚合物电池，电池系统内部配置保护、监视、功率控制和电池调节功能。2019 年 9 月展出的 Bluefin-12 无人潜航器动力系统配置 4 个 1.9 千瓦时的可充电锂离子电池。电池电压为 30 伏，尺寸为 38.4 厘米 ×13.3 厘米 ×21 厘米，重 14.3 千克，最大充、放电电流分别为 15 安和 30 安，正常充、放电电流分别为 12 安和 10 安。Bluefin-9 采用模块化设计，维护人员可在 30 分钟内更换容量 1.9 千瓦时的锂离子电池，其最大航速可达 6 节，可以以 5 节的航速开展测量工作，3 节的航速在水下运行 8 小时。Bluefin 独特的电池模式使得在甲板上快速翻转保持在 2 小时之内，无须打开受压舱就能交换电池。全负荷的电池能为潜航器提供 18 小时、时速为 3 节的勘察所需的能力，水深 200 米内的作业覆盖范围达 150 千米。Bluefin 的标准 1.5 千瓦时电池组是防水、耐压的，并包括用于自平衡、监控和安全的自己的智能电子产品，即插即用连接器使用户无须打开压力容器即可在海上几分钟内轻松更换包装。

由于核心技术具有可扩展性，Bluefin 提供了各种容量的电池，包括 1.8 千瓦时，3.5 千瓦时和 8.88 千瓦时电池组，以及可扩展至 148 千瓦时的电源解决方案。

英国的 Ocean Tools 公司研制的 Ocean CELL-12 由单个锂离子聚合物电池模块组成，并组装在额定深度 3 000 米的外壳中。Ocean CELL-25 和 Ocean CELL-38 包含多个同种类型电池模块，可延长至 4 000 米深度的运行时间如表 2.8 所示。

表 2.8 OceanCELL 电池主要参数

名称	Minicell	OceanCELL-12	Ocean CELL-25	Ocean CELL-38
电池类型	锂离子聚合物电池			
标称电压	25.9 伏（直流电）			
标称容量	3.6 安时	12.6 安时	25.2 安时	37.8 安时
最大放电电流	7 安	16 安	32 安	48 安
空气重质量	2.4 千克	7.9 千克	23 千克	33 千克
工作温度	0~45 摄氏度			
深度等级	3 000 米		4 000 米	

美国西南能源公司（Southwest Electronic Energy Group，SWE）。2019 年被特拉利夫公司（Ultralife Corporation）收购，于 2017 年推出了 SeaSafe Ⅱ 和 SeaSafe Direct 大型锂离子聚合物电池，可在 28 安时或其他容量选项下提供 30 伏电压，可应用于 6 000 米的水深中。SeaSafe Ⅱ 电池组需安装在压力平衡的充油（PBOF）容器中，而 SeaSafe Direct 可以直接放入水中使用而无需 PBOF 容器。在使用上，2 种电池在放电电流上有较大的差别，具体参数如表 2.9 所示。

表 2.9 SeaSafe Ⅱ 和 SeaSafe Direct 参数

主要参数		SeaSafe Ⅱ		SeaSafe Direct	
		30伏	24伏	30伏	24伏
系列	—	8	7	8	7
尺寸（英尺）	高	10	10	10	10
	宽	2.9	2.9	2.9	2.9
	长	9.9	9.9	9.9	9.9
重量（磅）	总模型（空气）	19.5	19	19.5	19
	总模型（海洋）	8.8	8.3	8.8	8.3
电压（伏）	最小	26.4	23.1	26.4	23.1
	平均	29.6	25.9	29.6	25.9
	最大	32.4	28.4	32.4	28.4
电流（安）	最大放电电流（连续）	40	40	10	10
	最大放电电流（20 毫秒脉冲）	52	52	31	31

续表

主要参数		SeaSafe II		SeaSafe Direct	
		30伏	24伏	30伏	24伏
功率（瓦）	放电功率（平均）	1184	1036	296	259
能量@90%SOC	安时	28	28	28	28
	瓦时	829	725	829	725
温度（摄氏度）	放电	−20~60	−20~60	−20~60	−20~60
	充电	0~45	0~45	0~45	0~45

3）锂硫电池

锂硫电池具备理论能量高、成本低的优点，在有效解决其活性材料在循环过程中体积波动大，容量衰减迅速，自放电等问题后，锂硫电池是一种很有前途的下一代储能技术。

英国的 Steatite 公司、OXIS Energy 公司、MSubs 公司和英国国家海洋学中心于 2017 年联合研制了可用于海洋自主系统（MAS）的耐压 6 000 米的锂硫电池组。这些电池可在超过 600 个大气压力和低温（0~4 摄氏度）的严酷深海条件下进行工作。同时优化了电池的组成，以克服低温下的性能损失。12 安时电池在低温和高压下放电时，有效的中性浮力能量密度（NBED）几乎是锂离子参考电池的两倍。电池寿命测试中，可达到 60~80 周。同时，OXIS 开发了一个原型锂硫袋单元，可以达到 470 瓦时每千克，预计近期将达到 500 瓦时每千克，到 2025 年可达到 600 瓦时每千克。

二、燃料电池

对于深潜器而言，蓄电池容量、放电能力等是制约深潜器航行作业时间的瓶颈，而新能源电池（如燃料电池）具有较高的比能量和安全性，将大幅改善深潜器的航行作业性能。从长远看，燃料电池运行寿命长、比能量和比功率高、工作电流大，很有前途，德国已把燃料电池应用在 U31 潜艇上。

表 2.10 所示为 5 种燃料电池的特点与工作特性。与其他类型燃料电池相比，质子交换膜燃料电池（PEMFC）具有启动快、比功率大、可低温工作等优势，在国外广泛用作水下机器人、水下无人航行器、潜艇等深海装备的动力源。

表2.10　5种燃料电池的特点与工作特性

电池种类	AFC	PEMFC	PAFC	MCFC	SOFC
电解质类型	KOH	全氟磺酸末 Dow/Nafion	H_3PO_4	$Li_2CO_3-K_2CO_3$	$Y_2O_3-ZrO_2$
阳极	Ni 或 Pt/C	Pt/C	Pt/C	Ni（含 Al、Cr）	金属（Ni、Zr）
阴极	Ag 或 Pt/C	Pt/C	Pt/C	NiO	$Sr/LaMnO_3$
工作温度（摄氏度）	50～200	室温～80	100～200	650～700	700～1000
燃料/氧化剂	氢气/氧气	氢气/氧气	重整气/空气	重整气/空气	重整气/空气
启动时间	10分钟	5秒	10分钟	＞10分钟	＞10分钟
比功率（瓦每千克）	35～105	34～3000	120～180	30～40	15～20
应用领域	航天飞机	水下潜器、汽车	共发电	共发电	便携式电源、共发电

1. 应用情况

德国的"深海C"是由阿特拉斯电子公司与BAE公司联合研制的自主式UUV（无人潜航器），重2 000千克，用于海域监测、资料收集等。该UUV使用3.6千瓦的PEMFC为能源动力系统，水下航行时最大航速6节，最大潜深为4 000米，续航时间达到60小时，航程可达到400千米。

美国以燃料电池作为动力能源的典型代表UUV有"曼塔"（Manta）号、"海马"号等。"曼塔"号自主式UUV是由美国海军水下作战中心研制，在设计时采用扁平状外形，长15米，动力装置采用燃料电池。在水下工作时航速为0～4节，单次水下续航时间为8小时，航程为50千米；"海马"号自主式UUV由美国国防高级研究设计局研制，外形为鱼状，长8.6米，重4 500千克，采用燃料电池作为动力系统，其水下最大航速为6节，单次续航能力达到500千米。

日本从1998年就开始尝试在UUV上应用燃料电池作为主动力装置。2000年，研究者们研发了一个300安时的充油压力补偿式锂离子电池组作为"URASIMA"号的电源，该电源由3组蓄电池组并联而成，每个电池组输出电压为120伏，容量为100安时。为了满足"URASHIMA"号的更深巡航需求，在2003年5月实现了燃料电池替代原来的锂离子电池，成功研制出远洋自治深潜器"URASHIMA"号，这是世界上首个以燃料电池做电源的潜水器。"URASHIMA"号使用两组输出功率为2 000瓦的质子交换膜燃料电池（PEMFC）单元串联在一起作为唯一动力装置，采用金属氢化物储氢为燃料和高压氧为氧化剂。在 2005 年 2 月，在 800 米的水下以 3 节航速航行时，单次续航能力达到 317 千米，并且最大潜深超过 3 500 米。相比于上一代"URASHIMA"号潜器使用大容量锂电池作为水下动力系统仅能运行 132.5 千米，使用 PEMFC 为能源装置后，潜器航行性能有大幅提高。

挪威的"HUGIN Ⅰ"（HUGIN 1000）AUV 于 1995 年开始服役，最初采用 3 000 瓦时的密封镉镍电池组做电源，可在水下连续工作 6 小时。考虑到大型传感装置的需要，1998 年采用 40 串 8 并结构的压力补偿式锂聚合物电池代替镉镍电池组作为"HUGIN Ⅰ"的电源，该 AUV 能连续工作近 24 小时。"HUGIN Ⅱ"（HUGIN 3000）采用铝氧半燃料电池（ALHPFC）作为其动力源，可连续工作 60 小时。

2020 年 12 月，由中国科学院大连化学物理研究所研制的镁/海水燃料电池系统顺利完成了 3 000 米水深海上试验，实现了新型镁/海水燃料电池在深海装备上的首次实际应用。新型镁/海水燃料电池是直接利用海水将金属镁的化学能转化为电能的电化学装置，具有能量密度高、安全性好、可全海深工作的优点，在深海着陆器、深海原位实验站等海洋装备领域具有很好的应用前景。该电池系统在突破了高利用率合金阳极制备技术、长寿命阴极制备技术、全海深浮力调节技术、组合能源管理技术等关键技术的基础上，开展此次深海海试工作。在此次深海试验中，下潜装置由"鹿岭"号深海多位点着陆器、"海鹿"号漫游者潜水器、新型"镁/海水燃料电池及组合能源系统"组成。镁/海水燃料电池系统为着陆器和潜水器提供能源，实现多级高效充供电。镁/海水燃料电池的最大下潜工作深度为 3 252 米，累计作业时间为 24.5 小时，累计为系统供电达到了 3 400 瓦时，充分验证了新型镁/海水燃料电池的深海供电能力及长时间放电稳定性。

2. 技术发展

（1）双极板技术

PEMFC 由于能量转化效率高、启动快、比功率高、低温工作和安全可靠等优点成为深潜器等深海装备动力源的最优选择。PEMFC 核心部件主要包括双极板和膜电极，相比较膜电极中使用的铂基催化剂和全氟磺酸（Nafion）膜技术成熟度较高，双极板技术可靠性还需进一步开发，以提高电堆稳定性与寿命。

双极板作为分隔燃料与氧化剂、提供气体通道、集电流的零部件，是 PEMFC 的核心组件。双极板通常包括石墨及金属双极板。其中，石墨双极板在可加工性、耐腐蚀性、平整性、可靠性等方面均具有明显优势，技术成熟度最高，但面临着导电性较低、机械强度差、体积较大等问题，电堆体积功率密度较低。金属双极板具有导电性好、机械强度高、体积较小等优点，相同结构与组成下，金属双极板电堆的体积功率密度高于石墨双极板电堆，德国在用的燃料系统电堆采用的就是金属双极板，但金属双极板镀层和加工难度均高于石墨极板，急需解决金属极板镀层和加工问题，金属极板电堆才能大规模应用。

（2）氢源技术

由于氢气易燃易爆，爆炸极限宽（4%~75%），氢源的高效与安全储存、释放一直是阻碍燃料电池作为深海装备动力系统大规模应用的瓶颈之一。

合金储氢是目前技术成熟度最高的氢源技术，其体积储氢密度高于高压气态氢与液氢，吸、放氢响应速度快，且合金储氢罐结构简单、压力低，有效避免了液氢的低温与压缩氢气的高压引起的安全隐患。日本"URASHIMA"号深潜器的成功使用表明合金储氢技术上的可行性，但合金储氢的质量储氢密度偏低，需携带大量的合金储氢罐以满足氢燃料量的要求，占据深潜器内部较大空间，且增加潜器重量。

近期相关单位研制的有机氢化物储氢、碳纳米材料吸附储氢、金属–有机框架物储氢等储氢技术的质量储氢密度均高于合金储氢，但均处于实验室开发阶段，未能实现规模化应用。若能提高其技术成熟度，将其作为燃料电池动力系统的氢源，在需携带相同有效氢燃料情况下，将大幅度减轻潜器重量，节省潜器空间。

三、核动力

由于核动力具有不依赖空气，一次装料可工作较长时间，并且能够产生较大的功率等特点，自 1954 年全世界第一艘核潜艇"鹦鹉螺"号服役以来，多个国家将其用于潜艇动力。随着人类对海洋研究、利用的不断深入，深潜装备成为核动力重要的应用领域。

1. 应用情况

（1）美国

目前只有美国和苏联/俄罗斯完成了深海核动力深潜器的设计和建造，在深海领域开展了大量工作。

美国早在 20 世纪 70 年代就装备了潜深 914.4 米、排水量 372 吨的"NR-1"号潜艇的深海移动式工作平台，其设计与其他大多数深潜潜水器的区别在于核动力驱动，采用了一个紧凑型布置的压水堆。该反应堆在1990年到1992年期间进行了第一次换料，反应堆的运行寿命大约是20年。由于采用核动力，"NR-1"号潜艇能在海底或海底附近长时间执行任务，最长可达30天，而常规深潜器一次仅能下潜几个小时。

"NR-1"号潜艇于2008年11月退役后，美国论证研制功能全面提升的"NR-2"号潜艇核动力深潜器，提出了潜深914.4~1524米、排水量828~2062吨的"NR-2"号潜艇深海载人平台的方案，其任务使命更为广泛。

由于"NR-1"号潜艇在服役期间表现出的巨大应用价值，美国已开始论证下一代核动力深潜器（"NR-2"号潜艇）的方案。相比于"NR-1"号潜艇，"NR-2"号潜艇拥有更高的航速、更大的潜深、更长的自持力。由于高度保密，目前无法获取关于"NR-2"号潜艇建造、服役状态的信息。

（2）苏联/俄罗斯

苏联/俄罗斯是目前世界上深海核动力应用经验最为丰富的国家，从20世纪60年代至今不仅服役了多型超大潜深攻击型核潜艇，而且建造了至少3型7艘深海核动力工作站。

苏联设计建造的"麦克"级685型核潜艇最大潜深可达1250米，是目前世界上已知潜深最大的战斗核潜艇。"麦克"级上装备的是OK-650B-3型压水反应堆，属于苏联研制的第三代压水反应堆，该反应堆采用紧凑式布置（半一体化），堆芯热功率接近190兆瓦，轴功率31626千瓦。根据相关资料，该反应堆的满功率寿期约为460天至660天，换料周期约为7年至8年。

"阿尔法"级705/705K型核潜艇是苏联第三代攻击型核潜艇，采用钛合金建造，最大潜深达到900米，是世界上批量建造的下潜最深、航速最快、吨位最小、自动化程度最高的攻击型核潜艇。"阿尔法"级首艇建造于1967年，至1982年总共建造7艘。"阿尔法"级独特之处在于采用了液态金属冷却反应堆（BM-40/A和OK-550），这两型反应堆均为整体组件式半一体化反应堆。其中，BM-40/A堆芯热功率155兆瓦，推进功率29420千瓦；OK-550堆芯热功率250兆瓦，推进功率44865千瓦。

"塞拉"级945/945A型核潜艇是苏联/俄罗斯另一型超大潜深核潜艇，极限潜深达750米。"塞拉"级的建造持续至1994年，已经建造了4艘，目前仍在俄罗斯联邦海军舰队服役。"塞拉"级945型长107米，艇宽12.2米，采用一台OK-650B-1型压水反应堆，堆芯热功率190兆瓦，轴功率31626千瓦；"塞拉"级945A型长110.5米，艇宽10.2米，采用一台OK-650M.01型压水反应堆，堆芯热功率200兆瓦，轴功率34936千瓦。

除了将核动力装备于超大潜深战斗核潜艇外，苏联/俄罗斯还建造了多型核动力深海工作站，包括"比目鱼"级10831型、"X射线"级1851型和"军服"级1910型，这些型号总共建造了7艘，目前仍有多艘在役。

10831型深海移动工作站是俄罗斯新型核动力移动工作站，服役于2003年，其耐压壳体采用钛合金建造，由数个球壳串联组成，所有球壳相互之间有通道相连，工作潜深3 000米。装有一座核反应堆，热功率为10兆瓦，水下航速为6节，人员编制为14人。

1851型深海工作站在1986—1995年共建造3艘，排水量550/1 000吨（水面/水下），主尺度40米×5.3米×5米，工作潜深约1 500米，装备一座10兆瓦的压水堆，单轴，采用导管式推进器。

1910型共建成3艘，下水时间分别为1982年、1988年和1995年。其水面排水量1 340吨，水下排水量1 580吨。下潜深度可能达700米，用于研究开发和海底作业。

2. 技术发展

在深潜装备中应用核动力，具有巨大的优势。一是核动力不依赖空气的特点可以保证其在深海长时间地工作，使深潜装备拥有充足的时间完成复杂的任务。二是核动力具有较大的功率，可以满足深海大功率作业需求。三是核动力一次装满燃料后可以长时间地运行。四是深海环境温度较低，当深度超过1 000米时，海水温度基本在5摄氏度以下。如果核动力二回路采用蒸汽朗肯循环，较低的环境温度有利于提高核动力装置的整体效率。假设二回路新蒸汽为280摄氏度的饱和蒸汽，蒸汽在汽轮机内的膨胀做功为绝热可逆过程。当蒸汽在冷凝器的冷凝温度从30摄氏度降到10摄氏度时，循环热效率将从38%提升到41%。

（1）通海系统设计

深潜装备核动力装置的循环冷却水系统、设备冷却水系统及余热排出系统等均需将热量排至海水环境，不可避免地涉及通海系统。深海环境对通海系统的设计影响主要包括通海系统及设备、阀门、管路的承压技术、密封技术、防腐技术等。

（2）长寿命堆芯

堆芯寿命指反应堆一次装料后满功率运行所使用的时间。提高堆芯寿命，可以减少深海核动力装置在运行期间的换料次数，增加核动力深海装备的使用率。减少换料次数，还可以减少放射性废物的排出量，并且换料时一般需要对耐压壳体进行切口，这将对深海装备的结构安全性产生巨大的影响。

长寿命堆芯的关键是设计长寿命燃料元件，研制耐腐蚀、耐辐照材料，优化燃料元件和堆芯结构，提高转换比和堆芯中子经济性。燃料元件采用稠密栅布置，反应性控制是长寿命燃料元件设计的关键技术之一，可以采用可燃毒物控制与控制棒程序控制结合的方案，适当加大燃料的初始装载量。

（3）小型化反应堆系统技术

大潜深环境对耐压壳体的设计、制造提出了更高要求，限于工业基础，深海核动力装置相较于核潜艇，对核动力装置舱室的总体尺寸、重量要求更为苛刻。核动力系统及设备的小型化包含降低重量、减小体积两方面的要求。

需要进行小型化设计的系统及设备主要包括：反应堆的紧凑布置，甚至一体化设计；小型汽轮机与发电机的设计；小型高效换热器的设计，进行高效的直流蒸汽发生器的研究及自加压控制特性的研究；辐射屏蔽的优化设计，在满足辐射安全的条件下，尽量减小屏蔽结构的体积，降低辐射结构的重量。

（4）高度自动化

深潜装备空间有限，人员工作条件相对恶劣，控制系统需要具有较高的自动化甚至智能化水平，能够在较少的运行人员和较低的干预条件下，满足核动力安全可靠运行的要求。

（5）固有安全性

安全是核动力应用的前提，尤其是在深海复杂的环境条件下，核动力装置的安全运行关系到深海潜器能否完成其任务使命，甚至是整个潜器的安全。提高一回路的自然循环能力、采用非能动的安全设计等措施都能够在一定程度上提高系统的固有安全性，在事故等条件下降低对人员干预的要求。

第四节　传感器技术

一、水听器

（一）光纤水听器

光纤水听器技术是一种利用光纤作为信号传输和传感介质，实现水下声信号探测的新型设备。最开始对光纤水听器进行研究的国家是美国，并且其技术成熟度一直处于世界领先地位。

20世纪70年代中后期，美国制定了首个大规模光纤传感系统的研究计划，主要对光纤水听器进行展开研究。1981年，美国海军实验室（NRL）研制了首个基于马赫－曾德尔（Mach-Zehnder）干涉型的光纤水听器。1983年NRL在巴哈马群岛首次完成了光纤水听器的海上试验工作，证明了研制的光纤水听器具有低于零级海况的特性。到了20世纪80年代中期，美国开始进行全光纤拖曳水听器阵列试验。NRL和美国海军水下作战中心联合制订了全光拖曳阵列计划，成功研制出48基元的拖曳阵列并进行了海上试验，标志着光纤水听器阵列技术已经开始走向工程试验阶段。自20世纪90年代开始，光纤水听器阵列技术开始应用到美国的海军舰艇中。1996年，NRL提出全光可拓展阵列系统，阵列由64基元组成，并且可以扩充到256基元，实现了深海声呐的布放，可探测的最大距离达到100千米，同年又进行了32基元的海上试验。2004年NRL与英国的奎奈蒂克（QinetiQ）公司联合一起成功研制出96基元的光纤水听器阵列，可以应用于海底300米深，随后研制了全光纤宽孔径阵列装备于核潜艇"弗吉尼亚"号。2007年，美国海军水下作战中心介绍了一种微型芯轴光纤光栅水听器。采用外径110米的特殊光纤作为传感光纤，缠绕在外直径为3.8毫米，壁厚为0.29毫米的聚碳酸酯塑料管上作为光纤水听器的传感探头。2018年，美国海军实验室研制了一种基于迈克耳孙（Michelson）干涉仪原理的光纤缠绕芯轴的低噪声光纤声传感器（图2.14）。

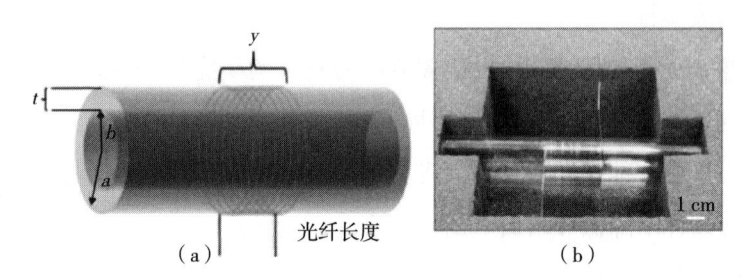

图2.14 光纤缠绕芯轴型光纤声传感器探头实物

英国的防卫评估研究局（现在为QinetiQ公司），DERA在1998年开始了用于拖曳水听器阵列的光纤光栅水听器研究。同年与荷兰应用物理研究所合作研制了基于时分复用技术的32基元光纤水听器阵列，并进行了海上试验，证明可以实现5千米的信号传输。2000年，英国的迪尔（DERA）公司与美国的利顿（Litton）公司合作开展了96基元的光纤水听器阵列，主要用于海洋地下石油、天然气资源的勘探。DERA与美国海军实验室（NRL）联合研制了光纤水听器海底阵列，在2002年对含有16基元的光纤水听器阵列进行了测试。

法国的汤姆森（Thomson）公司在 1986 年开展了用于潜艇装备的光纤水听器阵列并进行了海上试验。2000 年，法国联合意大利和挪威对 4 基元的光纤水听器性能指标进行了测试，并在 2002 年开展了基于时分复用技术的 32 基元的光纤水听器阵列的海上试验。实验结果表明该光纤水听器阵列的系统噪声小于零级海况 15 分贝，为下一步的拖曳阵列计划提供了技术基础。

澳大利亚防务科技局（DSTO）于 2002 年开始基于分布式反馈激光器（DFB）有源光纤光栅光水听器的研究，2005 年研制了 16 阵元的有源光纤光栅水听器阵列，其后与塔莱斯（Thales）公司合作开发了可海底布放的多元光纤光栅水听器阵列。

德国布伦瑞克工业大学在 2015 年研制了基于三角法的光纤传声器。该基于光强度调制的声传感器的特性主要是由发射和接收光纤之间的耦合决定的，关键的技术参数是透射强度对反射面距离的依赖的陡度，其响应频带为 100～20 000 赫兹。

意大利萨尼奥大学在 2012 年研制了涂有不同材料和不同尺寸的基于光纤布拉格光栅（FBG）的光纤水听器。光纤水听器传感探头的关键是在光纤光栅传感器上涂不同直径和材料的圆柱状涂层，通过选择不同的涂层材料可以获得不同的响应率。

日本在 20 世纪 80 年代开始了对光纤水听器的研究，1992 年第一次在骏河（Suruga）海湾进行了海上试验。1997 年，日本冲电气电子公司研发出光纤声感系统，实现长期水下地震监测，同时指出光纤水听器从实验室研究到走向工程海上实际应用需要一定的实验支撑和技术积累。2002 年，提出了基于光纤水听器的水下传感网络思想，并声称大规模光纤水下传感网络将带来新的技术革命热潮。

综上所述，目前国外许多国家对光纤水听器的研究和制作工艺已经趋于完善，光纤水听器大规模的阵列技术也基本成熟，在实际民用和军事潜艇装备上有了实际的应用案例，美国的潜艇现在已经实现光纤水听器拖曳线阵和舷侧阵的列装。我国对光纤水听器的研究虽然开始稍微较晚一点，但自从 20 世纪 90 年代以来，也相继陆续突破了光纤水听器从理论基础研究到实际应用的一系列重要关键技术问题。国防科技大学、杭州应用声学研究所、海军工程大学、中国电子科技集团二十三研究所、中国科学院半导体研究所、清华大学、中国科学院声学研究所等单位均开展了光纤水听器的研究并且已经取得了一定的成果。

2000—2003 年，国防科技大学进行了同振式光纤矢量水听器的研究，并全面开展基于光源内调制的相位生成载波（PGC）相干检测技术研究。2003 年利用该光纤矢量水听器系统进行了海试，获得了良好的探测效果。同年，国防科技大学研制了直径为 100

毫米，加速度相位灵敏度为 660 拉德每克的同振式三维光纤矢量水听器，水听器谐振频率约 950 赫兹，工作频带在 500 赫兹以下。同年，与中国科学院声学研究所联合进行了该光纤矢量水听器的海上试验，试验结果表明该光纤矢量水听器具有良好的声学特性。2015 年，国防科技大学在研制成功拖曳阵用小型化的光纤矢量水听器的基础上，成功进行了 4 基元光纤矢量水听器拖曳阵列的研制，并利用该拖曳阵列进行了定向试验。

2003 年，天津大学进行了单分量光纤地震检波器的研制，该检波器采用迈克尔逊光纤干涉仪结构，并在一臂上缠绕有一个锆钛酸铅（PZT）陶瓷环，以进行信号的解调和补偿。

2007 年，中国科学院半导体研究所成功研制了加速度灵敏度为 82 拉德每克、谐振频率为 360 赫兹的弹性盘型光纤加速度计。2012 年，研制成功三维光纤激光矢量水听器，该型水听器采用 V 型曲折梁作为质量振子系统，理论仿真及实验结果表明：3 个轴的加速度灵敏度分别为 38.1 皮米每克、39.2 皮米每克、53.2 皮米每克，谐振频率约为 310 赫兹，指向性指数达到了 30 分贝。

2011 年，中国科学院大学进行了二维光纤激光矢量水听器的研究，设计了惯性加速度响应结构，制作了双膜片结构的光纤激光矢量水听器和基于 V 型曲折梁的细长型光纤激光矢量水听器。

2017 年，哈尔滨工业大学研究了基于膜片长腔法布里-珀罗（Fabry-Perot）光纤水听器，Fabry-Perot 腔由平坦的光纤端面和一个超薄膜片以及腔内的 6 米长光纤组成。水听器的可测声压信号频带范围为 350～5 000 赫兹。

2020 年，吉林大学研制了基于量子弱测量原理的低频光纤水听器。传感探头由长度为 0.8 米的保偏光纤缠绕在聚碳酸酯空心圆筒上制作而成，实现了对超低频水声信号的探测，并且具有很小的等效噪声压，有识别弱信号的检测能力。

综上所述，我国对于光纤水听器的研究已经做了大量的工作，国内目前已经有超过 10 家的科研团队投入到光纤水听器的研发，光纤水听器技术已经取得了一些成就，但在光纤水听器的性能方面，例如低频和高灵敏度特性，还需要进一步提高，以满足水下目标探测的新需求。

（二）矢量水听器

国际上对声场中矢量信息的测量最早可追溯到 1882 年瑞利勋爵（Lord Rayleigh）研究的一种能够测量空气质点振速的"Rayleigh 盘"，它为水中声场矢量信息的测量提供了研究方向。

20世纪，俄罗斯对矢量水听器展开了深入的研究并取得了很多优秀的成果。太平洋海洋技术研究所研制的同振式球形三维矢量水听器（图2.15），实验结果表明矢量水听器相对于标量水听器在信噪比方面具有10~20分贝的优势。

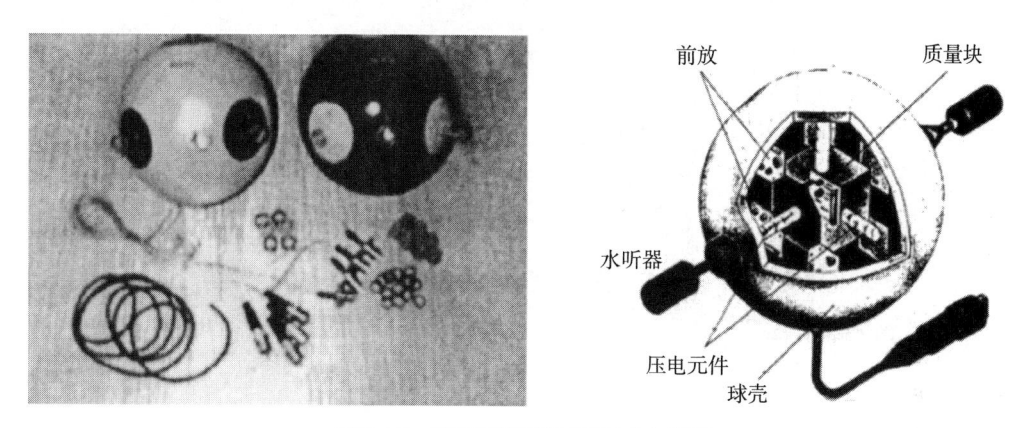

图2.15 俄罗斯研制的同振式水听器

2014年，俄罗斯研制了一种用于拖曳阵的复合型矢量水听器（图2.16）。该阵列的工作低频下限可达200赫兹，上限也可达到2 000赫兹。

图2.16 用于拖曳阵的矢量水听器及前置放大器

随着美国在水听器研究方面不断地深入和知识积累，在20世纪50年代中期研制出了"AN/SSQ系列"声呐浮标系统（图2.17）。型号为AN/SSQ-53的浮标系统所使用的水听器为矢量水听器,首次实现了矢量水听器从实验室到工程应用的探索。

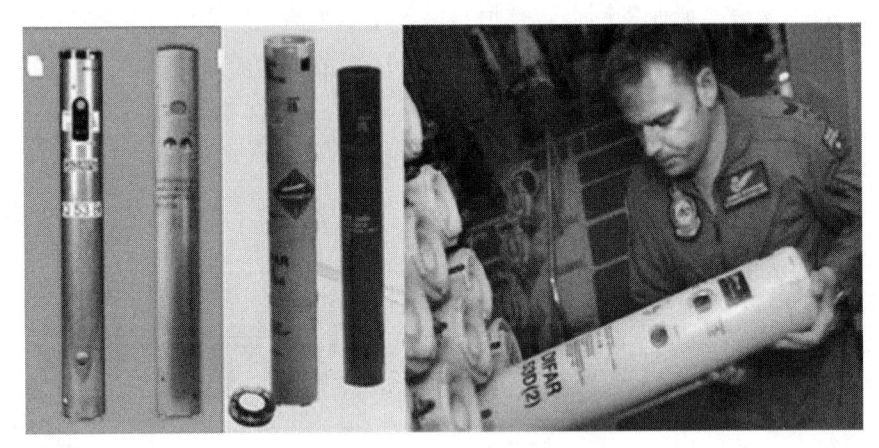

图 2.17　美国"AN/SSQ 系列"声呐浮标

1994 年,美国又研制了微机电系统(MEMS)子隧道式加速度计,用该加速度计制作了二维球形矢量水听器(图 2.18)。

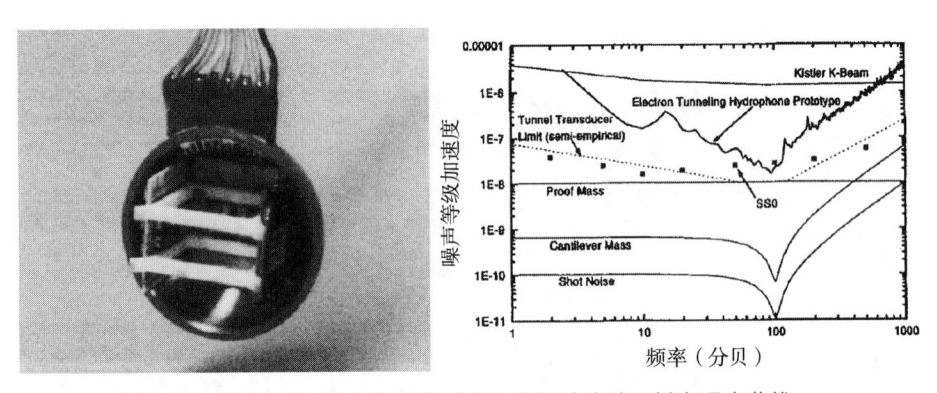

图 2.18　基于 MEMS 电子隧道式低噪声加速度计及其自噪声曲线

1995 年,美国研发了一种声压梯度水听器,其灵敏度为 –240 分贝,首次实现了对水质点的直接测量。

1998 年,美国研制了复合式三维同振矢量水听器。压电陶瓷球内部装有正交放置的压电式加速度计,压电陶瓷球通过弹簧悬挂在整流罩内。压电陶瓷球壳用来测量声压信息,加速度计用来测量矢量信息。

2003 年,美国的威尔科克森研究(Wilcoxon Research)公司研制出基于压电单晶体为敏感材料的矢量水听器,2004 年,该公司使用研制的水听器制作了矢量水听器阵列,并在阿拉斯加水域附近进行了海洋环境噪声测量实验(图 2.19)。

图2.19 威尔科克森研究（Wilcoxon Research）公司研制的水听器及阵列

2009年，美国设计了一种基于分布式反馈激光器的光纤矢量水听器（图2.20）。声学测试结果表明，该矢量水听器的本底噪声在1 000赫兹时比零级海况下的海洋环境背景噪声高约2分贝。

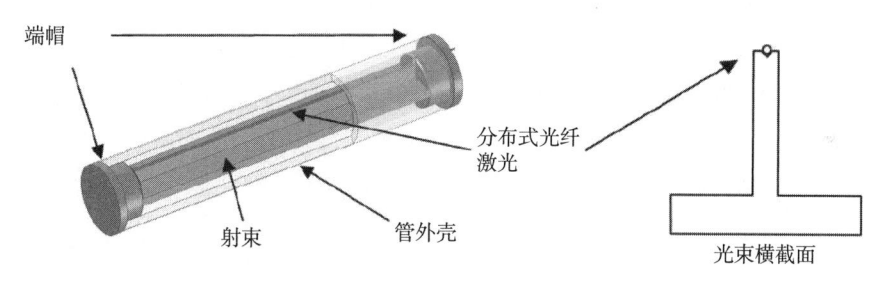

图2.20 基于分布式反馈激光器的光纤矢量水听器

2014年，美国的应用物理科学（Applied Physical Science）公司研制出一种基于梁结构的压电单晶二维加速度式矢量水听器，并已经研制和生产多种声压梯度水听器和多模水听器（图2.21）。

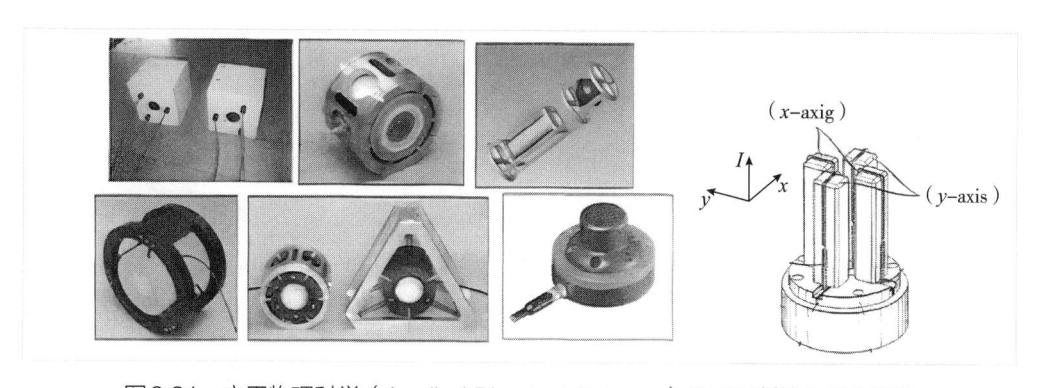

图2.21 应用物理科学（Applied Physical Science）公司研制的矢量水听器

与国外相比，我国对矢量水听器的研究起步较晚。国内最早开展矢量水听器研究的机构是哈尔滨工程大学，哈尔滨工程大学引入俄罗斯矢量水听器技术进行消化吸收和再创新之后取得了快速发展，形成一套集研发与制作的完整流程，开发出了多种结构的矢量水听器，在国内处于领先水平。

国防科技大学与中国科学院声学所也在同振型光纤式矢量水听器研制上完成了出色的工作。相对来说，国防科学技术大学对光纤矢量水听器的研究处于领先的水平。2002年，该校进行了光纤式矢量水听器的应用验证并获得了较好的测试结果。2003年，又开发出了一种三分量干涉型矢量水听器。此后又完成了水听器在拖曳阵中的实验测试（图2.22）。

图 2.22　中国国防科学技术大学光纤式矢量水听器

我国很多研究机构也对矢量水听器开展了研究，如海军潜艇学院和海军青岛雷达声呐修理厂、杭州应用声学研究所、海声科技有限公司、中国电子科技集团公司第四十九所等在矢量水听器方面都取得了一些研究成果。

二、成像声呐

（一）多波束测深声呐

1976年美国通用仪器公司开发了第一台商业化的多波束回波测深系统（SeaBeam系统），直至今日，该公司的多波束产品依然活跃在市场上。在20世纪80年代中后期，随着电子技术的快速发展和日益增长的测深系统应用需求，越来越多的国家和公司涌入这一领域，开发并研制出了适用于不同场景（深海、浅海）的不同型号的多波束测深系统，如西马德（Simard）公司早期的EM系列、荷尔明（Holming）公司的Echos XD系统和阿特拉斯（Atlas）公司的Hydrosweep系统等，从而使多波束测深技术得到了快速发展。

20世纪90年代，著名的Reson公司进入多波束测深领域，其高频的SeaBat系列的系统很快占据了多波束测深系统的许多市场份额，同时Atlas、Simrad、ODOM等其他公司也相继推出了许多新型的多波束测深系统，如 Fansweep20 系列、EM3000 系列等。

21 世纪，Reson 公司推出了 Seabat 全海深测深系统。2003 年，Kongsberg 公司合并了 Simrad 公司，推出了新型的 EM 系统与多功能的 GeoSwath Plus 系列的系统。2006 年 R2Sonic 公司成立，以其专业便携的高性能 Sonic 系统进入多波束测深领域。

目前，多波束按照品牌分类主要集中在：德国的 L-3 Elac Nautik 公司 SeaBeam 系列、德国的 Atlas 公司 FanSweep 系列、美国的 Reson 公司 Seabat 系列、挪威的 Kongsberg 公司 EM 及 GeoSwath 系列、美国的 R2Sonic 公司 Sonic 系列等，其中能够搭载在 AUV、ROV 等水下运动平台的多波束测深产品主要有 Reson、R2Sonic 和 Kongsberg 三家公司产品，如表 2.11 所示。

表 2.11 国外多波束测深系统典型产品主要技术指标

制造商	德国 Atlas	美国 Reson	美国 R2Sonic	挪威 Kongsberg
产品型号	FanSweep20	T50-P	Sonic2024	EM2040
测深范围	0.3～600 米	0.5～550 米	0.5～500 米	0.5～600 米
频率	200 千赫兹	200～400 千赫兹	200～400 千赫兹	200～400 千赫兹
波束宽度（@200千赫兹）	1.3 度 ×1.0 度	1 度 ×2 度	1 度 ×2 度	1.5 度 ×1.5 度
波束数	1 440	512	256	800
扫海宽度	12 倍（双探头）	6 倍（单探头）	6 倍（单探头）	5.5 倍（单探头）

国内多波束测深技术的研究始于 20 世纪 80 年代初期，由中国科学院声学研究所和海洋测绘研究所联合研制多波束测深系统，其工作频率为 10 万赫兹，波束数为 25 个，沿着航迹方向开角为 3 度，垂直航迹方向开角为 2.4 度到 5 度，扫海扇区开角 120 度，最大工作深度 200 米。这也是我国最早的多波束测深系统尝试，但由于当时技术条件的限制未能投入实际应用。

20 世纪 90 年代初，海司航保部从国防战略和海洋开发的需要出发，委托哈尔滨工程大学和海洋测绘研究所联合研制中等水深多波束测深系统——H/HCS-017 型条带测深仪，其工作频率 45 千赫兹，波束数为 48 个，波束宽度为 3 度 ×3 度，测深范围为 10～1 000 米，覆盖宽度为 120 度，并获得了部级科技进步一等奖。

进入21世纪以来，国家对浅水多波束需求的日益增长，国内相关研究机构逐渐开始投入人力、物力等研究资源关注多波束传感器研制。2006年，哈尔滨工程大学在国内首创研制了便携式浅水多波束测深仪。其工作频率为18万赫兹，波束数为21个，波束宽度为8度×6度，测深范围为1~100米，代表了国产浅水多波束研究工作的开始。2008年在国家863计划支持下，由中国科学院声学所主持研制深水多波束系统，由哈尔滨工程大学和中国船舶集团公司第七一五研究所分别主持研制浅水多波束系统，代表了国家对多波束研制的重视和支持。2010年，中国船舶集团公司第七一五研究所又开发了一套基于u型基阵的多波束测深声呐系统工程样机。同期中国科学院声学研究所、浙江大学、国家海洋局第二海洋研究所与中国船舶集团公司第七一五研究所等多家单位联合开展了深水多波束测深研究，研制出我国首套深水多波束测深侧扫声呐系统。

（二）前视声呐

按照成像特点，前视声呐系统可分为单波束机械扫描声呐、多波束预成电子扫描声呐和三维成像声呐。单波束机械扫描声呐通过对单波束进行机械旋转来完成全方位或固定区域内的扫描探测，每次只能形成一个窄波束。这类声呐结构简单，价格便宜，但难以达到实时性要求，且容易受到运动载体的影响而出现图像失真。多波束预成电子扫描声呐可同时接收并处理多个换能器阵列的采集信号，因此时间成本更小，系统图像分辨率也更高。三维成像声呐能够获得目标的三维空间图像，但研发成本高，实现难度大，目前仅有少数国家开展了水下三维声成像系统的研究与设计。

目前，在前视声呐领域，发表研究论文最多的国家是中国，如表2.12所示。其中哈尔滨工程大学发文最多，其次是美国国防部和美国海军，各研究机构发文量如表2.13所示。

表2.12 前视声呐发表研究国家分布

排序	国家/地区	数量
1	中国	250
2	美国	150
3	意大利	36
4	英国	33
5	韩国	32
6	日本	29

续表

排序	国家/地区	数量
7	苏格兰	21
8	瑞典	20
9	西班牙	19
10	巴西	17

表 2.13 前视声呐发表研究机构统计

排序	所属机构	数量
1	哈尔滨工程大学	51
2	哈尔滨工程大学	20
3	美国国防部	20
4	美国海军	18
5	中国科学院	15
6	赫里瓦特大学	15
7	浦项理工大学	15
8	佛罗伦萨大学	15
9	意大利国家研究委员会	12
10	东京大学	12
11	格兰德联邦大学	11
12	赫罗纳大学	11
13	迈阿密大学	10
14	ISMN CNR 纳米结构材料研究所	9
15	麻省理工学院	8
16	西北工业大学	8
17	和町建设株式会社	8
18	佐治亚理工学院	7
19	日本先进科学技术研究所	7
20	萨博（Saab）集团	7

1. 单波束机械扫描声呐

单波束机械扫描声呐虽然成像效率低，但是在对成像实时性要求不高的场合也有应用。加拿大的 IMAGENEX 公司生产的 IMAGENEX 881A 声呐被广泛地应用于各种级别的遥控无人潜水器、自主式水下航行器和无人水下航行器，用户可根据应用需求对工作频率进行选择，距离分辨率可达 10 毫米，在 1 兆赫兹工作频率下，波束宽度为 0.9 度 × 10 度，最大工作深度可达 6 000 米。英国的 Tritech 公司生产的"Super Seaking DST"声呐以双频机械扫描形式，提供了异常清晰度和分辨率。在 32.5 万赫兹频率下，探测范围高达 300 米，可用于长距离目标探测；在 65 万赫兹频率下，可形成超高清晰图像用于目标识别。随着声呐换能器技术、集成电路的不断发展，单波束成像声呐已经渐渐退出我们的视野，取而代之的是多波束预成电子扫描声呐。

2. 多波束预成电子扫描声呐

多波束预成电子扫描声呐成为前视声呐的主流应用产品，其成像效率远高于单波束机械扫描声呐，且成像分辨率更高，但是该类成像声呐产品成像视野受到限制，无法达到单波束机械扫描的全方位视角。英国的 Daniamant 公司开发的 EchoPilot 前视声呐，具有小巧便捷以及独特的换能器结构，是专门为海上救援而设计的。用户可根据实际应用，选择专业传感器或标准传感器。2D 前视声呐显示更新时间 0.5 秒，最大前向探测距离 200 米，最大探测深度 100 米。英国的 Tritech 公司研制的"Gemini 1200ik"多波束成像声呐是 Gemini 系列的最新产品。这款多波束成像声呐提供 2 种工作频率，具有在用户需求下切换低频和高频的能力。72 万赫兹低频设置用于远距离目标识别和避障，而 120 万赫兹高频设置则提供极为详细的多波束图像，非常适合近距离检查。"Gemini 1200ik"的独特之处在于能够在 2 个频率下保持 120 度的视场，确保当在高频率和短距离下操作时，目标仍然保持在视野中。

英国的 Marine Electronics 公司推出的"Dolphin Model 6201"声呐分辨率和更新速度为自主载具导航设定了新的性能基准，其可以轻松集成到 AUV 的鼻锥中，作业深度可达 6 000 米，能够跟踪最多 250 个离散的声学目标。每个目标都被分配一个 ID 号码，并在每个数据帧中监测其距离和方位，直到其消失不见。

美国的蓝景（Blue View）科技公司生产的 M900 系列声呐是紧凑的全功能 2D 多波束成像声呐。其工作频率为 90 万赫兹，视角范围达 130 度，最大探测距离 100 米，距离分辨率 1.3 厘米。该系列声呐均能实时传输图像和数据，视频输出帧率最快 27 赫兹，所有 M 系列声呐都可以在运动或静止位置下操作，提供实时图像和数据，可应用于目标探测 / 识别、目标跟踪、避障、操作监控、区域 / 结构物检查等场合。

加拿大的 IMAGENEX 公司生产的 837BXi "Delta T" 多波束成像声呐旨在提供视

频般的成像效果,并拥有水下声呐的所有优势。用数字信号处理技术来优化来自所有通道的数据,以实现在视野中的每个点上最佳分辨率。图像帧速率可以达到40帧以上每秒。中国船舶第七一五研究所研制的一款二维前视避障声呐(DMP125),工作频率12.5万赫兹,探测距离可达500米,可探测120度×20度视角范围内的移动目标和静止目标,距离分辨率达到10厘米,方位分辨率小于1度,可实现碰撞危险自动分级报警。通过充油设计,使得设备可工作于1 200米水深(图2.23)。

3. 三维成像声呐

三维成像声呐主要产品包括美国的Farsounder

图2.23 DMP125前视避障声呐

公司研发的"FarSounder-500"和"FarSounder-1000"产品。其中"FarSounder-500"水平探测角度范围90度,最大探测距离500米(图2.24)。"FarSounder-1000"探测角度范围有2种模式,分别为90度和60度。在探测范围为60度时,其探测距离可达1 000米。此外该系列前视声呐拥有自动检测底部、测量最小深度、多种显示模式(包括日间模式、黄昏模式、夜间模式和红色模式)以及导航信息显示功能等,设备安装效果如图2.25所示。

(a)FarSounder-500　　(b)FarSounder-1000

图2.24 FarSounder系列

Daniamant公司研发的"EchoPilot FLS 3D"是一款三维前视声呐产品(图2.26),该设备可以对船只前方水下场景进行三维显示,海底的地形和潜在的危险可以真实地显示出来,显示效果是一个实时的声呐图像,而不是渲染成的三维效果,前向探测角度范围60度,垂直探测范围90度,向前探测距离可达200米,探测水深100米。

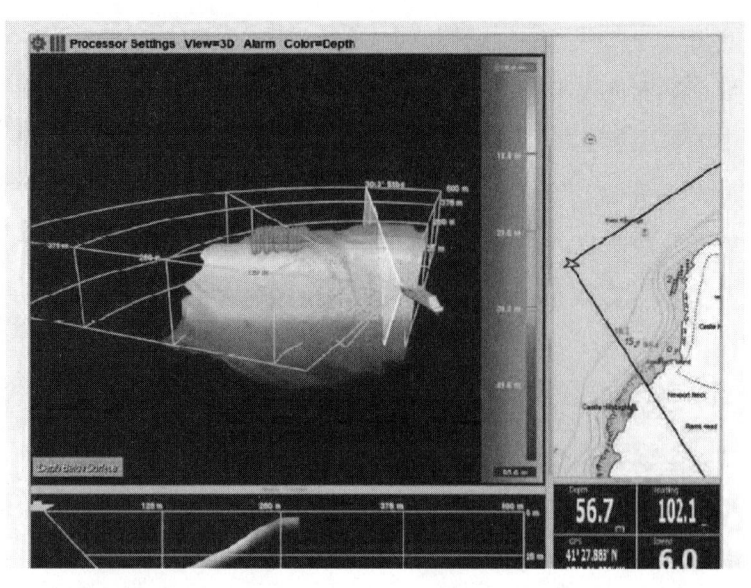

图 2.25　FarSounder 三维成像效果图

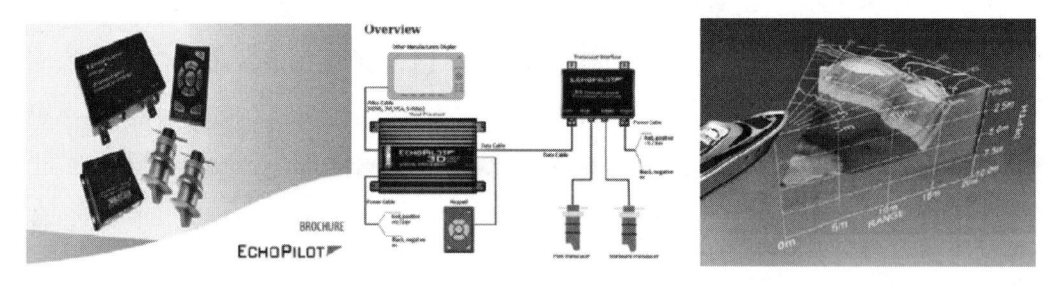

图 2.26　EchoPilot FLS 3D 系统组成及成像效果

英国的 Coda Octopus 公司是当前三维成像声呐技术的国际领军企业，其最新产品可以说是未来三维成像声呐发展的全球风向标。"Echoscope4G®"是 Coda Octopus 公司研制的第四代实时三维成像声呐。该系列产品是世界上分辨率最高的实时三维成像声呐，距离分辨率高达 2 厘米，其最小探测距离 0.5 米，最大探测距离 150 米（发射信号频率 240 千赫兹），最大刷新速率 20 赫兹，具有双发射基阵，支持双频工作模式（375/630 千赫兹）或者三频工作模式（240/375/630 千赫兹），后期可通过软件选择。产品具有轻小、低功耗、低成本、可编程等特点。

国内对三维成像声呐进行研究的单位主要有苏州桑泰、中国船舶第七一五研究所、浙江大学、哈尔滨工程大学等。苏州桑泰研制的便携式高分辨率水下三维成像设备开角范围为 48 度 × 48 度，距离分辨率可达 3 厘米，具有体积小、重量轻、低功耗等特性，可满足潜水员手持或者搭载 ROV、UUV 等平台使用。中国船舶第七一五研究所和浙江大学共同研制的"DZT"型三维声学摄像声呐，工作频率30万赫兹，能够对200米以内、50度×50度开角范围的目标实时成像，距离分辨率2厘米，显示帧率最大10赫兹，具有运动目标实时检测、动态分类和三维目标识别等功能（图2.27）。

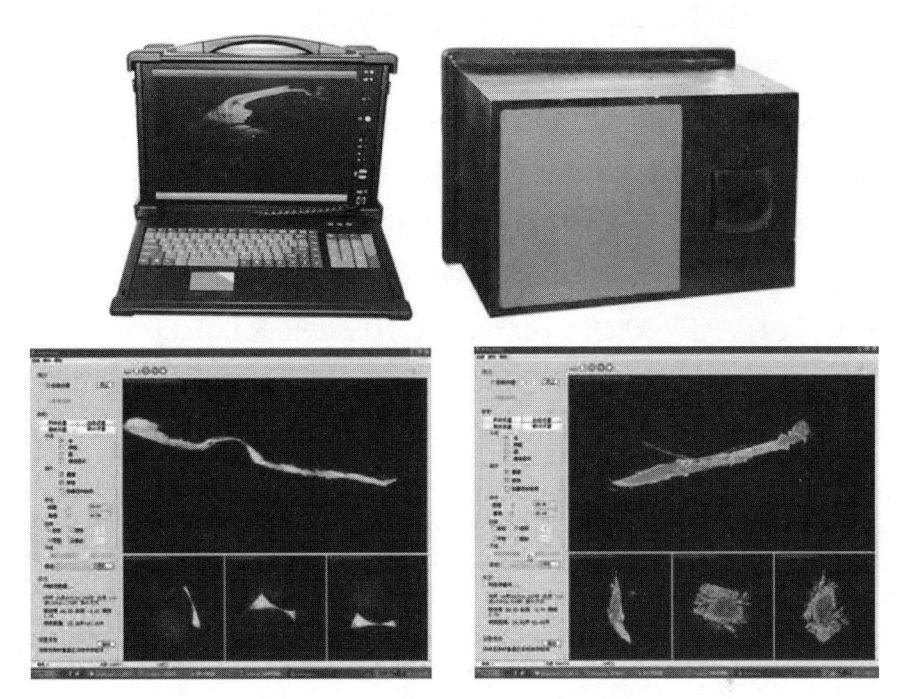

图2.27　DZT型三维声学摄像声呐

在三维成像声呐方面，国内外水平存在较大的差距。美国已经将增强现实技术与三维成像声呐技术相结合，并应用于海军装备。国内三维成像声呐起步晚，部分功能已达到国外先进水平，但在图像处理上与国外还有较大的差距。

（三）侧扫声呐

侧扫声呐技术起源于20世纪50年代，是由英国国家海洋研究所在1958年开创的。随着各国对海洋资源的开发，侧扫声呐技术受到热捧。20世纪60年代，继英国海洋研究所推出首个实用型侧扫声呐系统后，世界各国相继开发出了多种型号的侧扫声呐系统。80年代后期，计算机的普及促进了侧扫声呐数字化的进程，从仪器制造到数据采集及后处理都发生了根本性的变化。

目前国外侧扫声呐仪器生产商主要以克莱因（Klein）和埃奇泰克（Edgetech）两大品牌为主，其产品各具特色。美国Klein公司的"Klein5000"侧扫声呐，采用多波束控制和数字动态聚焦技术，高速侧扫的同时获得高分辨率的声呐图像；美国的

Edgetech 公司的"Edgetech6205"测深声呐将条带测深和双频侧扫声呐系统进行高度集成,采用 10 个接收传感器和一个分离式传输元件,大数量的传输通道在抑制多路径效应、增强反射回波方面具有较好的表现,可在浅水环境消除常见的噪声,实时产生高分辨率的三维海底地形图;美国 Benths 公司研发的"C3D"测深侧扫声呐系统采用多阵列换能器和加拿大的西蒙菲莎(Simon Fraser)大学独家授权计算到达角度瞬时成像专利算法,测深精度达 5 厘米,侧扫精度达 4.5 厘米;Ping DSP 公司研发的"DSS-DX-450 3D"侧扫声呐采用自主研发的"CAATI"技术,可以准确地显示水体和海底复杂的几何结构,是浅水区精细探测的不二选择。来自丹麦的"水声呐"在浅水区同样具有较强的适用性,采用相位差分算法,多个传感器协同工作,通过干涉测量法计算底部坐标,可以获取非常精细的地貌特征。法国的 IXBLUE 公司近几年推出的一款高性能的合成孔径声呐系统"SHADOWS",利用对目标多次发射声脉冲波束聚焦算法,有效提高了大量程的分辨率。

相比国外,国内对侧扫声呐技术的研究相对滞后。华南理工学院和中国科学院声学研究所最早开始了相关的研究,1972 年研制出了舷挂式的侧扫声呐,1975 年中国科学院声学研究所又推出了拖曳式的侧扫声呐,装备在海测部队进行试验。1996 年中国科学院研制的"CS-1"型侧扫声呐系统,10 万赫兹和 50 万赫兹双频探测解决了分辨率和作用距离的矛盾,达到了当时国际先进水平。2000 年,中国科学院声学研究所把侧扫、浅剖和测深声呐集中在一起,为三维侧扫声呐的出现提供了机遇。

21 世纪,国家更加重视维护海洋权益,"十五"期间制定的"863"计划中有对侧扫声呐研制的相关专题,加快了侧扫声呐系统国产化的进程。目前国内侧扫声呐生产商主要有中国科学院声学研究所、北京联合声信海洋技术有限公司等。北京联合声信海洋技术有限公司研发的"DSS3065"双频侧扫声呐采用全频谱"Chirp"调频技术,30 万赫兹和 60 万赫兹同时工作,垂直航迹分辨率达 2.5 厘米,相比国外同类产品性能相差不大,但由于侧扫声呐系统的复杂性,要完全实现产品国产化还有很长的路要走。

经过调研和分析,发现以下机构是国内外代表性的侧扫声呐研制机构,如表 2.14、表 2.15 所示。

表 2.14 国内外代表性侧扫声呐研制机构

机构名称	所在国家
伍兹霍尔海洋研究所	美国
埃奇泰克(Edgetech)公司	美国

续表

机构名称	所在国家
克莱因（Klein）海洋系统公司	美国
海洋声呐技术公司	美国
R2Sonic 公司	美国
Sound Metrics 公司	美国
Syqwest 公司	美国
特雷德恩测深公司	美国
Wesmar 公司	美国
蓝景（Blue View）科技公司	美国
中国科学院声学研究所	中国
中国科学院海洋研究所	中国
中国电子科技集团公司第三十六研究所	中国
中国船舶重工集团公司第七一五研究所	中国
中国科学院深海科学与工程研究所	中国
中国科学院物理研究所	中国
中船重工集团七五〇研究所	中国
韩国海洋科学技术研究所	韩国
加拿大海洋网络公司	加拿大
Kongsberg 公司	挪威
特雷德恩雷声公司	丹麦
Tritech 国际有限公司	英国
声呐设备服务公司	英国
EvoLogics 公司	德国
EIVA 公司	丹麦
Marport 公司	加拿大
iXblue 公司	法国
GeoAcoustics 有限公司	英国
JFE Advantech 公司	日本
三井造船株式会社	日本
Kurs 研究与生产企业	俄罗斯
Morinformsystem-Agat 关注公司	俄罗斯

表 2.15 国内外代表性侧扫声呐技术的理论研究机构

机构名称	国家及地区
中国科学院声学研究所	中国
中国海洋大学	中国
哈尔滨工程大学	中国
武汉大学	中国
北京邮电大学	中国
大连理工大学	中国
上海交通大学	中国
海军水下战争中心	美国
伍兹霍尔海洋研究所	美国
得克萨斯大学奥斯汀分校应用研究实验室	美国
麻省理工学院	美国
国家海洋中心	英国
南安普敦大学	英国
斯特拉斯克莱德大学	英国
海法大学	以色列
东京大学	日本
长崎大学	日本
韩国海洋科学技术研究所	韩国
釜山国立大学	韩国
台湾大学	中国台湾
印度国家海洋信息服务中心	印度
印度国家海洋研究所	印度
南非水生生物多样性研究所	南非
牛津大学	英国
剑桥大学	英国
巴斯大学	英国
卑尔根大学	挪威
挪威科技大学	挪威
特罗姆瑟大学	挪威
哥德堡大学	瑞典
皇家理工学院	瑞典

续表

机构名称	国家及地区
赫尔辛基大学	芬兰
欧洲大学	芬兰
图卢兹大学	法国
波尔多大学	法国
布雷斯特大学	法国
加州大学圣迭戈分校	美国
斯克里普斯海洋研究所	美国
华盛顿大学	美国
迈阿密大学	美国
杜克大学	美国
夏威夷大学马诺阿分校	美国
国家海洋与大气管理局	美国

三、惯性导航传感器

美国在惯性导航传感器技术研究方面一直处于世界领先地位。美国的惯性导航传感器技术应用涵盖了多个领域，包括航空、航天、汽车、军事、民用等。美国航空航天局（NASA）在惯性导航传感器技术方面有着深入的研究和探索，其应用于火星探测器和国际空间站等项目中。20 世纪中期，美国开始了捷联惯性导航系统的研制，最终在阿波罗-13 宇宙飞船上作为备用导航设备得以成功应用，从而使得各国对捷联惯性导航产生了浓厚的兴趣。

惯导系统的精度，成本主要取决于惯性传感器——陀螺仪和加速度计的精度和成本。从 20 世纪 50 年代的液浮陀螺仪到 20 世纪 60 年代的动力调谐陀螺仪；从 20 世纪 80 年代的环形激光陀螺仪、光纤陀螺仪到 20 世纪 90 年代的振动陀螺仪以及目前报道较多的微机械电子系统陀螺仪，每一种新型陀螺仪的出现都使惯导系统的性能与价格比提高一大步。

第一代平台惯性导航系统采用精密稳定平台，陀螺仪采用液浮或静电悬浮陀螺仪，不仅体积重量大，而且系统性能受机械结构的复杂性和极限精度的制约，再加上产品可靠性和维护方面的问题，成本十分昂贵，只有战略武器上才使用这类惯导系统。20 世纪 60 年代，动力调谐陀螺仪技术成熟，精度达到惯性级，常规武器上才开始大量装备惯导系统。用动力调谐陀螺仪制造的惯性导航系统，被称为第二代惯导系统。20世纪80年代，激光陀螺仪技术成熟，它的出现为捷联惯导系统提供了理想器件。用它制造的惯性导航系统，被称为第三代惯导系统。

近年来，微电子技术已被用来制造微机械装置，微机电系统（MEMS）异军突起。MEMS技术制造的惯性传感器成本低廉，它的出现使惯导系统正由"贵族"产品走向"货架"产品。鉴于MEMS惯性传感器的众多优点，目前世界上许多著名的惯性技术研究机构都在开展MEMS惯性传感器及其系统的研究，其中主要有美国的Draper实验室，Litton实验室，霍尼韦尔（Honeywell）公司，麻省理工学院以及挪威和日本芯片制造公司，挪威高等院校。20世纪80年代中期，美国Draper实验室首先提出了微机械陀螺的概念，并于1988年率先研制出了框架式角振动陀螺仪，此后又先后推出了振动陀螺仪和振动轮式陀螺仪，该系列MEMS陀螺仪的漂移由1994年的4 000度每小时迅速提升到2000年的优于10度每小时。2002年，美国喷气实验室开发了一种用于飞行器的MEMS陀螺仪，性能指标达到1度每小时。此外在同一年，美国成功研制出了世界上第一个商用的MEMS陀螺仪，其测量量程300度每小时，漂移30度每小时。2010年，Honeywell公司研制的MEMS陀螺仪漂移已优于0.03度每小时，已可用于寻北，但由于出口限制等问题，该系列产品目前仅限美国军方使用（图2.28）。

目前，国外主要技术理论研究机构主要有：

美国MIT惯性传感器实验室。美国麻省理工学院（MIT）惯性传感器实验室成立于1976年，是惯性导航传感器技术领域的重要研究机构之一。该实验室主要致力于惯性传感器的设计、制造、测试及其应用领域的研究。该实验室的主要研究方向包括MEMS惯性传感器、惯性导航、光纤陀螺仪、磁性传感器等。该实验室在研发微型惯性传感器和MEMS陀螺仪方面处于国际领先水平。

法国索邦大学（Université Paris-Sud）惯性导航实验室。法国索邦大学惯性导航实验室是法国国家科学研究中心（CNRS）下属的实验室，是法国重要的惯性导航技术研究机构之一。该实验室主要研究领域包括惯性导航、基于MEMS技术的惯性导航传感器、卫星导航等。该实验室在MEMS惯性传感器和高精度惯性导航领域取得了较为突出的成果。

俄罗斯科学院联合研究所。俄罗斯科学院联合研究所是俄罗斯惯性导航传感器技术领域的重要研究机构之一。该研究所的主要研究方向包括高精度惯性导航、卫星导航、光纤陀螺仪、MEMS惯性传感器等。该研究所是俄罗斯重要的惯性导航技术研究

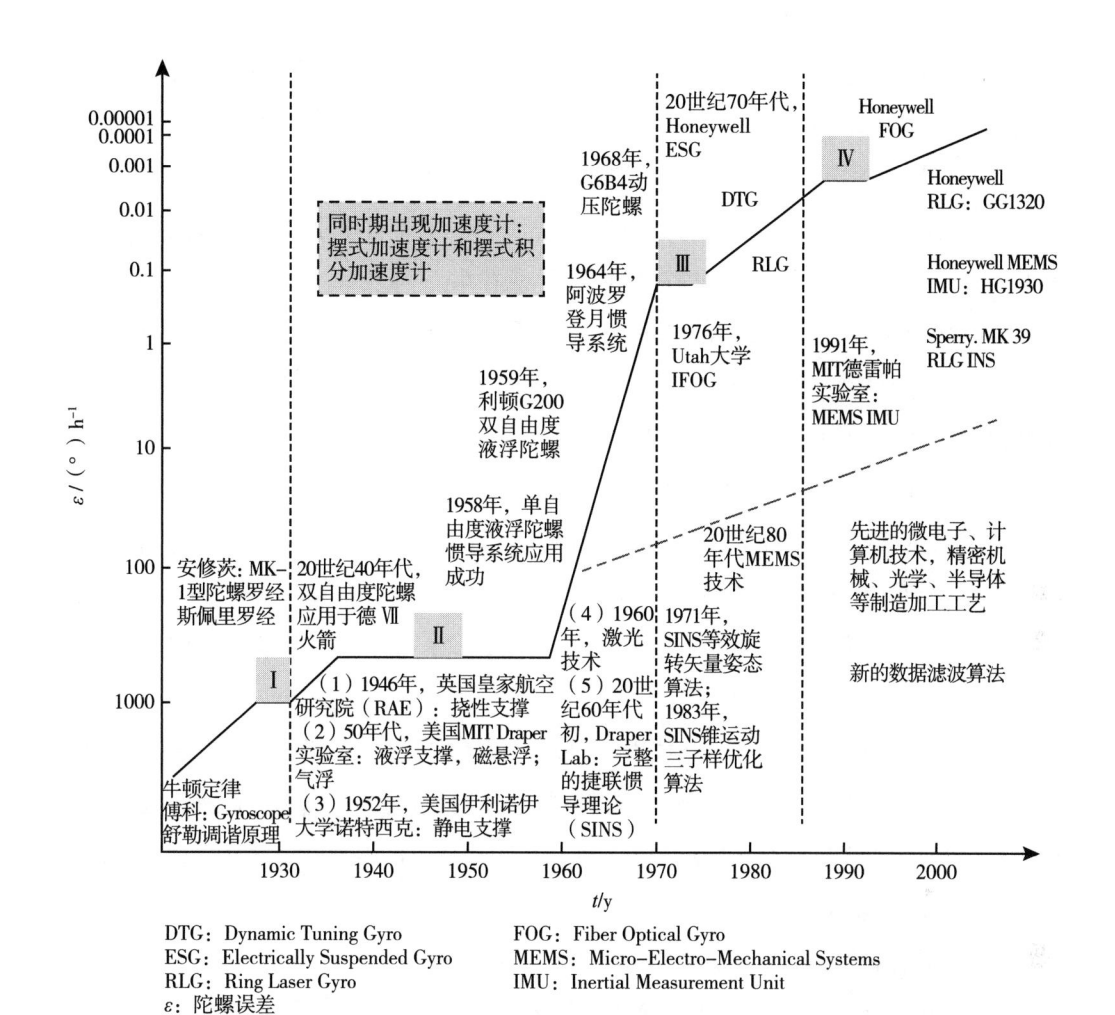

图 2.28 惯性技术发展历史

机构之一，曾经在苏联时期研制出多款高精度惯性导航系统，如"银河"系统和"欧洲"系统等。

德国空间研究中心（DLR）。DLR 是德国领先的航天科学研究机构之一，同时也在惯性导航传感器技术方面有着较深入的研究。该中心的研究方向包括 MEMS 惯性传感器、光纤陀螺仪、高精度惯性导航等。该中心还与其他国际研究机构合作开展了多项联合研究项目，如在 MEMS 惯性传感器方面与法国索邦大学合作等。

国外惯性导航传感器技术厂商主要来自以下几个国家：

美国是全球惯性导航传感器技术最为先进的国家之一，主要有以下几个领域的厂商。Honeywell 公司：该公司是全球领先的惯性导航技术厂商之一，产品包括高精度惯性导航系统、MEMS 陀螺仪等。诺斯洛普·格鲁曼（Northrop Grumman）公司：该公司是美国航空航天领域的龙头企业之一，主要生产惯性导航系统和惯性测量单元。罗克韦尔·柯林斯（Rockwell Collins）公司：该公司是全球领先的航空电子系统供应商，产品包括惯性导航系统、MEMS 加速度计等。

欧洲惯性导航传感器技术的研发也非常活跃，主要有以下几个领域的厂商。萨格米（Safran）：该公司是欧洲领先的惯性导航技术厂商之一，主要生产光纤陀螺和 MEMS 惯性导航仪。德纳歇尔（Dornier）：该公司主要生产高精度光纤陀螺和 MEMS 惯性导航仪等。特鲁姆夫（TRUMPF）：该公司生产的惯性导航传感器产品包括 MEMS 陀螺仪和 MEMS 加速度计等。日本惯性导航传感器技术的研发水平也非常高，主要有以下几个领域的厂商。三菱电机公司（Mitsubishi Electric）：该公司生产的惯性导航传感器主要包括光纤陀螺和 MEMS 加速度计等。日立制作所（Hitachi）：该公司主要生产高精度光纤陀螺和 MEMS 惯性导航仪等。新明和工业（ShinMaywa Industries）：该公司生产的惯性导航传感器产品包括 MEMS 陀螺仪、MEMS 加速度计和惯性导航系统等。

总之，国外惯性导航传感器技术的研发水平也非常高，尤其是在高端市场领域，例如军事、航空航天、导航等方面具有较强的市场竞争力和创新力。此外，国外的惯性导航传感器技术在 MEMS 领域也有一定的优势，例如 MEMS 加速度计和 MEMS 陀螺仪的研发应用较为广泛。

我国国内惯性导航传感器技术的发展始于 20 世纪 50 年代初期。经过多年的研究和发展，中国已经成为惯性导航传感器领域的重要制造国和应用国家之一。

20 世纪 50 年代初期，中国开始研制惯性导航系统。当时采用的是机械式陀螺和振动式加速度计，其性能较差，但对于当时的军事需求已经可以胜任。

20 世纪 70 年代初期，中国开始引进欧美的惯性导航技术，并建立了相应的研究机构和生产基地，例如中国科学院上海仪器科学研究所、中国电子科技集团公司第三十八研究所、中国航天科技集团公司第五〇八所等。这些机构逐步掌握了 MEMS 惯性传感器、光纤陀螺等先进技术，推动了国内惯性导航传感器技术的发展。

20 世纪 90 年代开始，中国的惯性导航传感器技术进入快速发展阶段。1990 年，中国成功地研制出了第一台微型 MEMS 惯性导航传感器，标志着国内 MEMS 技术进入一个新的发展阶段。之后，国内企业开始逐步研制高性能陀螺仪、光纤陀螺、卡尔曼滤波惯导等多种型号的惯性导航传感器，并在航空航天、军事等领域得到了广泛应用。

21世纪以来，中国的惯性导航传感器技术继续向前发展。2015年，中国成功地发射了北斗三号卫星，成为全球第四个具有自主导航能力的卫星系统，标志着中国在惯性导航领域已经取得了重大突破。此外，中国在光电陀螺、惯性导航芯片等领域也取得了重要进展。

目前，中国科学院微电子研究所是中国惯性导航传感器技术领域的重要研究机构之一。该所的惯性导航传感器研究团队已经形成了较为完整的研究体系，包括MEMS惯性传感器、光纤陀螺仪、高精度惯性导航等。该团队在惯性导航传感器领域取得了多项重要成果，其中包括中国第一代MEMS陀螺仪、中国第一颗MEMS加速度计、高精度惯性导航等。

目前，国内惯性导航传感器制造商较为集中，主要有以下几家：①中国电子科技集团公司第三十八研究所：该公司是中国惯性导航传感器领域的龙头企业之一，产品包括MEMS陀螺仪、光纤陀螺、MEMS加速度计等。②中国航天科技集团公司第五〇八所：该公司主要生产高精度光纤陀螺、MEMS惯性导航仪等产品。③中国科学院上海仪器科学研究所：该公司生产的惯性导航传感器主要包括MEMS陀螺仪、MEMS加速度计等。④航天长峰科技股份有限公司：该公司生产的惯性导航传感器产品包括MEMS陀螺仪、MEMS加速度计、惯性导航系统等。

总之，国内惯性导航传感器技术已经取得了重要进展，未来将继续向更高精度、更可靠、更广泛应用的方向发展。

四、水下光学成像传感器

（一）水下激光成像技术

近年来激光技术得到了广泛研究与发展，激光被应用到水下成像技术，发展出了水下激光成像技术。采用激光能改善光的散射效应和吸取功率减退效应，这样一来水下成像质量得到了极大地提高，同时也增加了勘测距离。

激光成像技术有水下距离选通成像技术、同步扫描技术、条纹管激光成像和偏振成像技术。

1. 激光扫描水下成像技术

在十几年前美国已开始研究激光扫描水下成像系统，由于保密的原因，没有正式报道。目前，国外已研制出多种型号激光扫描水下成像系统，有的已成功地用于海下勘测、搜索和摄像。美国港口海洋研究所（HBOI）在水槽中进行了这2种体制成像系统的成像性能比较实验。该实验结果充分表明脉冲激光线扫描在同样距离上对比度要好于连续激光线扫描系统。西屋水下激光系统公司和应用遥测技术公司分别研制成功了各自的同步扫描激光水下成像系统，其中西屋公司的激光水下成像系统采用输出功率1.5瓦、工作波长为488纳米和514纳米的氩离子连续激光器，采用同步扫描技术，最大工作深度1 500米；摄像距离2.4~45米；俯视扫描宽度3~63米；扫描角范围15~70度。潜艇的前进速度为0.5~6节，能看清水下30米远直径为0.15米的物体；输出RSl70/CCIR标准视频。该系统被布设在潜艇下面，或者拖曳在水面舰船的后面。当船向前航行时，该系统就成像出海底的二维图像，水下观测和成像距离可达4个衰减长度，其图像分辨率和清晰度都很高。遥测技术公司的同步扫描系统的水下成像距离可以达到5个衰减长度。遥测技术公司的系统使用快速旋转的棱镜控制激光束扫描，目前该系统已装备潜艇。2001年，美国Lockheed Martin公司研制的一款激光扫描成像仪，在8米成像距离下的分辨率为3毫米，其采样频率可以达到160线每秒。

国内已有水下激光扫描成像技术的初步研究，如1996年，华中科技大学实现了激光单点水下扫描成像实验，达到60米左右的探测水深。中国海洋大学采用同轴同步飞线扫描方法进行了海试，该方法验证了采用激光输出功率50兆瓦情况下，混浊水质中观察距离可达4倍衰减长度。并且视场（水下90×30）较大，景深较大，无盲区。若激光的功率增大到1瓦时，混浊水中视距可达5.5倍衰减长度，能达到水下工程的观测要求。2009年，我国开始对基于条纹管的水下激光散射（LLS）成像理论进行研究，搭建了线激光加上条纹管的LLS成像系统。

2. 距离选通激光水下成像技术

距离选通激光水下成像技术的研究比较早，目前典型的水下距离选通激光成像系统有：

加拿大方面。目前典型的水下距离选通成像系统是加拿大国防研究所的LUCIE系列产品，装载在ROV上可工作在200米的海下，对港口和深海进行探测和监测。该产品至今已发展了三代。第一代LUCIE（1990—1996年）用于反水雷、可远程操控、直径30厘米、长度100厘米、功耗700瓦、重300千克。第二代LUCIE（1998—2006年）用于反水雷和搜救；系统由一个圆柱体组成，直径28厘米、长度70厘米、功耗250瓦、重45千克。第三代手持式LUCIE（2006—2009年）用于搜救；系统是宽20厘米、高10厘米、长25厘米的手持式系统，电池持续供电时间45分钟，功耗

50 瓦，重 5 千克。

美国方面。美国早在 1966 年就已开始研究。1994 年，Sparta 公司研制成功的距离选通激光水下成像系统采用闪光灯泵浦 Nd：YAG 激光器，其激光输出经倍频后产生 532 纳米的绿光，重复工作频率为 10 赫兹，转换成绿光的电效率为 1%，功耗为 250 瓦，系统视场达 12 度。此系统在港口水域中的成像距离是 500 瓦灯泡照射系统的 5 倍。1997 年，在美国海军支持下，SEO（Schwartz Electro-Optics）公司研制的水下激光距离选通成像系统 ULIS 采用二极管泵浦 Nd：YLF 激光器和三代像增强器，可实现三维测量，Z 轴分辨力为 10 厘米。对于 2.5×10^3 立方厘米的水雷，当水衰减系数为 0.004 每厘米时，最大探测距离 15 米，当水的衰减系数为 0.001 每厘米时，最大探测距离 50 米。最近美国 Sperry 海洋有限公司报道的实验室模拟结果表明，在衰减系数为 0.1 每米的水体中，观察距离与理论计算相近，达 160 米，在浑浊的近岸水体中，也能观察到 30 米距离。

其他国家方面。丹麦国防研究所的研究人员开发了一款高精度距离选通相机，可在几秒内构造出 3D 图像。该系统用于识别水雷。南洋理工大学研制了一款距离选通成像系统。主动光源采用 5 纳秒脉宽 532 纳米 YAG 激光器，单脉冲能量 160 毫焦，接收器采用 ICCD。利用该系统进行选通图像的自适应融合，可获得所有成像路径上的目标图像，增大了距离选通系统的影深。瑞典国防研究所，采用二极管泵浦 "Nd：YAG" 激光器，532 纳米蓝绿光重频 0.2 赫兹，平均功率 1 瓦，脉宽 5 纳秒；"GenII/Gen Ⅱ" 加上像增强器，选通门宽小于 6 纳秒，亮度增益最高 25 000；系统尺寸均为 15 厘米 × 50 厘米（直径 × 长度）；工作范围：3 ~ 100 米；最小可分辨距离 30 厘米；图像分辨率 768 × 576；功耗 80 瓦，重 30 千克。2006 年，该系统试验结果表明，距离选通系统的探测距离是传统摄像机的 2 倍，识别距离是传统摄像机的 1.5 倍。法国 IFREMER 距离选通激光成像系统采用二极管泵浦 Nd：YAG 激光器，波长 532 纳米，脉宽 10 纳秒，输出功率 2 兆瓦，发散角 0.6 毫弧度。接收器为选通型 ICCD，选通控制 5 纳秒至 20 毫秒，观察距离 0 ~ 70 米。

中国方面。北京理工大学与北方夜视公司合作，开展水下脉冲激光距离选通成像技术研究，采用 5 纳秒脉宽的距离选通 ICCD 成像系统和 "DPL Nd：YAG" 大功率脉冲激光器，研制成水下距离选通成像实验系统，实现了较好的水下探测效果。海军工程大学在 7 ~ 50 纳秒选通门宽下对不同开门时刻获得的水下目标图像进行了研究。西安应用光学研究所利用自行设计的距离选通水下目标探测系统对不同水质下的水下目标探测能力进行了实验研究，实现了二代像增强器的 10 纳秒选通以及三代像增强器的 3.3 纳秒选通。南京理工大学采用自行研制的循环步进延时距离选通系统进行了水下微光三维成像研究，该系统激光脉冲宽度 15 纳秒，选通控制精度 2 纳秒，选通门宽 40 纳秒，如表 2.16 所示。

表 2.16 国内外典型水下激光距离选通成像系统的参数对比

参数	瑞典 Aqua Lynx	加拿大 LUCIE	加拿大 LUCIE2	美国 SPARTA See-Ray	美国超短门宽距离选通系统	丹麦高精度 3D 系统	新加坡水下激光成像	北理工水下距离选通成像系统
激光器类型	Nd：YAG	Nd：YLF	Nd：YVO$_4$	Nd：YAG	Nd：YAG	Nd：YAG	Nd：YAG	Nd：YAG
波长（纳米）	532	532	532	532	532	532	532	532
平均功率（兆瓦）	1 000	50～500	2 000	—	300	140	—	2 500
帧频（赫兹）	0.2	30	30	30	—	50	—	25
探测距离（米）	6.7	7.35	—	6.4	6.5	—	—	6～7
识别距离（米）	4.8	>4.55	>5.0	5.6	—	—	—	5～6

3. 三维（3D）成像技术

三维（3D）成像技术研究方面，美国图森 Arctc 协会在海军研究局的资助下在实验室对基于条纹管技术的高分辨率三维成像系统进行了初步实验，确定了条纹管接收器的横向和距离分辨率。在亚利桑那大学光学科学中心的配合下，实现高分辨率三维图像。为了提高距离分辨率，Liet Cycles 公司研制出一种喇曼压缩激光器。使用这种 2 纳秒激光能大大提高距离分辨率，可以对水下 432 毫米高的目标进行清晰成像。

4. 偏振光成像技术

偏振光水下成像技术方面，国外从 20 世纪 60 年代起做了不少模拟实验。英国海军潜水医学研究实验室在游泳池中实验结果表明：在线偏振光源亮度一定的情况下，潜水员戴有检偏器观察时，其视觉锐度及观察距离反而不及不带检偏器观察为好。自由活动的潜水员还要经常调整其检偏器的偏振取向，操作十分不便。采用圆偏振光照明则无上述不便，且一些实验表明，大多数漫射目标倾向于使圆偏振光退偏振的程度优于对线偏振光的退偏振。美国海军水下研究及发展中心、海军武器试验站对用圆偏振光照明提高能见度作了模拟实验，取得了肯定结果，并测量了漫射目标及水体的偏振系数。

近几年来国内的西安光机所、长春光机所、上海光机所和天津电视技术研究所、北京理工大学、华中理工大学、东南大学等单位均对水下成像系统进行了研究，但与国际先进水平相比还有很大的差距。

（二）水下普通成像技术

水下摄影机主要分为两类，一类是工业单摄像头和立体摄像头系统，主要用于水产养殖或渔业以及搭载在水下机器人ROV或AUV上；另一类是现成的高分辨率数码相机，这类摄像机通常需要潜水员操作。与普通的摄像头不同，工业摄像头的主要功能是将外界输入的光信号转换为可被电子系统处理的电信号输出，在成像原理方面与普通数字相机大致相同。相比传统的普通摄像头，工业摄像头具有较高的图像稳定性、高传输能力和高抗干扰等特点。

国外有众多企业生产水下摄影机，核心厂商主要包括Kongsberg、Hernis Scan Systems、Rugged Marine、Inuktun Europe和Remote Ocean System等。近年，麻省理工学院的研究人员开发了一种由声波供电的无电池无线水下摄像机，比其他海底摄像机的能源效率高出约100 000倍。该设备即使在黑暗的水下环境中也能拍摄彩色照片，并通过水中无线传输图像数据（图2.29）。

国内同类产品与国外产品并没有太大的差距。2017年，李学龙团队研制了我国首套全海深高清相机"海瞳"，解决了深海高压环境下高清视觉数据获取的难题，攻破了全海深干舱密封，水下光学像差校正，色彩复原和水下图像增强等关键技术。相机适用水深0至11 000米，水下视场角达60度，分辨率1 920×1 080，水下重量为10千克，在我国深海科考史上首次完成全海深的高清视频获取，相关技术指标达到国际先进水平。研制的"海瞳Ⅱ"全海深高清相机，于2018年再次进行了马里亚纳海沟科考任务，采集到140小时有效高清视频，填补了多项海洋科研领域空白。2021年，中国科学院半导体研究所研发的"水睛"水下高分辨率环视摄像机完成了针对水下礁盘的摸底海试工作，可实现水下高分辨率大视角的光学成像，具备180度环视走航观测和360度原位环视观测2种模式，取得了较好的进展。2020年12月，全国首个全自主产权的商用深海高帧率超高清网络摄像机，由杭州电子科技大学、浙江大华技术股份有限公司和杭州瀚陆海洋科技有限公司联合打造问世，并顺利通过海上试验。

(a) Teledyne Surveyor-HD-Pro 摄像机 　　(b) Kongsberg OE14-504 摄像机

(c) Imenco spinner shark 摄像机 　　(d) OceanTools C3 系列海底相机

图 2.29　不同品牌摄像机/相机

五、水声定位传感器

对于水声定位系统，它包含被动和主动 2 种形式。被动定位技术主要指通过被动地接收目标辐射噪声来确定水下目标位置，主要有三元子阵法、水下 GPS 定位和匹配场处理法。主动定位技术主要指通过声应答的方式实现水下目标定位，需要设置声基阵，并依据声基阵的基线长度分为长基线（Long Baseline，LBL）定位系统、短基线（Short Baseline，SBL）定位系统和超短基线（Ultra Short Baseline，USBL）定位系统。有关水下导航定位技术的具体分类如图 2.30 所示。

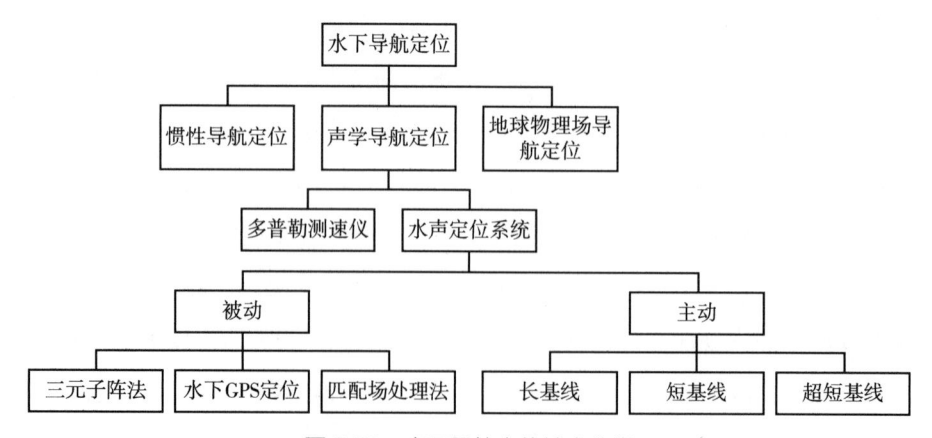

图 2.30　水下导航定位技术分类

水声定位传感器技术自20世纪50年代末正式登上历史舞台，至今已经历了近60年的发展，产生出多种基于声学方式的定位原理和定位系统，越来越多的公司也逐步推出成熟的、系列化的产品。目前从事水声定位传感器技术的国际领先国家与机构如表2.17所示。

表2.17 水声定位传感器技术代表性国家与机构

机构	国家	技术与产品	优势应用领域
Sonardyne 公司	英国	超短基线、长基线、综合定位	海洋油气田开发
Kongsberg 公司	挪威	超短基线、长基线、综合定位	动力定位、潜器对接
Ixsea 公司	法国	超短基线、长基线、声学/惯性一体化	深海科学考察
Nautronix 公司	澳大利亚	超短基线、长基线、综合定位	海洋钻矿
ORE 公司	美国	超短基线	低精度
ASCA 公司	法国	水下全球定位系统	水下搜救
伍兹霍尔海洋研究所	美国	潜载超短基线，声学/惯性一体化	潜器对接
Scripps 海洋研究所	美国	静态厘米级定位技术	海底板块位移的测量
东京大学	日本	静态厘米级定位技术	海底板块位移的测量

可以看出，随着水声定位传感器技术不断趋于成熟，它不再局限于军事上的应用，而更加广泛地出现在民用领域。同时也可以看到，国外由于较早地开展水声定位传感器技术的研究，它们的产品占据了全球绝大部分的市场，特别是法国、美国、挪威、英国等公司的产品，基本涵盖了水声定位传感器的所有范畴。

而经过20年的努力，我国水声定位导航技术与某些发达国家相比逐步缩小了差距，现如今在某些技术上已经处于局部领先的地位，扭转了以前"跟跑"的局面，这建立了国内用户对国产设备的信心，逐步由只使用国外设备转向更青睐于国内技术，并为我国水声定位导航产业的快速发展奠定了技术基础。近年来，得益于国家政策引导和市场需求，水声定位导航行业涌现出一大批技术研发、生产及服务的厂家，如江苏中海达海洋信息技术有限公司、嘉兴易声电子科技有限公司、青岛明深信息技术有限公司、中国科学院声学研究所嘉兴工程中心、杭州瑞利科技有限公司、青岛海研电子有限公司等。与国外的厂商相比，国内技术提供方能够根据用户需求进行定制，并且快速响应，而且在后期的设备维护适用和技术支持上更具优势。

江苏中海达海洋信息技术有限公司，自2014年以来逐步推出了iTrack系列的超短基线、长基线等水声定位产品,其中 iTrack UB 1000 系统于 2015 年在长江上海段为中船勘察设计研究院有限公司的水下铺排施工检测项目提供了高精度排体定位服务。嘉兴易声电子科技有限公司以研发声学导航定位声呐及海洋环境测量声呐为主,定制开发的长基线定位系统,主要为水下试验提供水下目标精确定位,为试验组织指挥提供辅助决策,为试验结果分析、评定提供依据。在 2017—2018 年多次的定位实验中,系统工作稳定可靠,成功为试验组织提供精确而可靠的定位数据。青岛明深信息技术有限公司完成哈尔滨工程大学水声定位导航技术的成果转化,在装船样机基础上,形成了系列化水声定位导航声呐货架产品。产品之深海高精度水声综合定位系统集超短基线、长基线于一体,为水下潜器提供高精度定位服务。

(一)三元子阵法

三元子阵法是 20 世纪 60 年代后期发展起来的噪声测距方法,三元子阵法一般包括方位法和时差法,其共同特点是都使用间距相当长的三个子阵,子阵本身具有一定的指向性,从而可获得良好的空间处理增益。一般来说,方位法的测距误差较大,实际被动声呐测距常使用时差法,其定位原理是利用球面波或柱面波的波阵面曲率变化来测量每个阵元之间的相对时延从而估算定位目标的方位和距离。

针对三元子阵法,国外发展了比较长的时间。法国研制的"DUUX–5"是 20 世纪 60 年代最为著名的声呐,不过受限于当时的电子电路技术,该设备可靠性非常差,经过后续不断的改良和创新发展,80 年代发展起来的"DUUX–27"已经具有国际先进水平。我国在 80 年代也开始研究并自行研制成功了被动测距声呐。与此同时,我们抓住了电子信息技术的快速发展的重要机遇,在技术上取得了重大突破,现在不仅可以利用对称三元阵对目标进行测距定位,而且还攻克了非对称的三元阵测距的技术,实现了近程测距。

(二)水下全球定位系统(GPS)

水下 GPS 定位技术的设计灵感来自 GPS,通过水下目标向水面浮标发射定位信号,水面浮标接收到水下信号后可进行位置解算,具有很高的灵活性。近年来国际上已基本形成关于水下 GPS 定位系统的共识,它集通信、水声定位和卫星导航定位技术于一身,利用空间 GPS 系统在海洋中布放一系列声呐浮标,形成网格,在水面用空间 GPS 将安装有 GPS 接收机的浮标作为基元获取自身位置信息,通过球面或者双曲面算法实时求解水下目标位置;在水下用水声与通信,给水下机器人传递信息,可较好地解决水下运动目标的实时精确定位问题。

国外对于水下 GPS 定位技术的研究比较早。法国的 ACSA 公司于 1995 年研发了第一套 GPS 智能浮标并海试成功，其定位精度可达 1~10 米。2001 年，该公司还为美国海军开发了全球第一套水下 GPS 目标跟踪系统，对水下哑弹爆破、水雷对抗和水下搜救等任务起到很大作用。美国也利用自身在水声通信方面的优势，结合法国在水下定位技术方面的优势，向市场推出高性能的水下 GPS 产品。另外，德国、英国等国家也有研发类似的"智能 GPS 浮标"。我国首套水下 GPS 高精度定位导航系统在国家"863"计划的资助下于 2004 年 1 月研制成功，并在浙江省千岛湖进行试验，结果表明该系统精度高、功能强、自主化程度高。尽管没有高精度原子钟和声线补偿装置，但在当时无论是测量精度、水下自动化程度，还是应用范围等方面都优于国外的水下 GPS 系统，研究成果达到了国际先进水平。

（三）长基线定位

长基线水声定位系统的基阵长度一般在几百米到几千米的量级，它通过测量水下目标声源到各个基元间的距离来确定目标的位置。

国外在长基线水声定位技术方面经过半个多世纪的研究，积累了大量的经验和知识，发展比较成熟，并有大量研究成果被实际应用到军事测量、科学研究和商业开发领域中，也促进了一大批具有代表性的研发团队和商业产品的形成，比如说挪威的 Kongsberg 公司的 HPR 系列产品、英国的 Sonardyne 公司的 Prospector 系列 LBL 和 Fusion 6G 系列 LBL 以及法国的 IXBLUE 公司深水型长基线系统等。我国长基线水声定位技术的发展始于 20 世纪 70 年代末，经过几十年的努力取得了一定的成果。另外，针对长基线定位的相关技术，比如水声测距精度的提高、声线修正的方法、声信标的标校等方面，国内也有大量学者进行了理论研究和试验验证。

（四）短基线定位

国内外关于短基线定位系统均有相关研究。国外方面，1963 年出现第一套短基线水声定位系统，之后随着海洋技术和电子信息技术的发展，水声定位技术不再被军事应用垄断，逐渐走向商业化，出现越来越多民用水声定位系统，如澳大利亚的 Nautronix 公司生产的短基线产品，具有定位精度高、抗干扰能力强、工作范围广等优点，被广泛应用于深海调查。国内方面，哈尔滨工程大学在 1991 年研发了一种基于短基线的定位系统，可追踪鱼类、活动靶、固定靶等目标。

（五）超短基线定位

目前国外超短基线定位技术比较成熟，已经实现超短基线定位系统的产品化、产业化、系列化，如法国的 IXBLUE 公司的"POSIDONIA II"新一代远程超短基线定位系统、挪威的 Kongsberg 公司的 Hi PAP 系列超短基线定位系统、英国的 Sonardyne 公司的"Ranger2"超短基线产品、美国的 Link Quest 公司的"Track Link 10000"浅水超短基线定位系统、德国的 Evologics 公司的 S2CR 系列超短基线定位系统等。国内在国家的持续支持下，已成功研制出远程超短基线定位系统，打破了国外技术长期垄断的格局，且自 2012 年起就正式装备于我国系列远洋科考船上，如"大洋一"号、"科学"号、"向阳红 09"号和"探索一"号等，并已经执行了多次科考任务。

第三章

深潜装备运营与应用

第一节 研发与运营模式

一、国外深潜装备研发与运营模式

从下述几个发达国家的典型载人潜水器可以看出，因其研制背景、政治体制、理念及需求等，形成了各异的研发与运营机制，但均能够有效保障深潜装备的正常运行，并取得诸多的科学成果。综合比较，其研发与运营机制各有差异，同时也有一些共同点，如国家财政支持结合市场化有偿服务的投入机制、严密的应用计划管理（提前申请、评议）、建立专门的使用管理基地和科学研究依托单位、多数研发单位与应用单位为同一单位、其保障团队基本由研发人员或经系统培训的人员组成、多数致力于建设装备开放共享平台（面向国内或国际）等。

（一）日本

日本在 1971 年就专门成立了海洋科学技术研究与发展核心机构——日本海洋科学技术中心（Japan Agency for Marine-Earth Science & Technology，JAMSTEC）。JAMSTEC 于 2015 年再次统筹全日本海洋研究力量，成立了新的机构——国家研究发展局（National Research and Development Agency），完成了全国海洋研究力量的整合，集中开展与海洋开发有关的科学技术的综合试验研究。目前 JAMSTEC 设有 6 个研究中心，实际已成为统筹全日本海洋研究领域的集权核心机构。JAMSTEC 拥有日本大部分的科考船舶和调查装备，可以满足海洋调查各个深度的研究需求。

典型案例包括：

1. 日本海洋科学技术中心（JAMSTEC）

JAMSTEC 是日本的一个独立行政法人，主要致力于海洋科学和技术的研究和发展。下面是JAMSTEC的研发、组织、管理和保障等运行模式的概述。

JAMSTEC的研究领域包括海洋、地球、大气和行星科学。该机构的研究目标是开发先进的科技和技术，以推动对海洋、地球和行星的全面探索和理解。为了实现这个目标，JAMSTEC开展了一系列研究项目，包括深海探测、海底地震研究、生物多样性研究、海洋污染控制，等等。

JAMSTEC的组织结构包括5个研究部门，即海洋技术与工程部门、海底资源开发部门、海洋生命科学部门、海洋地球科学部门和环境管理部门。此外，该机构还设有一些专门的研究所和实验室，如地震海洋研究所、深海科学技术中心、潜水技术中心等。JAMSTEC的管理层由理事长、副理事长、董事和监事组成，负责制定机构的研究方向和管理政策。

JAMSTEC的保障措施包括设施和设备的维护和管理，科学家和研究人员的培训和支持，以及安全和环保措施的制定和执行。该机构拥有大量先进的设施和设备，如"钻石"号和"千年"号等深海探测船，以及各种实验室、计算机系统和数据存储设备。为了确保这些设施和设备的正常运行，JAMSTEC设有专门的技术和工程团队进行维护和管理。此外，该机构还为科学家和研究人员提供各种培训和支持，以提高他们的技能和知识水平，为机构的研究工作提供更好的保障。

JAMSTEC的运行模式具有"垄断性""综合性"和"灵活性"。JAMSTEC将深潜装备的研发和科学研究两大业务体系融于一体，极大增强综合性，打通了科学需要与工程应用交流的通道，极大地提高了作业效率和科学研究产出；在运行机制方面JAMSTEC是由"国家+民间"共同运作的半官方管理运行模式，具有极大的灵活性。充足的科研经费来源、良好的专家治学机制、先进的科研装备和一流的人才团队是保持不断发展的优势因素，而充满活力的管理机制是联系并激活这个优势的神经中枢。通过政府拨款、会员会费及企业赞助等多渠道资金融合，使JAMSTEC年度经费高达4.5亿美元，这种国家认可，产、学、官的密切协作，充满活力的管理机制是使其在全球海洋科研机构中始终保持领先地位的优势。

（1）主要装备

①多用途深海无人潜水器"深海（Shinkai）6500"（2012年进行了多次科学考察和探索）。

②7 000米级工作级遥控潜水器"KAIKO 7000 Ⅱ"（2013年首次深潜）。

③次世代多用途深海无人潜水器"Shinkai 20000"（2018年完成试制，2020年进

行了首次深潜）。

（2）主要工作

①使用深潜装备，JAMSTEC 的科学家们发现了世界上最深的海底热液区域，并且发现了很多新的物种和生态系统。研究所的科学家们使用深潜装备对海底地形进行了高精度的测量和绘制，并且研究了海底地形与海洋环流、海底地震等方面的关系。

② JAMSTEC 还研究了深海环境对人类活动的影响，例如深海油气勘探、深海废物处理等问题，并提出了一系列的环境保护和管理建议。

2. 东京大学大气海洋研究所

东京大学海洋研究所致力于开展海洋科学研究，包括海洋环境与生态系统、海洋地质学、海洋化学、海洋物理学等多个领域。研究所采用跨学科的研究方法，结合实验室研究和现场实验，在海洋深潜装备方面也有着丰富的研究经验和技术储备。

研究所拥有多个研究部门，包括海洋环境动力学、海洋地球系统科学、海洋生物资源、海洋工程与技术等，每个部门都有专门的研究团队。此外，研究所还与其他国内外的海洋研究机构和大学保持着密切的合作关系，以加强研究和交流。

研究所设有行政部门，包括财务、人力资源、采购等部门，负责管理机构的运作。此外，研究所还设有安全保障部门，确保研究过程的安全和有效性。

研究所在海洋深潜装备方面拥有先进的技术和设备，如深潜船、遥控深潜器等，可以支持科学家们进行深海勘探和研究。研究所还提供必要的保障服务，如研究船的物资供应、医疗保障等，确保研究人员的安全。

（1）主要装备

①深海探测器"浪速"（Wakame）号：最大潜水深度 7 000 米，装备有高清相机、声学成像仪、多普勒流量仪等各种观测设备。

②无人深潜器"ABISMO"号：最大潜水深度 6 500 米，可搭载多种科学仪器和设备，例如温盐深流测量仪、多普勒流速计、相机等。

③自主式水下滑翔机"Slocum Glider"号：能够自主在水下进行长时间、大范围的观测和采集数据，可搭载多种传感器和采样装置。

④此外，该机构还拥有浮标观测系统、遥控航行器等多种海洋科学研究设备。

（2）主要工作

① 2013 年，"浪速"号成功完成了西太平洋海底钻探，发现了历史上最大的单体

火山峰——塔姆火山；

②2014年，"浪速"号在南海进行海底地形测量，测量面积约为日本面积的两倍，揭示了南海底部地形的细节和演化历史；

③2016年，"浪速"号在西太平洋的马里亚纳海沟成功探测到了深度为4 775米的海洋地震带，填补了该区域的地震地质知识空白；

④2017年，"浪速"号在南太平洋探测到了一个巨大的海底岩浆室，揭示了该区域的火山地质过程；

⑤2018年，"浪速"号在太平洋洋底完成了一项全球首次试验，通过向海底注入人工热液，成功培养了新型的海底生命体系。

这些成果不仅为深海科学研究提供了宝贵的数据和信息，也推动了海洋科学领域的发展和技术进步。

3. 东京海洋大学

东京海洋大学开设有海洋科学、渔业科学、海洋技术科学等学科，致力于推动海洋相关学科的研究和创新。在深潜装备方面，东京海洋大学研发了多种装备，如深海探测器、水下机器人等，为海洋科学的发展作出了重要贡献。

东京海洋大学在海洋科学和技术领域拥有多个组织机构，包括研究所、实验室和中心等。这些组织机构通过开展研究项目、举办学术会议等方式推动学术交流和合作并吸引了许多海洋科学和技术领域的专家学者加入。

东京海洋大学的管理模式注重学生的发展和培养，通过设立学院、系、专业等多级管理机构，为学生提供更好的学习和研究条件。此外，该校还注重与国内外相关机构和企业合作，积极拓展海洋科学和技术的应用领域，提高研究成果的转化效率。

为了保障学生和教师的学习和研究，东京海洋大学提供完善的设施和资源，如实验室、图书馆、海洋科技馆等。此外，该校还为学生提供奖学金、实习和交换项目等机会，以促进学生的综合素质提高和国际化视野的拓展。

（1）主要装备

①无人潜水器：拥有多艘无人潜水器，如深海无人潜水器HyBIS、AUV等。

②海底取样器：拥有多种类型的海底取样器，如多用途取样器MUC、多用途深海取样器MUC-Ⅱ、海底取样器ATLANTIS等。

③其他设备：拥有多种深潜相关的设备，如深潜式摄影机、潜水式激光扫描仪等。

(2)主要工作

关于近年来的研究成果，根据东京海洋大学官网提供的信息，该机构在深海资源开发、深海生物研究、深海环境监测等方面取得了一系列的研究成果，具体包括但不限于：

①在南极和北极等极地海域的海洋调查研究中，使用自主式潜水器 Hyper Dolphin 等装备，对极地海洋生态系统的构成和功能进行了研究。

②利用无人潜水器在西南太平洋深海区域进行了海底矿物勘探，并且获得了高精度的地形测量和磁场测量数据。

③在日本周边海域进行了深海环境调查研究，掌握了海底地形、海水温度、海底岩石等信息。

④在南太平洋海域进行了深海生物学研究，发现了多种新的深海生物物种，对深海生物的形态、行为和生态等方面进行了探索。

总的来说，东京海洋大学在深潜装备和深海研究方面拥有丰富的经验和资源，并取得了多项重要的研究成果。

(二)美国

美国采用资源整合、开放共享、稳定投入等方式，在大型海洋装备领域形成了先进、高效的运营管理机制。

一是组建了形式上集中统一的管理体系。20世纪60年代，美国大型海洋装备获得了快速发展，但大型海洋装备的管理还是采用各自为政的传统管理模式。随着大型海洋装备需求的不断增加，这种管理模式逐渐暴露其弊端。大型海洋装备管理中凸显出各行其是、重复建设、运行成本过大、海洋装备使用效能低下等不良后果。为了改变上述管理效率低下的不利局面，美国17家大学和海洋实验室联合成立了大学国家海洋实验室系统（University-National Oceanographic Laboratory System，UNOLS）。UNOLS组织的出现解决了当时船舶用时管理混乱和大型装备的管理分散化及使用效率低下问题。由其负责协调组织的单位包括华盛顿大学、夏威夷大学、特拉华大学、伍兹霍尔研究所、美国海洋与大气局以及美国海岸警备队等61家相关涉海科研院所和联邦政府机构。通过不断地探索和实践，美国大型海洋装备管理模式逐渐明朗起来，构建了三层体系架构，实现了使用权、管理权和所有权的高度分离，分离但不分散，对外实现了高度的统一管理（图3.1）。

所有权：大型海洋装备的所有权一般归属于装备的投资方，即美国政府涉海类相关管理机构及组织。

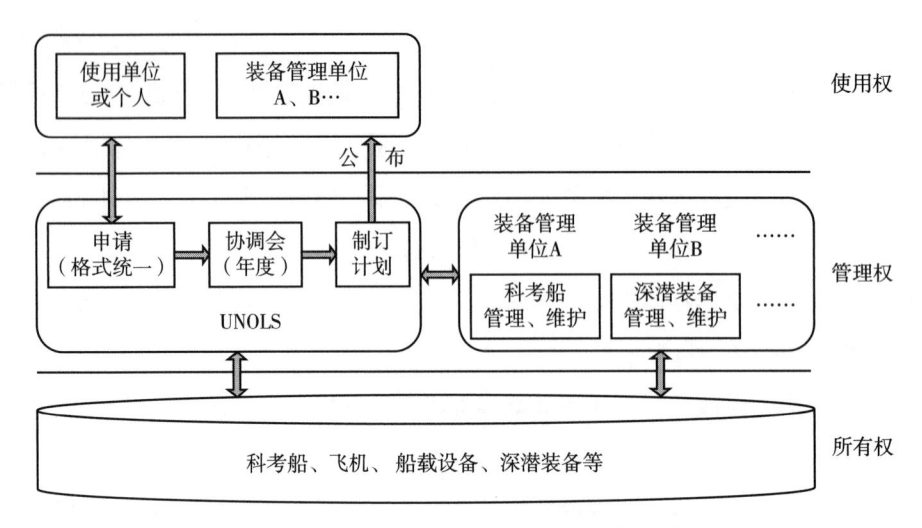

图3.1 美国大型海洋装备的三层架构管理体系

管理权：UNOLS 负责美国海洋考察船、船载设备、深潜装备等的使用申请流程管理及用时调度与协调。其实际上是一个联络机构或咨询机构，对大型海洋装备的科学高效调度是通过组织各理事单位召开年度协调会议的形式来实现的。截至 2019 年 6 月，UNOLS 公布的可用于申请使用的船舶船载设备就多达 1 162 项，协调工作仅有一个委员来组织是不现实的，因此其成立了多达 9 个专业委员会，分别负责职责范围内的组织协调工作；另外，UNOLS 理事单位则负责这些大型装备的维护、维修等具体常规管理。

使用权：一是所有单位均可通过申请来使用相关装备。对使用权的管理是该体系得以高效运营的关键，其原则是，无论是大型装备的所有者、负责装备具体管理的理事单位、还是其他使用者，想要使用这些大型装备都需向 UNOLS 提交申请（图 3.2），经审核同意后，按计划时间使用。任何国家的科学家都可根据科学研究需要，提交包含但不限于支持基金、用船类型及天数、所需仪器装备、作业区域等信息的装备使用申请。由于使用申请者特别多，一般需要提前 1~2 年申请。该平台不仅对所有国家开放共享，还制定并发布了对接海洋调查装备/设备的一系列第三方工具开发指南与接口标准，实现了仪器设备接口层面的国际化对接。

二是实现了"国家+市场"投入的经费支持生态。美国大部分的海洋科考船及其他海洋调查设备是由美国国家科学基金委、美国海军和其他美国政府机构支持的基金投资制造的，但在国家经费支持之外，非营利性组织对美国大型海洋装备的投资与运营经费的支持也是其得以无障碍运营的关键环节。

图 3.2　UNOLS 装备使用申请页面

据 2010 年我国民政部民间组织管理局在赴美代表团学习考察报告中指出，美国非营利性组织发展迅速，截至 2008 年，非营利性组织年度收入 1.91 万亿美元，支出多达 1.81 万亿美元，无偿志愿服务达 150 亿小时，这一数字尚未包含因个人爱好产生的捐赠部分。美国非营利性组织规模巨大，已是美国经济运行生态的重要组成部分。其中，就有认识到海洋研究价值及必要性的非营利性组织及爱好海洋研究但又无研究精力的个人的无偿经费支持。

海洋调查装备和设备是有限的，无偿使用将导致调查设备不能得到科学合理的高效使用。因此，美国海洋科考船及海洋调查设备的申请使用服务是有偿的。

典型案例包括：

1. 伍兹霍尔海洋研究所

伍兹霍尔海洋研究所（Woods Hole Oceanographic Institution，WHOI）的研发工作主要包括开展海洋科学研究、深海探测技术开发和海洋环境监测等方面。该机构的科研人员通常采用海洋探测船、深潜器、水下机器人等设备进行海洋观测和取样。此外，该机构还会在海洋技术、海洋物理、海洋化学等方面开展前沿研究。

WHOI 通过组织研究项目、学术研讨会、国际合作等方式，促进海洋科学研究的发展。该机构还拥有多个研究中心，如海洋物理学研究中心、海洋地质与地球物理研究中心、海洋化学与生态研究中心等，旨在加强不同领域的研究交流与合作。

WHOI 的管理工作包括机构管理和财务管理两个方面。机构管理主要由董事会和高层管理人员负责，他们对机构的发展方向、组织结构、研究项目等进行规划和决策。财务管理方面，则由财务部门负责，他们负责编制预算、监督资金使用和管理机构资产等。

WHOI 的保障工作包括设备维护、人员安全和环境保护等方面的工作。该机构会对其拥有的海洋科学设备进行定期维护和检修，确保其正常运行。此外，该机构还会关注人员的安全和健康，并采取措施保护海洋环境。

总体而言，WHOI 在海洋科学研究、技术开发和人才培养等方面取得了显著成果，成为世界海洋科学研究的重要机构之一。

下文介绍了 WHOI 的主要装备及设施。

① REMUS SharkCam：REMUS SharkCam 是一种水下机器人，可以拍摄白鲨等海洋生物的高清视频。WHOI 与大白鲨保护组织合作使用该机器人，研究白鲨在海洋中的行为和生态系统。

② Nereus：Nereus 是一种深海自主水下车，可以深入大洋的最深处进行科学探测。2014 年，Nereus 在马里亚纳海沟深度达到 10 909 米的地方发生了事故，失去了信号。虽然该机器人已经报废，但它仍然被认为是海洋深潜技术的里程碑。

③压电水下机器人：WHOI 研究人员发展了一种新型的压电水下机器人，其运动原理是基于压电材料。这种机器人可以进行高效的水下悬停和运动，适用于进行深海探测和研究。

④ Deep-Sea Hybrid Vehicle（DSHV）：DSHV 是 WHOI 的一个项目，旨在研究一种新型的深海探测器。该项目中研制的设备可以进行深海探测和研究，包括使用声呐技术进行海洋底部的测绘和对海洋生态系统的监测。

⑤长期生态观测站：WHOI 还设立了多个长期生态观测站，用于监测海洋环境和生态系统的变化。这些观测站包括深海观测站、海底火山喷泉观测站和近海观测站等。

总之，WHOI 在深潜装备方面的研究成果丰硕，不仅开发了多种深海探测器和水下机器人，还开展了众多深海科学研究项目。

2. 斯克利普斯海洋研究所

斯克利普斯海洋研究所（Scripps Institution of Oceanography，SIO）在海洋科学方面进行多项研究，包括海洋生物学、海洋地质学、海洋物理学、海洋化学等。该机构配备了先进的海洋科学研究设施，如深海探测器、遥感设备、实验室等，以支持科学研究。

SIO 组织了众多的海洋科学研究项目，包括深海探测、海洋环境监测、海洋生态保护等。该机构与其他国际机构合作，共同推进海洋科学研究，如与中国的国家海洋局合作，在南海、东海等海域进行联合科考。

SIO 有着完善的管理体系，包括科学家、技术人员、管理人员等，分工协作，确保科研项目的顺利进行。该机构注重人才培养，吸引了大量的海洋科学人才，推进海洋科学研究的发展。

SIO 注重科学实验的安全保障，有着完善的安全管理措施。该机构在海洋科学研究项目中，提供了完善的后勤保障，如食宿、医疗等，确保科学家在海洋环境下工作的安全和舒适。

（1）主要装备

①"Alvin"号深潜器：SIO 与 WHOI 共同拥有"Alvin"号深潜器，并进行多次海洋科学研究任务。"Alvin"号深潜器的最大深度为 4 500 米，可以搭载 3 名乘员。它具有高度灵活性和可操作性，可以在深海环境中进行各种复杂的操作，如取样、摄影、物理和生物学测量等。"Alvin"号深潜器还配备了一系列的科学设备，包括多参数水质探头、水下相机、声呐和激光扫描仪等，可为科学家们提供大量的海洋数据。在 2019 年，"Alvin"号深潜器还进行了全面的升级，增强了其研究能力。

②自主水下潜水器：SIO 拥有一支由多种型号 AUV 组成的水下潜水器队伍，包括"Scripps Remus 100/600""Gavia"AUV 以及"Iver2-580"。这些 AUV 可用于海底地形勘测、生物学调查、水文学研究等方面。

③水下滑翔机：SIO 在水下滑翔机领域也作出了重要贡献，目前拥有多款型号的"Slocum Gliders"。这些水下滑翔机可以测量海洋物理和生物学参数，并可长期在海洋中工作。

（2）主要工作

①岩石钻探：SIO 与其他机构合作，开发了新型钻探技术，可以在海底较大深度处取得样品。此项技术已被应用于多个海洋科学研究计划中。

②海底地震学：SIO 在海底地震学领域进行了许多重要的研究，为科学家提供了关于地球内部构造和地震发生机制的新见解。例如 SIO 在 2016 年的一项研究中，利用多个地震仪和深潜器在墨西哥湾取得了关于地震活动的重要数据。

③海洋污染：SIO 还进行了多项研究，以研究和监测海洋污染。例如，SIO 开发了一种可以在海洋中检测石油污染的工具，名为 Autonomous Underwater Oil Sensor。

3. 海洋探索信托基金

海洋探索信托基金（Ocean Exploration Trust，OET）在海洋探索和科学研究方面有着丰富的经验，其探险船舶 Nautilus 拥有一系列高科技设备，如深潜机器人、水下无人机、潜水设备等，可以实现对深海环境的高精度观测和采样。OET 还与许多机构合作进行海洋科学研究，包括美国地质调查局、加州大学伯克利分校等。

OET 的组织形式较为灵活，主要由一支由科学家、工程师和技术人员组成的团队负责实施海洋探险任务。OET 定期发布探险计划，并邀请相关机构和个人参与。同时，OET 还会与当地社区、教育机构和媒体合作，加强公众对海洋探索的了解和认识。

OET 在探险任务中注重安全管理和风险控制，设有安全委员会负责制定安全措施和风险评估。此外，OET 还制定了一系列规章制度，包括船舶管理、设备维护、数据处理等方面，保障探险任务的顺利进行。

OET 在探险任务中注重保障工作，确保船舶、设备和人员的安全和健康。OET 的探险船舶"Nautilus"号拥有先进的医疗设备和紧急救援设备，为人员提供必要的保障。此外，OET 还会与当地的海事机构、港口管理部门和海岸警卫队等合作，确保探险任务的合法、安全和顺利进行。

主要装备

① "Nautilus"号探险船：是 OET 拥有的一艘现代化的海洋探险船，配备有 ROVs 和 AUVs 等现代化科研设备。

② Hercules 和 Argus ROV 系统：这是 OET 用于进行深海探索和科学研究的两款自主式遥控水下机器人。Hercules ROV 系统的操作员可以通过遥控台对深潜器进行远程操纵和监控，其深潜深度可以达到 6 000 米，并能够在深海中长时间运行，Argus ROV 是 Hercules ROV 的伴随装置，可以进行高清视频拍摄和水下灯光补光，提供实时的视频传输和图像资料。

③ E/V Nautilus ROV 系统：是"Nautilus"号探险船搭载的一种新型 ROV 系统，它具有高清晰度摄像头、高精度传感器、激光扫描仪等现代化科研设备。E/V Nautilus ROV 系统在过去 10 年间进行了大量深海科学探索和研究工作，包括发现新的深海生物、探测和测绘海底火山、研究海洋生态系统等。它还参与了多个海洋考古项目，如发现并探索了泰坦尼克号沉船遗址，以及在加勒比海发现并探索了许多殖民时期的沉船。

（三）欧洲

俄罗斯科学院希尔邵夫海洋研究所（原名为苏联科学院海洋研究所）运营"MIR Ⅰ"号、"MIR Ⅱ"号载人潜水器（芬兰的劳马·雷波拉公司建造）。该研究所是俄罗斯目前规模最大、设备最新、技术实力最雄厚的综合性海洋研究所。俄罗斯科学院希尔邵夫海洋研究所设有"科学开发深海载人潜水器实验室"以及深海载人潜水器运行团队,并在波罗的海的加里宁格勒建立了潜水器基地。现有的潜航员同时也是"MIR"号载人潜水器技术研发和专业维护人员。

法国海洋开发研究院(IFREMER)研发和运营"鹦鹉螺"号载人潜水器,并在法国港口城市土仑建立了维护维修基地。法国海洋开发研究院成立于1984年5月,由原在布雷斯特的法国国家海洋开发中心(CNEXO)和南特海洋渔业科学技术研究所(ISTPM)合并而成,受法国工业科研部和海洋国务秘书处双重领导,研究海洋开发技术和应用性海洋科学。法国海洋开发研究院成立深潜部门(Underwater Systems Unit),该部门人员包括管理团队、水下机器人组、电气组、机械组,水下机器人组负责HOV、AUV、ROV的操作,其余技术组负责维护保养及研制工作。

典型案例包括:

1. 普罗特瓦·古巴钦海洋研究所

普罗特瓦·古巴钦海洋研究所(P. P. Shirshov Institute of Oceanology, Russian Academy of Sciences)成立于1946年,是苏联/俄罗斯最大的海洋研究机构之一,也是世界上最大的海洋研究机构之一。该机构的主要研究领域包括海洋科学、生态学、气象学、环境科学等。

研发方面,普罗特瓦·古巴钦海洋研究所开展了包括深潜器在内的多项海洋科学研究设备的设计和研制工作,如目前运行的远程控制深潜器"波斯波拉尼亚"号、水下探测器"阿卡德米克·别罗夫"号等。此外,该机构还研制了海洋科学数据采集和分析软件等。

组织和管理方面,普罗特瓦·古巴钦海洋研究所拥有一支由高级科学家、技术人员和管理人员组成的庞大团队。机构下设多个实验室和科研部门,包括海洋生态学实验室、海洋动力学实验室、海底地质实验室等。

保障方面,普罗特瓦·古巴钦海洋研究所拥有自己的科考船队,并与俄罗斯国家水下事故救援中心等机构合作,保障海洋科考活动的安全。机构还与俄罗斯科学院的其他部门和海洋科学研究机构合作,开展多项联合研究项目。

(1)主要装备

①深海潜水器:该研究所设计和制造了一系列深海潜水器,如"Academician Mstislav Keldysh"号和"MIR"号深潜器。"Academician Mstislav Keldysh"号是俄罗斯科学院海洋学研究所拥有的一艘科学研究船,也是俄罗斯最大的科学研究船之一,它

具有全球范围内科学探险和深海研究的能力。该船可以进行长时间的航行，能够在恶劣的海况下工作，并且能够承载各种类型的深潜器和科学设备。"MIR"号深潜器是俄罗斯制造的一种深潜器，由普罗特瓦·古巴钦海洋研究所开发。它是一种载人深潜器，可以将科学家和研究设备带到深海进行研究。"MIR"号深潜器的最大深度为6 000米，已经成功地完成了多项深海科学探险任务。它具有优秀的可靠性和安全性，被广泛应用于深海科学研究领域。

②海底观测装备：该研究所还设计和制造了海底观测装备，包括"Georgy Sarychev"号无人潜水器、"Gavia"号自主水下机器人、"Nereus"号自主水下机器人等。

（2）主要工作

①科学研究成果：该研究所在近十年来在海洋科学研究领域取得了多项成果，如探测北极地区冰盖下的海底山脉、对北极海域的海洋生态系统和气候变化进行研究等。

②合作项目：该研究所还积极参与了多个国际合作项目，如"Arctic and Antarctic Research Institute"合作开展的北极海域的深海科学研究等。

2. 俄罗斯联邦极地研究所

俄罗斯联邦极地研究所（Arctic and Antarctic Research Institute，AARI）在研发、组织、管理和保障方面完成了许多工作。

在研发方面：AARI 开展的研究领域包括海冰动力学、极地气候变化、地质学和生态学等。AARI 拥有一系列自主研发的科学设备，包括极地站、遥感测量设备、气象探测仪器等。

在组织方面：AARI 下设多个部门和实验室，涵盖了海冰物理、海洋生物学、地球物理学等多个学科。AARI 还与多个国内外机构和大学开展合作研究。

在管理方面：AARI 由一名院长领导，下设多个部门和实验室。AARI 还设有科学委员会和技术委员会，对研究项目和设备进行审查和管理。

在保障方面：AARI 负责俄罗斯南极和北极的科学考察工作，为考察队提供装备、物资和技术支持。AARI 还与俄罗斯国防部合作，提供海军船只和飞机，支持南极科考任务。

（1）主要装备

①布置观测站和设备：俄罗斯联邦极地研究所在南极和北极等极地地区布置了多个观测站，包括南极普里兹湾综合观测站、南极别尔兹岛科考站、北极冰岛科考站

等。同时，该机构还使用自主开发的海洋综合观测设备进行海洋环境和气象观测，例如在南极使用自主研制的 ARINCOS 自动化船舶观测系统进行海洋环境观测。

②深潜装备：该机构使用深潜器进行海底科考和勘探工作。例如在南极别尔兹岛科考站，该机构使用了"MIR"号深潜器进行海底勘探。另外，俄罗斯联邦极地研究所还使用了俄罗斯科学院研制的自主潜水器"Rus"进行海底勘探。

（2）主要工作

俄罗斯联邦极地研究所的科学研究成果涵盖了海洋、极地气象、气候变化等多个领域。例如在南极普里兹湾综合观测站，该机构开展了对海洋生态系统和海洋环境的多年观测和研究工作。此外，该机构还参与了北极和南极等地区的气候变化研究，并且与其他国家机构开展了多项合作研究项目。

3. 法国国家科学研究中心

法国国家科学研究中心下属的海洋研究中心（Centre National de la Recherche Scientifique – Institut National des Sciences de l'Univers）是法国主要的海洋研究机构之一，旨在开展海洋科学、地球科学以及大气科学等领域的研究。

研发：该机构致力于开展海洋科学方面的研究，包括但不限于海洋生物学、海洋地质学、海洋物理学和海洋化学等领域。该机构的研究人员使用先进的海洋深潜器和其他工具，深入研究海底生态系统、海洋环境和气候变化等问题。

组织：该机构通过多个海洋研究实验室和研究小组，组织和管理海洋科学方面的研究。其下属的实验室和小组专注于不同领域的研究，如海底地质学、海洋气象学、海洋生物学等。

管理：该机构的管理层负责制定海洋科学方面的研究计划，招聘研究人员，申请经费，并管理实验室和设备等资源。

保障：该机构提供支持设施和技术，以确保研究人员能够在安全和有效的条件下进行研究。该机构还提供培训和技术支持，以帮助研究人员更好地使用和维护设备。

下文介绍了法国国家科学研究中心下属的海洋研究中心的主要装备。

①深潜器"Nautile"号：是一款法国自主研发的深潜器，可潜至 6 000 米深度，主要用于海洋科学研究和沉船考古。采用可拆卸的控制舱和底部的运载舱设计，采用深海电缆供电和通信。其操作系统集成了多个控制和监测模块，包括数码相机、高清摄像机、水下定位系统和声呐等。"Nautile"号还可以搭载多种科学仪器和采样设备，如岩石钻探器、水下测量仪和采样器等，可用于海底生物、地质和气候研究。

在其近年来的研究中,"Nautile"号深潜器曾被用于对2010年墨西哥湾深水地平线（Deepwater Horizon）油泄漏事件进行调查、对法国巴黎号客机失事现场的海底搜索、探测国际大陆边缘与海山计划（IPEV）等多个科学任务。

②无人潜水器"Ifremer"AUV："Ifremer"AUV是法国海洋开发研究院自主研发的无人潜水器，可潜至6 000米深度，主要用于深海科学研究和海底资源勘探。该设备曾参与了多项深海科学考察任务，取得了多项重要研究成果。

③船载探测设备：法国海洋研究中心还拥有一系列船载探测设备，包括多波束声呐、剖面仪、温盐深仪（CTD）采样器等，可用于海洋地质、生物、化学等多个领域的研究。

近年来，法国海洋研究中心在深潜装备方面取得了多项研究成果，包括发现南极海洋中的新物种、揭示深海生态系统中的物种多样性和生态互动等。

4. 法国海洋开发研究院

成立于1984年，是法国政府的一个独立研究机构，主要负责深海科学研究和海洋技术开发。

法国海洋开发研究院（IFREMER）致力于海洋科学的研究和海洋技术的开发，其主要研究领域包括海洋生态学、海洋地质学、海洋物理学、海洋化学等多个方向。IFREMER积极发展先进的科研设备和技术，包括无人潜水器、深潜器、遥感技术等，并与国内外其他机构进行合作，共同推进海洋科学的研究和技术的开发。

IFREMER拥有一个由科学家、技术人员、工程师和管理人员组成的大型团队。团队的组织结构包括若干个海洋科学实验室，分别负责不同的研究领域。IFREMER的研究人员通常具有高学历和丰富的研究经验，包括物理学家、地质学家、生物学家、化学家等。此外，IFREMER还与多个大学和研究机构合作，开展联合研究项目。

IFREMER的管理体系主要包括董事会、执行委员会、科学委员会、经济委员会等多个层级，以及各个实验室的负责人。这些管理层级和人员共同负责制定IFREMER的研究计划和发展战略，并监督其实施。IFREMER的经费主要来自法国政府和欧盟的拨款，同时也获得了一些私人机构和行业组织的资助。

IFREMER为保障其研究活动提供了一系列的设施和服务，包括实验室、仪器设备、船只等。其拥有一支专业的船队，提供海洋科学实验和调查的支持，包括测量海洋生物、水文学、地质学等方面。同时，IFREMER还负责海洋灾害的监测和应对工作，以及环境保护和可持续发展的相关研究工作。

（1）主要装备

①载人深潜器"Nautile"号：采用一种与深海水压相抗衡的技术，可以下潜至 7 000 米深的海底，并且能够在水下停留长达 9 个小时。在"Nautile"号的前端安装有高清晰度摄像机和探测仪器，可以进行深海生物学、地质学和地球物理学等方面的研究。过去的十年，"Nautile"号已经参与了多项重要的研究计划，例如"EDULIS"和"HERMINE"等。

②无人潜水器"Ifremer"AUV："Ifremer"AUV 可用于进行海底勘探和科学研究。它可以进行高分辨率的海洋地质、海洋生物学和海洋生态系统研究。在过去的十年，"Ifremer"AUV 已经参与了多项重要的海洋调查计划，例如"EXOCET"和"HydroCamel"等。

（2）主要工作

研究成果：IFREMER 近十年的研究成果包括了许多关于海洋科学和技术的领域，如海洋生态系统的保护、深海生物多样性的研究、海洋能源的利用等。此外，IFREMER 还致力于研究海洋污染和气候变化等问题。

二、我国深潜装备研发与运营模式

我国深潜装备的研发与运营分离、归属方与运行管理单位分离，以国家财政支持为主。研发主要集中于中国船舶科学研究中心、中国科学院沈阳自动化研究所、上海交通大学、天津大学等海洋装备研制单位，运营主要集中在自然资源部、中国科学院、沿海省份地方海洋厅局及其下属研究机构等海洋科学研究单位，基本处于分散管理状态，尚未形成系统化、国际化的装备管理模式。我国在深潜装备的积极管理方面也进行了大量探索与实践，初步形成了中国特色的管理模式。

"蛟龙"号隶属于中国大洋矿产资源研究开发协会（COMRA），由国家深海基地管理中心（NDSC）负责运营。国家深海基地管理中心下属的技术部负责"蛟龙"号的日常保障运营，该部门同时承担"海龙"号 ROV 及"潜龙"号 AUV 的部分保障工作。技术部团队包括"蛟龙"号潜航员、技术保障人员和技术工人，负责三型潜水器的操作及运行保障工作。

"蛟龙"号载人潜水器于 2012 年正式交付国家深海基地管理中心时，该基地尚处于建设阶段，获批的"蛟龙"号母船尚未建造下水，专业的维护保障队伍尚未建立等实际情况，原国家海洋局在充分吸收国际同类载人潜水器从研制、海试、试验性应用到业务化运行等经验的基础上，提出了"蛟龙"号载人潜水器在步入业务化运行前开展试验性应用的工作方案。根据该方案，原国家海洋局成立了以分管副局长为组长、各相关部委具体负责人为副组长、研制和参航单位领导为组员的"蛟龙"号载人潜水器试验性应用领导小组。试验性应用领导小组在总结多年来海试组织管理经验的基础上，形成了一套相对完善的试验性应用航次组织实施体系。从 2013 年 6 月至 2017 年 6 月，小组以"蛟龙"号试验性应用航次组织实施体系为依托，先后组织 34 家单位，在我国多金属结核、结壳及硫化物勘探区和深渊海沟区等海区，开展了 101 个潜次作业，为全面实现"蛟龙"号的业务化运行奠定基础（图 3.3）。

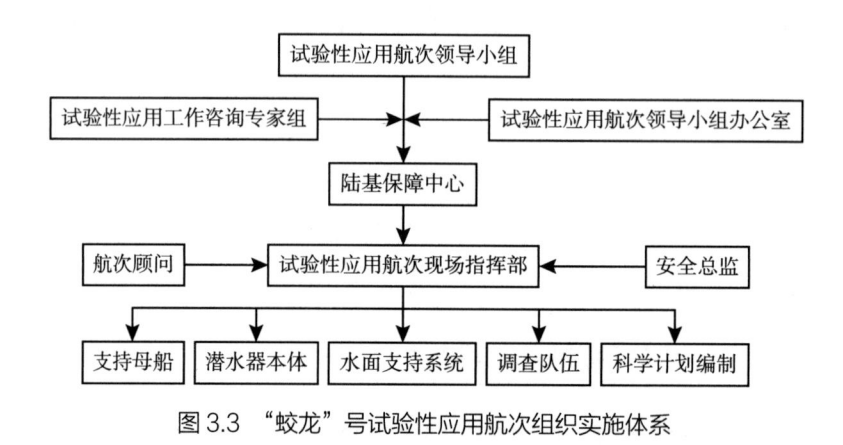

图 3.3 "蛟龙"号试验性应用航次组织实施体系

针对载人潜水器应用能力建设，目前已编制形成了《"蛟龙"号试验性应用安全管理制度体系》，分层级分系统梳理了全部技术资料和规程，载人潜水器应用管理机制日趋成熟。目前"蛟龙"号已成功参与完成国家"973"计划、"863"计划、中国科学院先导计划，国家重点研发计划等多项重大课题，并为国家海洋局第一海洋研究所、国家海洋局第三海洋研究所、中国海洋大学、海洋科学与技术国家实验室、中国科学院等机构提供了优质服务。

此外，中国科学院深海科学与工程研究所运营"深海勇士"号、"奋斗者"号等深潜装备，设有海洋装备与运行管理中心，主要为科学研究与技术研发提供海上平台支持和建设，组织和参与海上科考航次并提供机海务岸基保障。围绕科考船舶、船载探测设备、深海潜水器、科研码头和船舶保障基地等资源，开展船舶改建、船舶机务和海务管理、船舶安全和预防系维保双体系长效建设、船舶和船员证书管理、常规科考作业设备、船载实验室和数据处理间管理、航次计划、海上作业组织和实施、码头和船舶运维基地管理，岸基调度和应急保障等工作。该部门下设船舶管理办公室、船载探测实验部、岸基保障部,深潜运行部和船舶检修实验室(图3.4)。

三、运营管理存在的问题

一是潜水器拥有者、管理者和使用者各方的权责不明确,使用管理机制不健全。对潜水器维护、使用并没有严格清晰的规定、协议和承诺。对形成的固定资产如何处置、日后对其能否进行升级改造、能否开展营利性经营、收益归属如何分配、出现丢失损坏如何进行赔偿等问题,尚没有具体相关政策和规定的支持,也造成委托管理方及相关用户在使用时存在种种顾虑(图3.4)。

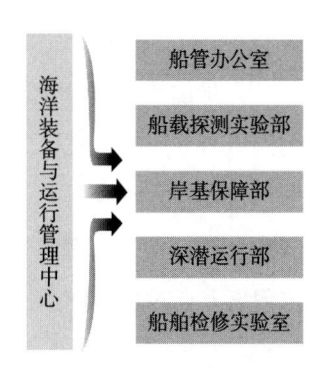

图3.4 中国科学院深海所深潜装备运营情况

目前有些大型深潜装备使用和管理没有固定的业务运行经费。由于大型深潜装备的设计使用寿命较长,同时需要定期地维护和部件更新,加上使用操作团队的维持,费用较一般的小型设备高很多,因此拥有单位在真正使用装备时面临经费上的很大困难。

二是由于尚处在起步阶段,部分深潜装备使用率低、任务不饱满。以美国的"Alvin"号载人潜水器为例,其1964年建成,经历了10年才被海洋科学界广泛接受,"Alvin"号载人潜水器每年下潜超过100次。其他一些国家,如俄罗斯、日本等,虽然非常注重深潜装备研发,但对深潜装备的应用与升级改造支持力度相对较小,俄罗斯"MIR"号年均仅下潜20次,如表3.1所示。这种局面若不改变,已研发、可以使用的深潜装备依旧会面临无人用的局面,长此以往会造成恶性循环,一些深潜装备由于应用较少,年久失修,面临即将报废的尴尬境地。

表3.1 全球作业型载人深潜器年均下潜次数统计表

深潜器名称	国别	设计最大下潜深度(米)	年均下潜次数
"Alvin"号	美国	4 500	180
"深海勇士"号	中国	4 500	85
"鹦鹉螺"号	法国	6 000	100~115
"MIR"号	俄罗斯	6 000	20
"深海(Shinkai)6500"号	日本	6 500	60

此外,现有深潜装备均分散在不同的应用部门和研制单位管理,受部门条块分割

和种种原因限制和影响，缺乏机制保障，开放共享面临诸多困难，这也是导致部分装备使用率低、任务不饱满的原因。

三是由于深海环境及技术研发的特殊性，造成使用成本偏高。由于深海环境面临超大压力、海水酸化腐蚀、生物附着、密封及导航定位通信困难等特点，使得深海科学与技术研究本身具有高难度、高风险、高成本的特点。尽管技术上已经取得了很大进步，但对重大深潜装备使用、管理和维护的水平还很低，成本依然居高不下，在一定程度上会对后续使用产生很大的负面影响。

第二节　应用场景

未来，高度智能的无人潜水器形成谱系，水下有/无人装备实现高效协同作业。到2035年，人类深海探测与深海作业能力大幅提升。大型有人装备与前沿智能无人技术实现有机融合，实现有人与无人、小型与大型、个体与集群深海装备的点线与面域、长周期、大功率、大范围高效协同深海智能探测作业。不同潜深、不同功能、高度智能化的探测与作业无人潜水器模块化、谱系化发展，达到世界先进水平的大型载人深海空间站技术及装备投入应用，具备自主环境感知、智能认知推理与目标识别、精确定位导航、操控多类无人装备协同作业等基本特征，成熟应用于深海/极地的环境科学考察、深海/极地资源勘探与开发作业、深海生物基因研究、水下深海考古、深海救援与打捞、水下商业观光旅游及海底施工维护保障等领域，成为深远海探测与作业主力。深水能源开发专用固定站与移动式深海空间站相呼应，实现深远海复杂海况区域深远海油气、水合物等能源的全天候、安全、经济地有效开发。深海载人生物原位实验开发装备技术发展成熟，将实验室建到深海，充分利用深海环境条件开展连续观测、筛选取样、原位实验与开发。

一、海洋观测探测

（一）深海地形测绘

目前水下地形测绘主要依靠多波束测深系统。在浅海地形测绘任务中，船载多波束测深系统可获得高分辨率的水下地形数据，但在深水区域，受到水深影响，即便是开角较小的多波束也会因传播距离的增加而导致其分辨率降低，无法获得高精度的水下地形数据。大深度无人潜航器能够抵近海底航行测绘，可以获得高精度的深海地形数据，是深海地形测绘的关键技术装备。

21世纪至今，中国及美国、澳大利亚、欧盟等采用多类型潜水器结合传统的船基、海床基、浮潜标、卫星遥感等观测手段，在感兴趣区域进行了大量沿岸流、上升流、中/亚中尺度物理、生化过程观测，海底测绘，海洋工程作业，以及水下目标探测等试验和示范，表明潜水器组网具有长时序、高时空分辨率、高效费比等特性，可以作为海洋科学研究、环境保护、资源开发、防灾减灾、国防维权等应用的重要手段。

（二）海洋多尺度动力现象观测

海洋动力现象具有丰富的时空结构。海洋动力现象研究需要以足够的时空分辨率发现、跟踪、获取动力特征来研究海洋中物理、化学、生物、微生物相互作用，该研究是海洋科学研究面临的巨大挑战。尤其是大尺度的动力现象，其可能由小尺度的物理——生物现象驱动，例如研究人员早已认识到小尺度过程对全球气候以及对搅拌、混合、耗散率的影响，然而同时研究大尺度过程和小尺度过程仍然非常困难。利用不同时空观测尺度的异构潜水器组成网络进行协同观测，受到全球各地海洋科学家不约而同地关注。

为研究北太平洋亚热带锋面，欧美科学家2018年联合实施了称为"多机器人锋面探索"（Exploring Fronts with Multiple Robots）的航次，集成了3台水文参数AUV（航程>50小时），3台水文——生化参数AUV（航程>24小时），3台带有二甲硫、红外、多光谱传感器的无人机，1台带有可见光摄像的无人机，2台无人帆船，1台波浪滑翔机以及船载设备，对锋面进行发现、测量、采样、跟踪作业，获得了颇有科学价值的研究成果。这项研究工作的特色在于充分利用跨域的低成本无人平台的协同观测。这里的"协同"既包括整个作业流程中不同类型平台的分工协作，也包括单个作业阶段同一平台不同台套设备之间的协同测量，其中所开发的专用异构平台一体化网络操作软件发挥了重要作用。此外，研究工作还展现了即使平台之间的交互时有间断，为提高作业效率而嵌入的机器智能以及增强的船基、岸基"人在环路"设计对于观测过程的"觉知和反应"可以显著提高异构网络的作业能力，适应动态的环境条件和低带宽通信链接。

中国著名海洋科学家、中国科学院院士陈大可正在牵头构建一套"智能敏捷海洋立体观测仪"（Intelligent Swift Ocean Observing Device，ISOOD），力图刻画次中尺度涡旋立体图像，阐明海洋与台风的作用机理。作为全球海洋动力系统和能量平衡中关键一环的海洋次中尺度过程，至今未有人能在海上直接观测到其完整的三维结构。过去几十年，台风路径预报水平一直稳步提升，但其强度预报却没有明显改进，亟须获取台风过境时上层海洋和海气界面的测量数据。ISOOD 以智慧母船作为多种无人装备的运载工具和控制中心，可根据任务需求携带大批无人机、无人艇、自主潜水器等装备快速到达目标区域，并通过专用的布放回收装置实现无人装备的批量化高效部署。母船部署到位后，在无人节点集群组网协同控制、跨域异构组网通信、时间同步与定位导航一体化、数据可视化与科考作业管理等关键部件的支撑下，形成从空中 4 000 米到水下 1 500 米、水平覆盖 160 千米的跨域协同立体观测网，同时可投放剖面浮标、表面漂流浮标、漂流小浮子、探空仪等抛弃式装备作为补充。不难看出，ISOOD 将提供一种全新的海洋观测模式，具有深远的科学意义和广阔的应用前景。

上述工作为后续的异构潜水器，以及进一步拓展到无人系统的网络技术研发和应用提供了重要的借鉴，其中科学家作为用户的任务设计起到了关键的作用。类似的观测方法和观测理念或许可以应用于中国南海频发的内波观测、琼东上升流观测、沿岸频发的赤潮监测等。

（三）极区探测

极区具有极为重要的战略地位，蕴藏着丰富的资源。2007 年，人类首次抵达北冰洋深海海底。这次考察活动名为"北极 −2007"，由破冰船开道，紧随其后的科考船搭载有"MIR Ⅰ"号和"MIR Ⅱ"号深海载人潜水器。潜水器从一块大约 100 米 × 50 米的未冻水面布放，以 30 米每分钟的速度下潜，在深度 4 300 米的海底着陆，随后采集了海水和沉积物的样品。这次下潜为载人深潜在极区深水作业、建设冰上平台以及冰下救助任务中的应用积累了成功的经验。

二、海洋资源开发

（一）油气资源开发

1. 钻井支持

在完成油气田地震勘探和地质研究之后，需要进行探井作业来进一步了解地质结构并进行分析与评价，确定商业开发后再进行开发井的钻井作业。钻井作业水深超出常规潜水作业能力的 100 米后，都离不开遥控潜水器（ROV）的支持，这也是 ROV 应用于海上油田开发最早的领域，即代替人工潜水作业。

钻井平台在下钻过程中需要 ROV 协助对开钻前的井场附近进行地貌扫描，并参与钻杆的定位、套管就位、防喷器（BOP）协助就位以及井口清理等一系列的作业。

在此工程中 ROV 需要 24 小时在海底对钻井活动进行严密的监控，一旦发现有异常情况，向钻井作业者及时通报。

一是浅水弃井。根据海洋石油钻井规范要求，ROV 需监控 91.44 厘米套管的切割以及回收，密切关注海底套管切割情况，与钻井平台进行密切配合，完成弃井工作。

二是深水弃井。不采用切割井口头的方式进行弃井，而需要 ROV 携带井口帽盖在井口头上进行弃井工作。在常规钻井支持作业中，ROV 使用的主要工具包括 3.81 厘米液压剪、软绳割刀、密封圈安装等工具。在完井及深水钻井作业中，ROV 使用的主要工具有井口刷、高压水枪、流体注入撬、BOP 干预撬（提供 BOP 测试和应急操作所需的乙二醇防冻液）。

2. 工程建造

油气田进入工程开发阶段，需要根据开发设计方案，进行各种油田设施的工程建造和海上安装，包括采油 / 处理导管架平台、海底管线 / 电缆、水下生产系统和水下系泊系统等。

一是导管架安装。在导管架安装期间涉及大量水下作业，ROV 的支持是必不可少的，并且直接影响安装作业进度和效率。主要包括：①导管架下水前海床预调查。②利用 ROV 进行视频观察、声呐扫描，对导管架坐床区域的地形和障碍物等情况进行调查，对发现的地形异常或障碍物进行及时处理，保证安装要求。③导管架下水就位，不同类型导管架下水就位 ROV 作业有所不同。④按设计要求把导管架精确移动到目标位置，并调整导管架艏向，在其下水过程中，ROV 需在海底观察导管架最底部，同时吊钩把导管架底部放至海底，ROV 确认后，吊钩将悬重放至零为止。解开扶正、就位锁具。引导钢桩进入导管架群桩套筒内。引导桩锤套入钢桩并观察钢桩打入海底预定位置。⑤导管架固定桩的安装。⑥测平和调平。ROV 引导调平器套入钢桩与群桩套筒之后，观察调平效果，完成后观察调平器并安全提出钢桩。⑦导管架群桩套筒的水泥灌注，水泥通过导管架顶部从水泥灌注口注入，ROV 需要观察导管架群桩套筒的水泥溢出和后凝情况。⑧导管架 / 导管架组块安装完成后调查，主要检查导管架的结构，如导管架的横梁、竖梁、各主要连接点和水泥灌注情况。

二是海管铺设。海底管道是海上油气田不可缺少的集输管道。海底管道的铺设随着水深的增加步入开阔海域，水文及海况对管线铺设的影响也在不断产生变化，管线的施工也越加困难，影响因素也趋于复杂。ROV 对海管铺设起到了不可或缺的辅助作用，主要包括：观察海管水下情况；检查船尾托管架及导向轮；观测海管与船尾托管架接触情况；剪切牺牲钢缆；海管终端和开始封头检查；海管触泥点的检查；铺设后调查（状态、位置及悬空情况等）。

三是水下生产系统、系泊系统等安装。水下生产系统是 20 世纪 60 年代发展起来的，它利用水下完井技术结合固定式平台、浮式生产平台等设施组成不同的海上油田开发形式。水下生产系统可以避免建造昂贵的海上采油平台，节省大量建设投资，受灾害影响较小，可靠性强。随着海上深水油气田及边际油田的开发，水下生产系统的油气田开发方式得到了广泛应用。

全球已有 1 200 多套水下生产系统应用在超过 250 个油气田项目开发中。中国南海已有多个水下生产系统开发的油气田，例如陆丰 22-1、流花 11-1、流花 4-1、番禺 35-1/2、荔湾 3-1、流花 19-5、崖城 13-4、文昌 10-3、流花 16-2、陵水 17-2、流花 29-1、流花 29-2 等，其中陵水 17-2 水深已超过 1 500 米。

典型的水下生产系统由水下设备和水面控制设施组成。按照功能可分为井口及采油树系统、管汇系统及连接系统、水下控制及脐带缆系统。ROV 结合水下扭力工具、注入器等各种复杂的 ROV 水下工具对水下系统安装和运维起到关键性的作用。ROV 的主要工作有：水下的外观检查，阴极检测；相关水下阀门检查及操作；调试期间 ROV 相关水下辅助操作；水下更换电飞缆及其他应急操作；吸力桩的对接和吸泥等。

3. 水下设施检测 / 维修和维护

海上油气田经过工程建造阶段后，所有生产设施将移交生产管理部门正式进入生产阶段，定期按规范进行检测、维修和维护是海上油气田安全生产和设施完整性管理必不可少的工作。

在海水及水下环境的长期影响下，对于水下设施的工作状态情况的了解就显得尤为重要。如果不能及时地掌握水下设施的工作状态，提前采取预防措施，那么一旦发生问题将会产生严重的后果，影响整个油气田的运行，甚至可能给海洋环境带来不可估量的损失。这个时候 ROV 在水下设施检测 / 维修和维护方面的优势作用就显得尤为突出。主要内容包括：

一是导管架检测。从水面至海床的所有导管架主结构杆件和节点以及附属件包括：导管架主结构杆件及节点（含导管架桩基）、隔水套管及其导向结构、开排沉箱、海水提升护管、原油输送立管、电缆和柔性立管护套管、阴极保护系统、隔水套管、立管、J 型管、套管、沉箱和其他附属件。ROV 检查内容可分为以下几大类：宏观目视方法（GVI）/ 近距离目视方法（CVI）外观检查、阳极检查及电位测量、杂物调查及移除、海底冲刷调查、海生物调查、杆件进水检测等。

二是海管/海缆系统检测。海管海缆（包括立管及动态软管或动态缆等）及其附属件（管汇、基盘等）进行 ROV 水下检查，内容可分为以下五大类：GVI 外观检查、路由调查及确认、阳极检查及电位测量、海管悬空调查、杂物调查及移除。

三是 FPSO/FPS 系泊系统检测。对整个 FPSO/FPS 的系泊系统的所有水下构件（包括锚链、动态软管及电缆）及附属件进行 ROV 检查，检查内容可分为以下三大类：GVI/CVI 外观检查、阳极检查及电位测量、系泊腿张角测量等。

四是水下生产系统检测。对水下生产系统的所有水下结构（包括采油树、管汇、跨接管及飞线等）及附属件进行 ROV 检查，检查内容可分类以下四大类：GVI 外观检查、相关阀门及接头确认、阳极检查及电位测量、杂物调查及移除。

五是 ROV 常规维修。维修范围主要是针对发现的检测异常来进行，主要包括海管超限悬跨的修复治理、各类牺牲阳极安装、泄漏检测及处理、海生物清理等。

在水下设施检测维修阶段，ROV 需要搭载的工具或设备相对较多，包括 CP 电位测量仪、UT 测厚仪、荧光查漏仪、海生物厚度测量仪、激光仪、角度测量仪等各类检测类工具；水下声呐、双头扫描声呐、多波束扫描声呐、三维激光测量仪、声学摄像仪、TSS440/350 管缆探测仪等多种声学和光学调查测量仪器；水下切割机、打磨钢刷、喷吸泵、高压水枪、液压剪、开孔器、水下摩擦焊等各类维修类工具等。

4. 水下生产系统干预

水下生产系统结构复杂，特别是连接生产平台的部分，需要 ROV 对水下生产系统进行长期干预，对控制阀门进行操控，以确保整个系统的安全运行。ROV 在水下生产系统干预中的工作内容包括使用机械手完成各位置的锁销插拔、电缆插头安装，按要求对水下生产系统各个阀门进行开关控制，检查水下生产系统各个密封接头的密封情况等（图 3.5）。

图 3.5 水下采油树阀门的 ROV 操作

在水下生产系统干预中，ROV 需要配合使用各种不同功能和类型的专业水下辅助工具，包括高性能智能机械手、API/ISO 型号扭力工具、智能控制阀箱、液压油注入撬、线性导向工具、Hot Stab、LVOT/LAOT 和 LLOT/LOT 等。

5. 油田弃置

油气田企业在勘探开发生产过程中建造了大量的井、油气集输设施、输油气水管线等，在油气田生产寿命终止时，为了保护海洋生态环境和维护海上航行安全，国家要求对所有油气田工程设施进行弃置拆除，涉及井口、导管架、海管、立管及水下设施的弃置。

平台和海底管线的移除，需要大量的水下探测、水下引导吊索具就位、水下切割等工作。通常情况下，油田弃置最大的挑战就是需要在安全和环保的前提下进行切割和拆除，潜水作业不可或缺，ROV 是主力。

6. 深水路由 / 场址调查

在海上油气田开发过程中，经常需要进行工区、场址或者路由的预先调查，包括平台进场前的场址调查、海管铺设前的路由调查等。通过调查了解作业区域海底地形、地貌和浅层地质情况，掌握可能影响施工的障碍物、海生物、海底已有管缆、地质灾害等情况。初步查明各种现象的具体位置、规模、性质，并评价它们对后续施工的影响程度，为工程建设提供切实可靠的数据和资料。

通过 ROV 搭载相关调查设备进行的调查包括视频调查、水深地形测量、地貌调查（旁侧声呐）、浅层地质调查（浅地层剖面系统）和电磁探测（TSS350/440）等。

传统的路由 / 场址调查方式有拖鱼式（Tow-fish）、深拖式（Deep-tow）和 AUV 等方式，但随着水深的加深，特别是水下地形复杂、起伏变化很大，而且需要同时进行视频调查的情况下，以上方式就无法满足要求。随着拥有光纤传输技术的新一代 ROV 广泛应用，以 ROV 为载体进行地球物理调查的方式应运而生。

ROV 在深水路由及井场调查中以数据丰富、安全性能高为突出的优势，唯一的缺点是受 ROV 飞行速度的限制，调查效率比传统方式要低，适合小范围的深水路由和场址的精细调查。目前该方式在中国南海已经获得多次成功，应用效果良好。

（二）风资源开发

近些年，随着海上风电的蓬勃发展，项目建造过程中的施工作业监控，施工辅助以及项目后期运营的冲刷监控等的水下作业变得越来越普遍。ROV 低成本高安全性，使得 ROV 可能成为海上风电水下作业、监控一个重要的手段。ROV 在国外海上风电中已有应用，但在国内还处于几乎空白的状态。ROV 在海上风电中可能应用的场景包括水下视觉检查（冲刷深度监控、J 型管喇叭口海缆情况、海生物附着情况、防冲刷保护措施的有效性等），导管架安装环节（辅助导管架就位、引导插桩、支持灌浆作业、完成水下切割、水下焊接等作业），海底电缆铺设（ROV 可携带水下测量设备调查海缆路由的位置、掩埋海缆、后期海缆检修等作业），风机机构检查（根据随装备携带的设备对风机的结构进行检查，以评估其稳定性和安全性）。

（三）矿产资源开发

深海矿产资源有多金属结核、富钴结壳、多金属硫化物、富稀土沉积物等多种类型，多分布在数千米水深的海底区域。另外，天然气水合物也主要分布在数百至数千米水深区域。我国潜龙系列 AUV 用于多金属结核、富钴结壳、多金属硫化物、天然气水合物等多种深海资源勘查已累计下潜近百次。另外，万米载人潜水器的研制成功，极大提高了我国深海资源勘探的能力。由于大深度下海洋环境高压、无光等特征，一般的科考设备无法进入，而全海深载人潜水器解决了深海进入的难题。它不仅可以运载科学家、工程技术人员和各种探测装置，还能快速、精确地到达各种深海复杂环境进行精细化定点作业，从而进行高效的资源勘探、科学考察和近远海底作业，是和平开发和利用深海资源的重要技术手段。未来，深潜装备在深海资源勘探、开发作业等领域将发挥重要作用。

三、海洋安全防护

（一）深远海水下搜救

深远海水下搜救是大深度无人潜航器的重要应用方向之一。早在 1963 年就有美国"Alvin"号与"科夫"号无人潜水器协作搜寻、打捞西班牙海沟失落氢弹的成功案例。近年来，荷兰将"HUGIN"AUV 用于"马航 MH370"水下搜寻，美国军方也曾使用"Bluefin"AUV 搜寻马航失联客机，"REMUS"AUV 成功搜寻到"法航 447"的发动机残骸。大深度无人潜航器因其作业可靠、智能化程度高而成为深远海水下搜救的重要工具。

（二）广域水下监控

欧美早期的潜水器及组网技术研究都有具体的军事应用背景，典型的应用如军事海洋保障、水雷对抗、反潜战等。随着相关技术的成熟，广域水下监控成为异构潜水器组网的重要应用场景。传统水下监控系统以固定节点为主，也包括费用、时间成本较大的船基/艇基系统，而无人移动平台可以作为有效的补充。虽然这些小型、低功耗的移动单元探测、通信能力有限，但是通过分布式、广域的部署以及信息交互，可以形成智能网络，自适应变化的环境条件和通信链路失效，从而实现较高的任务效能。

2005 年，美国启动研制水下持续监视网（Persistent Littoral Underwater Surveillance Network，PLUSNet），以潜艇为母节点，AUV 及水下滑翔机为移动子节点，水下潜标、浮标、水声探测阵为固定子节点，在自适应快速环境测量（Adaptive Rapid Environmental Assessment，AREA）的系统框架下，构成一种分布式海底固定/机动的水下网络，为水下作战提供海洋环境、水下目标信息支撑。在 PLUSNet、Seaweb 等重大项目基础上，美国海军进一步完善和强化了综合水下监控系统体系化及其操作能力。

2010 年，北约科技组织（Science & Technology Organization，STO）等单位组织开展了协作海上演习——快速环境图景大西洋演习（Rapid Environment Picture Atlantic Exercise）。该演习包括 3 艘海军舰船、1 艘海洋调查船、2 台波浪滑翔器、18 台无人潜水器以及锚系潜标等，完成了自主无人平台网络相关技术的演示与验证。2016 年 10 月，英国海军在苏格兰西海岸组织了"无人战士–2016"（Unmanned Warrior 2016）大型无人装备演习，出动 50 部无人装备，包括战机、水下潜器、水面快艇等，开展了大规模任务协同和作战测试，完成了海域探索、监控、情报收集等任务。

在水下部署移动监控网络与在陆上/空中部署网络相比需要面对更大的挑战，包括水下作业的难度、能源和续航力的不足，以及有限的通信手段。应对这些挑战，需要解决以下几个方面的问题：①平台的自主性设计，从传统模型驱动转变为数据驱动，在一定目标准则下完成自主行为决策，这种自主性贯穿于通信、导航和多平台协作中；②水声信号处理设计，在潜水器平台能源、载荷搭载能力、计算能力、通信定位能力以及环境不确定性的限制下，研究稳健有效的探测模式和信号处理算法；③多目标跟踪与分布式信息融合设计，克服不确定测量的影响，研究低复杂度、适合分布式执行的算法；④水下通信体系设计，提供互操作性、物理层、网络层、多制式、安全性的解决方案，采用基于软件定义的架构是一个重要方向。

四、海洋科学研究

（一）深海原位试验

世界上 90% 面积的海洋水深超过 1 000 米，深海是对科学研究和资源开发均具有战略意义的"处女地"。在深海生物、地质、物理海洋等诸多领域存在大量尚未触及的、研究价值极大的科学问题亟待发现、探索和解决。

深海极端复杂的环境条件致使深海观测与研究开发技术难度远远大于陆域。目前深海原位长周期观测、深海原位取样实验是制约深海资源开发利用的薄弱环节和瓶颈问题，如获取深海样品后，航行数千里带回实验室研究，耗时长，航行中样品微环境容易遭到破坏；样品很难实现全程"无缝"转移，采集上岸的样品测定参数不准确；深海取样手段多为"粗放型"等。最好的解决方式是充分利用深海"载人"平台有选择性的观测、任务规划、判断决策和应急处置等优势，让科学家亲临深海，利用深海环境条件，开展原位观测、现场取样和实验研究，从而全面掌握深海真实、动态的客观规律。

深海载人原位研究装备可为深海典型生态系统原位长周期连续观测，深海样品保真取样，深海原位培养与实验等深海资源研究、开发和利用提供前所未有的先进手段。

1. 深海典型生态系统原位长周期连续观测

深海中大部分的区域由于压力大、食物少、没有光线等原因，是营养匮乏的"荒漠"。在这个广袤的荒漠中，也存在一些"生命绿洲"，如深海热液区、深海冷泉区、深海冷水珊瑚区、海山区、深渊区等特殊的生态系统，这些生态系统具有与海洋上层不同的生物种类、生物群落和生态关联方式，具有重要的生态研究价值。

深海典型生态系统，是由于其自身特殊性质引起海底地形、物理化学因子的变化，进而影响海洋动力、热力等过程而孕育出来的独特的生态群落。研究深海典型生态系统的发育动力机制及其发育周期和特征，探究影响深海典型生态系统发育的作用机制和影响因素，需要定点、长周期连续观测装备，为基础科研提供准确的数据。

2. 深海样品保真取样

获取深海高质量样品、有效保藏和转移是从事深海科学研究与资源开发的重要需求之一。深海环境条件主要包括物理环境条件和化学环境条件两大类，其中物理环境条件包含压力、温度、电导率等，化学环境条件包含 pH 值、营养盐、甲烷、硫化氢、氨气等成分和浓度。

深海样品从深海环境转移至陆地实验室的过程中，样品很难实现全程"无缝"转移，一旦脱离深海的原始环境极有可能导致样品活性降低、性质变异。例如在使用传统取样设备采集海底天然气水合物及其上覆沉积物时，由于其不能保压保温取样，造成沉积物样品中甲烷以及其他气相溶解组分,随着压力、温度等条件的变化而散失,沉积物的原始成分与状态难以得到准确地反映。因此,随着海洋科学研究的要求,必须拥有适当的技术手段和装备,以获得原状(低扰动、保压、保温)海底沉积物样品。

3. 深海原位培养与实验

人工培养与实验是深海生物资源开发利用的重要环节。随着研究的深入,发现深海不同环境中的营养盐浓度和成分对分离培养的效率具有更关键的影响。但由于缺乏相应监测环境参数的手段,对营养盐浓度的模拟更多地建立在推测的基础上,更难以进行成分的模拟。因此,进行深海原位实验研究是国际上发展的趋势。利用深海载人原位实验研究装备进行深海原位培养与实验是解决上述问题的最佳途径。通过深海载人原位实验研究装备,科学家可以开展各种原位实验,对样品进行深海原位培养,在其过程中即时获取实验数据,并根据数据的变化进行后续实验的设计和操作。

(二)海洋生物基因研究

载人潜水器在深海生物基因研究领域也展现出其重要性。广袤的深海区域孕育了地球上最大的生态系统,生物数量最多、生物种群最多、生物基因资源最丰富。同时,极端的深海环境孕育着地球上最神秘的生态系统,其独特的代谢特征、调控机制、环境适应性及深海生物所包含的深海极端酶具有广泛的直接和间接经济价值。如从寄生在热液喷口附近的嗜热微生物中提取的嗜热菌,可用于细菌浸矿、石油及煤炭的脱硫;在发酵工业中,可以利用其耐高温的特性,提高反应温度,增大反应速度,减少中温型杂菌污染的机会。载人潜水器及其搭载的探测和取样设备,可以方便地对深海底栖生物进行直接观察,记录,还可以对目标物进行保真取样,进行分析和培育,揭示深海生物生存和演化之谜。其中,热液区和冷泉区是深海生物研究最为活跃的区域。美国的"Alvin"号、法国的"Nautile"号、中国的"蛟龙"号和"深海勇士"号均开展了相关科学应用。

(三)深海考古

自20世纪60年代开始,考古学家对以沉船为代表的深海考古遗存的探索持续进行,现已积累了大量的深海考古案例,主要集中在地中海、黑海、墨西哥湾、波罗的海等海域。1964—1967年,考古学家利用世界上专门为水下考古设计的首台载人潜水器"Asherah"号在土耳其海域的多处水下遗址进行了试验性应用,便捷地开展对水下沉船的立体摄影测量,这标志着深海考古与科学意义上的水下考古学正式起步。

2018年，中国国家文物局深海考古调查队选定南海北礁东北缘区域，利用"深海勇士"号载人潜水器执行了考古调查任务，同时结合机载超短基线定位系统（USBL）以表格、影像等方式进行考古记录。最终，此次调查共完成312千米多波束测量，7次载人下潜作业，最大调查深度1 003米，累计下潜时间66小时，积累了一大批基础数据与影像资料（图3.6）。此次考古实践纠正、深化、完善了既有的观念与方法，据此开展的思考、形成的结论将成为探讨中国深海考古未来发展的重要基础。

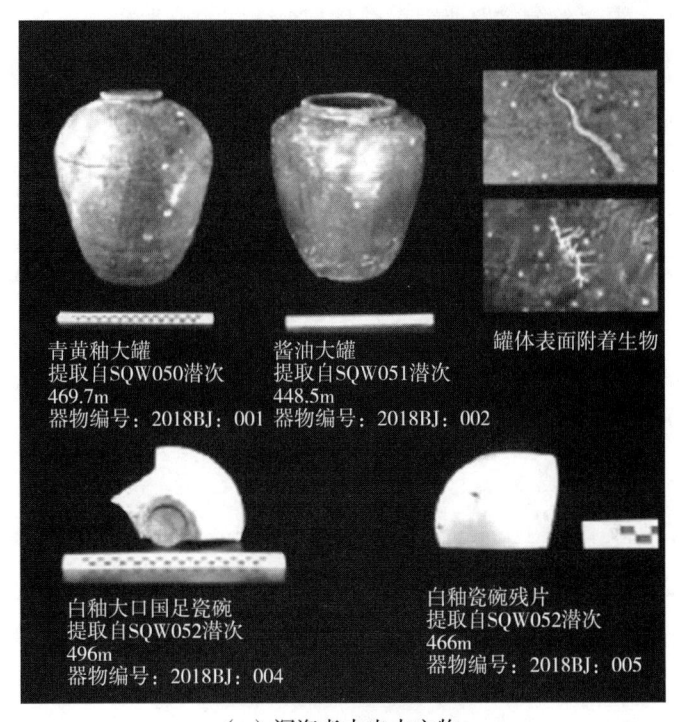

（a）深海考古出水文物

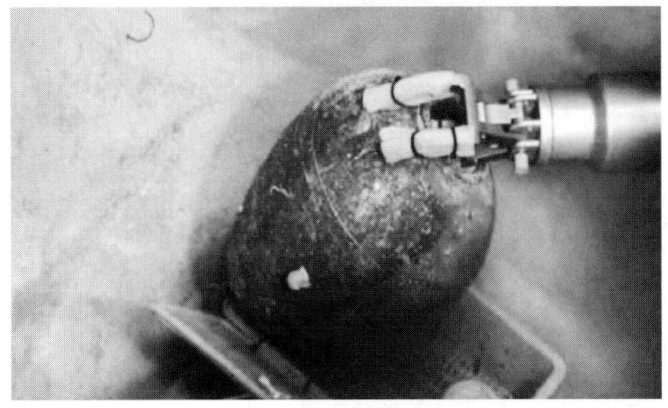

（b）机械手抓取陶罐

图3.6 "深海勇士"号执行深海考古任务

2022年10月，我国深海考古调查团携"深海勇士"号载人潜水器，在我国南海西北陆坡约1 500米深度海域发现两处古代沉船点。2023年5月20日，沉船水下永久测绘基点已布放，并进行初步搜索调查和影像记录，开启了中国深海考古新篇章。南海西北陆坡一号、二号古代沉船保存相对完好，文物数量巨大，时代比较明确，具有重要的历史、科学及艺术价值，不仅是我国深海考古的重大发现，也是世界级重大考古发现，实证了中国先民开发、利用、往来南海的历史事实，对中国海洋史、陶瓷史、海外贸易史、海上丝绸之路研究等都具有突破性的贡献。

未来，深潜装备与水下考古将进一步实现跨界融合、相互促进的美好前景，深潜装备将助力我国深海考古达到世界先进水平。

五、海洋观光旅游

随着世界经济的不断发展，旅游在生活中的地位愈发重要，而海岛旅游的需求同样与日俱增，发展海岛旅游产业需要新的引擎，这为载人潜水器在海洋旅游方面的应用提供了适宜的土壤和环境。据 *Diving Tourism Market Outlook*（2022—2032），2022年全球潜水旅游业务收入29.4亿美元，并以6%的年复合增长率增长，到2032年业务收入将达到52.8亿美元。

国外公司，如美国的Triton公司、荷兰的U-Boat Worx公司等已经着力进军商业观光载人潜水器的市场；国内方面，中国船舶科学研究中心研制了"寰岛蛟龙"号观光型潜水器，武汉横海海洋科技有限公司、彩虹鱼海洋科技公司等公司，已经打造了几款小型载人潜水器。随着技术的不断成熟和人们的持续关注，载人潜水器必将在旅游业成为一大亮点。

第四章
深潜装备技术发展趋势与需求

第一节　发展优势

一、海洋安全

有利于在深海和大洋竞争中占据优势。在陆、海、空、天四大空间中，海洋蕴藏着丰富的油气、矿产、生物等资源，是维持人类社会可持续发展的重要空间。1994年11月16日《联合国海洋法公约》正式生效，新的海洋法公约使总面积为3.6亿平方千米的海洋被划分为国家管辖海域、公海和国际海底三类。其中三分之一的海洋被沿海国所管辖，国际海底由国际海底管理局代表全人类进行管理。在新的国际海洋法制度下，积极发展海洋高新技术、提高海洋领域的国际竞争力、从海洋中获得更多的资源和利益已成为各国的主要目标。在此背景下，一场国际性的海洋竞争已经来临，深潜装备技术已成为海洋强国之间深海科技竞争的热点，各国的载人潜水器均开展了与时俱进的升级。新材料、新构型的潜水器相继投入使用，全海深潜水器体现了各国科技创新的实力。

有利于在未来战争中占据先发优势。随着全球地缘政治格局的演变，各军事强国的利益触角开始由传统的陆地、海洋和天空向深海、太空等领域延伸，随着太空和深海争夺的日趋激烈，在一定程度上也为各军事强国扩展了新型作战领域。海洋作为人类资源的主要聚集地，争夺海洋和控制海洋已经成为未来海上斗争的主要目的，深海作为海洋利益争夺的最后空白，各军事强国开始强力部署，海洋利益的争夺也逐步由海面向水下延伸，而作为争夺深海的利器，水下无人潜航器应运而生，并开始逐步运用于军事领域。零伤亡是未来战争中的选择，因而使得无人武器系统在未来战争中的地位备受重视，其潜在的作战效能越来越明显。作为无人武器系统重要组成部分的无人潜水器能够以水面舰船或潜艇为基地，在数十或数百里的水下空间完成环境探测、目标识别、情报收集和数据通信，将大大地扩展了水面舰船或潜艇的作战空间。另外，对 AUV 来说，它们能够更安全地进入敌方控制的危险区域，能够以自主方式在战区停留较长的时间，是一种效果明显的兵力倍增器。更重要的是，在未来的战争中，"以网络为中心"的作战思想将代替"以平台为中心"的作战思想，潜水器将成为网络中心站的重要节点，在战争中发挥越来越重要的作用。目前世界各国重点研究的应用包括：水下侦听、反潜战、情报收集、监视与侦察、目标探测和环境数据收集及多 AUV 水下围捕与对抗等。

有利于特种作战。为进一步提升特种作战能力，聚焦战力快速投送和前沿隐蔽渗透，结合载人无人平台特点，甚至跨越海空介质的混合型作战潜水器也成为特种作战潜水器的一个发展热点。有人/无人混合型作战潜水器是一种兼具载人潜水器和大型无人潜水器双重模式的战力投送平台。2012 年，美国的 Bluefin 公司、Columbia 公司和 Huntington In-galls 公司联合研制了"Proteus"，在载人潜水器模式下遂行特战队员投送，在无人潜水器模式下遂行有效载荷投送。2017 年海军先进技术演习中，隐蔽航渡进入敌方禁入区，布放"Remus-100"和"Riptide"小型无人潜水器，对敌方水下基础设施进行情报收集。2018 年海军先进技术演习中，搭载合成孔径成像声呐和战斗载荷，对敌方海底目标进行探测、识别和打击。水面/水下混合型作战潜水器是一种兼具水面高速航行和水下隐蔽机动双重模式的战力投送平台。目前，美国、俄罗斯、瑞典等国都开展了此类平台的研究。2010 年，美国的 Stidd 公司专门为特种作战研制了一型中尺度多用途作战潜水器"MRCC"，具有水面、半潜、水下 3 种航渡模式，还可以坐沉水底，并能在水下布放 2 艘蛙人推进装置。水面最大航速 32 节，水下最大航速 5 节。空中/水下混合型作战潜水器是一种兼具空中高速飞行和水下隐蔽机动双重模式的战力投送平台。2010 年，美国海军研究报告表明，在现有技术水平下，将飞行平台的速度和航程与潜水器的隐蔽性相结合，研发一种既能飞行又能下潜的装备是可行的。美国国防部高级研究计划局（DARPA）、海军研究办公室等相关部门正在开展相关研究，其作战流程是从海军辅助平台布放；水面起飞后，空中飞行 644 千米，水面着陆；水下隐蔽航渡 12 海里，部署特种作战部队；最大水下续航时间达 72 小时；执行完成任务后，搭载特种作战部队水下隐蔽航渡 12 海里，水面起飞并飞行 644 千米至母船。

二、海洋科考

有利于高端海洋科研教育体系的形成。发展深潜装备产业将引领多方位海洋科技的飞跃与提高，如高端的声呐通信与深渊测绘技术等。在深潜装备产业领域的开创性工作，将有效地实现海洋深潜技术研发、推广和应用，以获得最新重要的深渊科学成果，继而产生一大批海洋高科技人才和深渊科学家，并形成相关的高端海洋科研教育体系。

有利于深渊科学的推进。深海海底是地球上历史演化信息保存最好的地方。尽管深渊海域面积不到全世界海洋面积的 2%，但具有极为丰富而特殊的科学现象，50 多年来逐步形成以深渊生态学、深渊生物学和深渊地质学等为内涵的高端前沿的深渊科学，对海洋环境保护、生命起源、地震预报等领域的研究均有十分重要的作用。深渊科学体系在美国、英国、日本才有，目前仍然是研究最弱的学科。

有利于提升海洋科学研究水平及深海装备技术水平。海洋不仅是地球气候的调节器、地球生命的发源地和资源宝库，也是地球和海洋科学新理论的诞生地。海洋科学至今仍是一门以观测为基本要求的科学，海洋技术的发展是推动海洋科学发展的原动力。在 20 世纪，由于深海探测技术的发展，人类确立了全球板块运动理论，发现了深海热液循环和极端生物种群，带来了地球和生命科学的重大革命。至今积累的大量资料展现在人类面前的是一个软流圈–岩石圈–水圈–生物圈等多个圈层间存在复杂物质和能量传输、交换、循环的海底世界，而各圈层又存在各自的动力系统，这些系统最终都受洋底构造动力系统控制，显示出地球科学领域中洋底动力学的重要性。

三、海洋经济

有利于带动深海新兴产业蓬勃发展。以"蛟龙"号载人潜水器为例，"蛟龙"号载人潜水器的成功研制使载人深潜技术实现了跨越式发展，进入了世界载人深潜"高技术俱乐部"，通过有关技术的攻关和系统研制，有力促进海洋装备先进制造、水下通信、自动控制、先进材料、精密机械与仪器、新型动力以及现代深海科学、地球科学、生命科学等技术与学科的发展，对促进深海高新技术产业形成和发展具有重要的带动、辐射和示范作用。

有利于深海资源的勘探开发。深海大洋蕴藏着丰富的固体矿产资源和生物资源，如多金属结核、富钴铁锰结壳、海底热液多金属硫化物、深海微生物基因、渔业资源等。其中仅太平洋底具有商业开发潜力的多金属结核资源总量就多达 700 亿吨；据不完全统计，太平洋西部火山构造隆起带，富钴结壳矿床潜在资源量即达 10 亿吨，钴金属量达数百万吨。热液硫化物矿体具有富集度大、成矿过程快、易于开采和冶炼等特点，已成为举世瞩目的海底矿产资源。另外，深海生物基因价值特殊，已引起了国际社会的高度重视，一些发达国家已有专门机构从事研究开发，有关的商业性应用已经带来每年数十亿美元的产值。无论是维护海洋权益，还是开展深海油气资源和大洋固体矿产资源的探查和开发，都离不开深潜装备的支持。且随着海底观测网建设计划的提出和实施，对深潜装备的需求将日益增长。因此，发展深潜技术与装备，探查开发海洋战略资源，是保证能源和资源安全以及经济长期可持续发展、弥补陆地资源不足的极为重要的途径。

四、海洋救援

从海上搜救角度，海上险情集中的近岸海域水深一般不超过 200 米，目前饱和潜水人员出舱作业深度约 300 米，因此将深海搜救范围界定为 300 米以深海域。之前关于海上寻找"法航 AF447"和"马航 MH370"，再次引发了全球研制大深度载人潜水器的高潮。

2014 年初的"马航 MH370"失联客机水下搜救中，"蓝鳍金枪鱼"号自治无人潜水器在 4 500 米的深海进行了大规模水下搜索，虽然由于未知原因，仍未找到失联客机，但毫无疑问无人潜水器是深海搜救的首选工具，甚至是唯一选择，同时也表明深海搜救对于深潜装备的急迫需求。

第二节　发展趋势

一、深海有人无人协同探测作业成为发展前沿

深海信息传输只能依靠声波，其速率是电磁波的二十万分之一，难以通过水面实时遥控和水下无人智能操作完成各类复杂的深海作业任务；未来深海开发利用必然要从当前小型载人潜水器和无人潜水器的小功率、小负载作业，发展为大功率、大负荷、长时间的作业。因此，人类开发利用深海的必然趋势是大型大功率有人装备技术和智能无人技术的紧密结合；深远海资源开发也将从传统的水面支撑保障模式转变

为全天候、长周期的大型平台水下供能、操纵、保障模式。"深海大型载人装备"与"前沿智能无人装备"相融合的深海装备关键核心技术和深海应用关键核心技术成为技术发展重点，旨在形成有人与无人智能协同的"大范围深海环境与资源探测""大功率与高负荷深海开发与工程作业"的核心技术能力。

以深海空间站主站为"深海母港"的集群式探测和作业装备，可不受海面恶劣风浪环境制约，自主远距离航行或驻留海底，进行长时间、大范围、高效率的探测与作业；在探测和作业手段上"模块化"配置和搭载无人系统，构成有人无人协同探测作业编队，增加系统的冗余性和鲁棒性，提高任务执行效率和成功率，能够更好地完成单一的有人平台或者无人潜水器编队无法完成的任务。

深海有人无人协同探测作业技术关系到深海探测和作业能力的先进性、可实现性、安全性与可靠性，掌握该类技术是实现"深海探测与感知"能力和"深海作业与开发"能力跨越发展的关键。目前国际上在该领域的研究仍处于起步阶段，美俄等发达国家尚未在深海集群装备信息化、智能化高效探测和作业技术领域建立起相应的技术霸权地位。

二、载人潜水器向全海深化、实用化和作业化方向发展

（一）全海深化

21世纪至今，国外深海载人潜水器的研发又开始活跃，特别是全海深（11 000米级）载人潜水器的研制和应用引发了新一轮科技竞赛，载人潜水器正向着下潜作业全海深化发展。2012年，加拿大导演詹姆斯·卡梅隆乘坐自己投资研制的"深海挑战者"（Deepsea Challenger）号下潜至马里亚纳海沟10 898米深处，刷新了单人下潜的深度纪录；美国Triton公司研制万米级、可载2人的Triton 36000载人潜水器（"深潜限制因子"号），已在2019年5月完成马里亚纳海沟10 928米下潜；2020年11月，我国"奋斗者"号在马里亚纳海沟成功下潜突破1万米达到10 909米，创造了中国载人深潜的新纪录；国际上正在研制的万米级全海深载人潜水器包括美国的DOER公司的"Deep Search"号、日本的"深海12000"号等，如表4.1所示。

（二）实用化

目前深海载人潜水器的研制时间长，使用成本高，维护和维修费用也很高。未来趋势是沿用既有的技术，加快科技创新，形成载人潜水器谱系化、缩短研制时间和使用成本，降低维护维修费用，使载人潜水器在科学考察、资源开发、水下考古和海底

表 4.1　全球万米级载人潜水器情况

万米潜水器名称	"深海挑战者"号	"深海飞行挑战者"号	Deep Rearch	"深渊限制因子"号 Triton 36000/2	"深海 12000" SHINKAI 12000	"奋斗者"号
研制国家	澳大利亚，美国 WHOI 使用	美国	美国	美国	日本	中国
是否完成万米下潜	是，10 898 米，第二艘	否，海试出现故障	否，研制中	是，10 928 米，第三艘	否，研制中	是，10 909 米
外形尺寸（长 × 宽 × 高，米）	2.3 × 1.7 × 8.1	5.4 × 3.9 × 1.7	11.6 × 2.4 × 2.4	4.6 × 1.9 × 3.7	长 9.5 米之内	10.2 × 3.2 × 4.4
载人球舱参数（直径 × 厚度，毫米）	1 090 × 64	—	1 727 × 101.6	1 500（内径）× 90	内径 2 米之内，厚度 50～100 毫米	1 800 × 90
载人舱材料	高强度钢	碳纤维/环氧树脂复合材料	丙烯酸树脂	钛合金	可能为钛合金或碳纤维强化塑料等材料	钛合金
下潜至全海深所需时间（分钟）	~120	~140	—	—	~210，下潜和上浮	~170
质量（吨）	11.8	21.5	20	11.7	—	36.2
搭载人数	1	1	3	2	3～5	3
图像						

观光等领域具有大规模、实用化的应用。

一是数字化与智能化技术也将用于深海载人潜水器的水下操纵与运行维护，发展复杂海底环境下的高精度航行控制技术、可视化的综合信息显控技术、载人潜水器控制仿真技术以及驾驶辅助等，使得载人潜水器的操作过程更简便，数据显示更实用，驾驶场景辨别和信息反馈更准确，实现对载人潜水器的高水平智能控制，不断提升其安全性与操控性。

二是运载本体轻量化也是提升载人潜水装备实用性的重要方面。开发新型高强度金属及非金属结构材料，如更高强度的钛合金、陶瓷、碳纤维等耐压结构材料和更低密度的浮力材料，配合相应的结构设计、建造、检测及评估技术，降低潜水器本体的重量。通过线型优化和流体性能提升，进一步缩短载人潜水器潜浮时间。

（三）提高综合作业能力

提高作业能力是未来载人潜水器的重要发展趋势之一，为了满足海底观测、海洋生物取样、海底搜寻、海洋探险等任务需要，需进一步提高载人潜水器的综合作业能力，不断地提高水下续航能力、拓展水下作业范围与能力；通过探索多舱连接等新结构形式，利用多学科优化及应用系统模型等新设计方法，采用大流量液压供能、快速注排水、新型能源深海应用、水下能源补充等新技术，开发更有力的专用作业工具以实现载人潜水器容纳更多人员、增加作业载荷、延长作业时间，并向材料轻量化、作业工具模块化、观测设备高清化等方向发展。

三、智能化、工程化和高性能是缆控潜水器重要的发展趋势

（一）感知与操控智能化

提高操作自动化、精细化程度和降低人员劳动强度是当前 ROV 发展的目标，国际上正在开展声学、视觉等多传感器融合的场景建模及基于 VR 辅助操作的人机共融技术研究，以实现 ROV 系统自主/半自主驾驶、机械手自主/半自主作业、多 ROV 的协同作业。

（二）高性能

随着总体多学科优化设计技术、水下超高速探测技术、电驱缆控潜水器集成设计技术、基于卫星通信的多数据高效传输、高时延下运动状态预测显示等关键技术的突破，高功率密度电驱型 ROV、卫星遥控 ROV、新型作业工具等成为发展重点，不断形成具有新功能、高性能的深海作业装备。

（三）工程实用化

ROV装备的部件模块化设计成为发展重点，包括结构、电控、液压和工具，可实现模块的"即插即用"安装和更换，提高ROV装备可靠性和可维护性；大深度机械手力感知，位置/力复合控制，基于电驱动、液压驱动、水压人工肌肉驱动的吸附、抓取、破拆、系统调平等ROV专用作业工具及工具水下换装技术成为发展方向，不断地提高ROV工程服务能力。

（四）协同化

多类型潜器/机器人协同作业，共同完成更加复杂的任务，也会是机器人技术的发展趋势。水下机器人将利用智能传感器的融合和配置技术及通过网络建立的大范围通信系统，建立机器人相互间及机器人与人之间的通信与磋商机理，完成群体行为控制、监测与管理及故障诊断，实现群体协同作业。

四、自主作业型装备朝着远程化、智能化和协同化等方向发展

（一）远程化

为了满足日益增长的军民任务需求，AUV等自主作业型装备对续航力的要求越来越高。目前世界正在研究的燃料电池、小型核能等，具备体积小、能量密度高的特点，可极大提高装备续航力；同时适用于水下应用的非传统导航方式正不断研发中，可保障高效率、高精度的水下导航，支撑装备到远海作业。同时，随着材料技术和密封技术的不断发展，发展优化6 000米水深甚至全海深的智能无人潜水器技术，成为许多国家的目标。

（二）高度智能化

未来AUV等自主作业型装备通过联合应用多种探测与识别技术，不断增强感知环境和识别目标的能力，其自主系统也将具有更高的学习能力；同时在运动控制和规划决策方面，会采用更加智能化的信息处理方式如表4.2所示。

表4.2　不同智能水平的基本特征

现阶段智能	基于规则的智能	预编程、应急避障、健康管理、数据采集和单台探测
中度智能	基于学习的智能	任务驱动规划、环境适应性、自主生存、数据在线分析、典型目标识别、群体探测
高度智能	基于推理的智能	自主规划、环境感知、认知能力与推理、目标识别、自主作业、群体协同作业

（三）作业协同化

随着 AUV 等自主作业型装备应用的增多，除了单一装备执行任务外，会需要多个自治与遥控无人潜水器协同完成更加复杂的任务，实现大规模和多平台的组网作业，提高协同探测与作业能力。

（四）能源可再生化

海洋中蕴含着巨大的能量，能源的充分提取与合理利用会助力自主作业型装备的进一步发展。目前的自主无人潜水器以电能驱动为主，在其他能源驱动形式中，温差能驱动的"Slocum Thermal"号水下滑翔机与"SOlO-TREC"号水下航行器也取得了成功，为水下机器人温差能的利用打下了基础。研究人员提出利用海水产生的化学能做功来驱动水下滑翔机运动。此外，波浪能滑翔器虽然不是严格意义上的水下滑翔机，但将波浪能直接转换为前进的动力却充分利用了波浪能。这些海洋能源的利用为新型自主无人潜水器的研制提供了思路。

第三节　技术挑战

一、共性平台技术

深潜装备共性平台技术主要包括复杂多系统综合集成技术、航行运动控制技术、超大潜深通海及载荷代换技术、深海耐压结构设计及制造技术、深潜安全保障技术等。目前水下深潜装备的平台技术突破主要集中在小型、短时、低功效平台方面，针对深海地质、深海生物、深海环境、海洋开发、海洋安全等五大领域的实际开发和应用存在巨大差距。未来应在已有深潜装备平台技术的基础上，突破大型化、长期驻留和强作业型深潜装备的共性平台技术，促进工程化应用技术的突破和装备实用化、系列化、商用化。

二、远距离大深度通信导航定位技术

远距离大深度通信导航定位技术是指实现深海装备高效、可靠通信与精确定位导航所需的新一代技术。当前，深海水声通信存在通信质量较差和稳定性较低等问题，深海定位导航面临环境复杂、信息源少等特点，技术难度大。发展高精度、高效率、高可靠的新型深海通信与定位导航技术，成为未来深海探测的关键环节，包括深海环境下的光学通信技术、静动组合通信与定位导航技术、海底 GPS 高精度定位系统技术、远距离水下高速通信及信息交互技术、极低频电磁波应用技术、海底地形匹配定位导航技术、重力场与地磁场定位导航技术等核心技术。未来，通过构建远距离大深度水下通信链和深海定位导航系统，实现各海洋观测平台和传感器之间以及海 – 空 – 天之间高速和稳定的数据传输，实现对目标对象的精确定位与导航。

三、高能量密度动力技术

高能量密度动力技术具体是指一种能量存储和供应技术，该技术通过物理或化学方式实现能量的存储和释放，具有能量密度高、可应用于深海环境等特点，可满足水下深潜装备对能量的需求。纵观全球发展现状可知，水下燃料电池动力系统已经呈现出向高能量密度、高功率密度、高可靠性、长寿命、模块化、组合化等方向发展的趋势。为满足未来深潜装备潜深大、负载多、速度快、航程远、隐蔽性好的总体技术需求，从总体顶层设计角度出发，通过开展超大潜深环境下燃料电池系统集成与适装、氢氧燃料电池模块可靠性、供氢与供氧装置应用、燃料电池动力系统能源管理等关键技术攻关，结合原理样机的试制与试验验证，探明科学规律，掌握设计方法，形成设计准则，大幅提升深潜装备动力系统技术水平。

四、结构与新材料应用技术

针对深潜装备结构在深海极端环境下长期服役的安全性和可靠性，但目前在现有工作的基础上，还未开展深潜装备材料性能评价与微观组织演化机理、深潜装备结构失效模式与长期服役性能、新型结构形式设计方法与制备工艺等关键基础性问题研究。未来有必要在深潜装备用材料的工艺制备技术及其性能匹配上进行深入研究，建立深潜装备结构安全性控制理论和评估方法，推动深海材料的应用与产业发展，提高深海装备的作业潜深、有效负载和长期服役的安全可靠性，保障深海运载平台的研制。

五、深远海信息感知技术

深海信息感知系统主要由海底固定、深海浮标、深海平台（有人 / 无人）配置的各类传感器组成，具备水声、光学、电磁场等多类信息收集与感知能力，用于平时水下环境信息收集和水下目标的侦听、水下探测，以满足对特定深海区域的全天候、全频域信息感知需求。还可与海面和空中甚至天基感知体系互联,在更大体系层面发挥感知作用。

但是,目前对深远海信息感知技术的研究仍然不够深入,应该通过对深远海信息装备技术研究和研制深海信息装备,构建并形成深远海信息感知和支援系统,从而具备远离本土的深远海信息感知、信息支援、环境感知等能力,形成从数据/信息采集、传输到信息处理的深远海立体监测和通信网络,构成深海(深度大于600米至7000米)、远程的联系深海、远海、太空的一体化数据链,具有覆盖全球的信息综合能力。

六、深海促动与水密核心部件技术

深海促动与水密核心部件涉及深海装备动力源、光电连接器(水下湿插拔连接器)、电液执行器。上述产品已从单一品种发展到各类功能强大的改进产品,目前具有能在水下即插即用的光/电连接器、电液对接及执行器。且促动与水密核心部件领域尚处于研制的起步阶段,亟须突破深水环境下的动密封技术、压力平衡及补偿技术等,采用高性能永磁材料及新型智能材料,结合集成化设计制造技术研制具有高功率密度和输出效率的小型化大功率深水环境下驱动单元,以适应深海作业装备对空间体积和驱动功率的特殊要求。

七、智能控制技术

水下无人潜水器的运动控制是其完成制定任务的前提和保障,是无人潜水器关键技术之一。随着无人潜水器的应用范围扩大,对其自主性、运动控制的精度和稳定性的要求都随之增加,如何提高其运动控制性能就成了一个重要的研究课题。无人潜水器的控制问题近年来引起了许多控制领域专家、学者的注意。导致难以控制的主要因素包括水下机器人高度的非线性和时变的水动力学性能;负载的变化引起重心和浮心的改变;附加质量较大,运动惯性较大,不能产生急剧的运动变化;难于获得精确的水动力系数;海流的干扰。这些因素使得无人潜水器的动力学模型难以准确,而且具有强祸合和非线性的特点。由于在水下很好地调整控制增益是很困难的,因此当无人潜水器因其力学性能变化和所处的环境发生改变而引起控制性能下降时,要求无人潜水器的控制系统具有自调节能力。

目前已被采用的无人潜水器控制方法有滑动模态控制、控制、自适应控制、神经网络控制、模糊控制和面控制等。20世纪80年代以后,一些欧美发达国家在无人潜水器的研究中，所采用的控制方法主要是滑模控制方法。在近年来的控制方法中，较多的是将各种控制方法综合考虑的控制方法，如模糊神经网络控制、基于遗传算法的模糊控制、基于神经网络的运动预测控制等，用各种控制方法综合考虑的方法以克服各自控制方法的缺点。

面向深海探测与作业的需求，通过新一代人工智能技术的应用，水下深潜装备的智能控制需要解决在深海"弱观测、弱通信、弱联通"条件下，面向探测和作业任务，发展深海环境的自主探测与建模、运动规划与自主避障、智能学习控制、故障诊断与健康检测、高效集群探测、自主作业与人机协同等关键技术的研究，实现深海无人装备的长期、安全、自主、协同运行，建立有人无人相结合的深海探测作业体系，更高效、更智能、更准确地开展深海研究与开发，从而在认识海洋、发展海洋、经略海洋的发展战略中发挥更加重要的作用。

八、深海海底供能站技术

海底将进行未来能源与矿产资源开发，即资源开发系统由水面向水下、海底转移。水下生产作业不受水面风浪影响，可全天候水下作业、连续作业时间长、生产效率高。针对深海能源与资源开发海底供能需求，发展深海高能量密度高功率密度动力、水下长期大功率供电及高效稳定通信、水下矿体动态监测与协同决策、水下采矿工程结构增材维护、水下采矿工程安全监测与预警、深海环境动力集成与远距离传输等关键技术，实现深海能源与矿产资源生产和控制系统转移到海底，形成安全、稳定、高效的海底生产条件。

九、深海生物原位研究与培育站技术

针对深海生物资源研究与开发的特殊需求，开展深海冷泉人工系统构建与模拟、长时间序列热液生态传感器、超大潜深干湿转换与压力梯度控制、生物互作过程与资源获取、微生物富集取样与原位培养、深海基因自动检测分析、大型生物定量观测与识别等技术研究。建设深海生物原位研究与培育站，在深海原位进行实地观测、物化参数检测、生物取样、人工培养和实验分析，为深海生物资源研究、开发与利用提供了前所未有的先进手段，形成长时间、高效率、智能探测、精细作业的深海生物原位研究与培育技术，推动深海极端条件下前沿科学试验装备技术发展，以新技术装备拓展深海科学的前沿研究。

十、深潜装备探测与作业工具关键技术

针对载人潜水器和无人有缆潜水器深海探测与作业需求，突破深海取样、探测作业工具包相关关键技术，开发可以获取矿产资源勘探目标区的海底微地形地貌、热液流体、生物群落和原位环境参数的探测器和作业工具，以及可以获取高清视像资料的视像系统，提升深潜装备高精度定点、定位和时间序列的热液取样、生物取样和环境监测等能力。针对自主无人潜水器深海探测需求，开发海底地形地貌探测、水文等资料探测的小型化、低功耗、大内存的海洋传感器，增强探测观测能力。

第五章

深潜装备产业分领域技术路线图

第一节 载人潜水器

一、需求分析

载人潜水器作为一种深海运载工具，可将科学技术人员与工程技术人员、各种电子装置与机械设备等快速、精确地运载到目标海底环境中，遂行高效勘探测量和科学考察任务，已经成为人类开展深海研究、开发和保护的重要技术手段和装备。载人潜水器与搭载人员配合，可以有效地收集信息、详细地描述周围环境、快速地在现场作出正确的反应。过去的 50 年，载人潜水器的安全运行、关键技术的逐渐完善，支撑并推动了深海探测领域的重大进步。

未来，载人深潜全海深、全海域谱系化发展思路明朗。在全海深、江河水库、油气矿产、热液冷泉的作业方面需求较大，并且在搜索、打捞、考古、观光、极地、核能等新领域也有较大应用空间。

二、发展目标

2025 年，基本突破载人潜水器的共性平台技术、远距离大深度通信导航定位、高能量密度动力、新材料应用、深海感知与传输核心器件、深海促动与水密核心部件等技术；开展仿真推演验证，形成载人潜水器技术体系核心技术方案；建立初步完善的载人潜水器体系，提高大深度载人潜水器总体设计能力与核心系统设备及零部件的研制能力。

2030 年，完成超大型载人深潜装备关键装备研制与试验，开展饱和潜水装置的技术布局。在典型工业应用场景实现业务化应用。初步实现载人潜水器谱系化、产业化发展。载人潜水器核心系统设备及零部件研制能力稳步提升。构建先进水平深海大型有人装备与智能无人系统相融合的技术体系与装备体系。

2035年，全面突破载人潜水器的共性平台、远距离大深度通信导航定位、高能量密度动力、新材料应用、深海感知与传输核心器件、深海促动与水密核心部件的技术集成。载人潜水器实现谱系化、产业化发展，在深海、极地探测与作业领域实现成熟应用，并实现与无人系统的集群协同探测与作业。

三、重点任务

技术方面。2025年前完成载人潜水器优化设计、安全性评估及应用技术，载人舱设计、建造及评估技术，各种声学设备在潜水器上的集成设计技术，船载高速水声通信系统设计及其装备制造技术，导航定位技术等核心技术研发；2030年前完成水下燃料电池设计、水下能源安全性评估技术、水下能源补充技术、新型能源深海应用技术等高能量密度动力技术，载人潜水器技术安全体系设计技术、潜水器状态检测与安全性评估技术等安全体系技术，以及载人潜水器在复杂海底环境下的航行控制技术，可视化的综合信息显控技术，载人潜水器控制仿真技术等载人潜水器控制技术研发；2035年前完成非金属材料载人舱设计建造技术，全透明材料应用于大视野观察窗的设计、建造技术，以水动力外形设计技术为主的高速无动力潜浮技术，新型高密度耐压蓄电池组技术，以及多人多舱技术研发。

产品方面。2025年前提高大深度载人潜水器总体设计能力与核心系统设备及零部件研制能力；2030年前完成超大型载人深潜装备关键装备研制与试验，开展饱和潜水装置的技术布局；2035年前完成全海域、谱系化载人深潜器的研制与应用。

重大工程方面。2025年前实施载人潜水器核心设备系统提升工程；2030年前开展饱和潜水装置研制工程；2035年前开展全海域载人深潜器研制工程（图5.1）。

四、制约因素

一是仍有少量技术短板。在现代信息技术和新一代人工智能技术的促进下，载人深潜技术若想继续保持领先水平，需要继续做好耐压结构评估、建造工艺优化、材料服役性能提升等基础研究任务，不断挖掘基础研究方向，系统梳理现有载人深潜装备积累的应用技术、运行数据和研发成果，增强经略深海的能力。除此之外，在一些技术领域仍有少量技术短板，如大深度水密连接器、高精度传感器等关键产品技术等。

二是作业模式及产业化能力仍需拓展。当前载人深潜器的功能和应用场景，尚无法满足深海资源勘探与开发、环境、安全、科考、应急救助等领域的需求，多系列、多类型载人/无人潜水器"串联"和"并联"的组网作业模式尚未形成。尚不能满足对载人潜水器向深海精细化探测、多元化发展的需求，对服务深海、极区重大工程建设的新概念潜水器研发能力仍然较弱。

三是运营管理水平仍需提升。在"奋斗者"号研制的同时，探索形成了全海深载人潜水器的管理、维护、操作人员培养的机制和运行模式，建立了专业运维团队，现已进一步投入深渊科学研究的常规应用。但是，为实现载人潜水器全系统的高效率、低成本和对环境友善的目标，提升其全寿命安全保障和运行维护智能化管理水平，仍需在载人潜水器的运营管理水平提升上多下功夫，建立国家深海谱系化装备的共享管理平台，形成面向全国、开放共享、共建共赢的平台运行机制，提供业务化运行、规范化技术保障服务，满足深海环境监测、资源探查开发、科学研究以及突发事件应急处理等应用的需要。

五、技术路线图

载人潜水器技术路线图如图 5.1 所示。

项目时间（年）	2025	2030	2035
需求	载人潜水器与搭载人员配合，可以有效地收集信息、详细地描述周围环境、快速地在现场做出正确的反应。具有全海深、江河水库、油气矿产、热液冷泉的作业能力，有效拓展搜索、打捞、考古、观光、极地、核能等新应用领域		
目标	形成载人潜水器技术体系核心技术方案。建立初步完善的载人潜水器体系，提高大深度载人潜水器总体设计能力与核心系统设备及零部件研制能力	完成超大型载人深潜装备关键装备研制与试验，开展饱和潜水装置的技术布局；在典型工业应用场景实现业务化应用	实现谱系化、产业化发展，在深海、极地探测与作业领域实现成熟应用
重点任务 — 技术方面	突破核心技术群	突破高能量密度动力技术等新型技术研发与应用	完成非金属材料载人舱设计建造技术等未来技术的研发与应用
重点任务 — 产品方面	提高大深度载人潜水器总体设计能力与核心系统设备及零部件的研制能力	完成超大型载人深潜装备关键装备研制与试验，开展饱和潜水装置的技术布局	完成全海域、谱系化载人深潜器的研制
重点任务 — 重大工程	载人潜水器核心设备系统提升工程	饱和潜水装置研制工程	
制约因素	一是仍有少量技术短板 二是作业模式及产业化能力仍需拓展 三是运营管理水平仍需提升		

图5.1 载人潜水器技术路线图

第二节 无人潜水器

一、需求分析

ROV。ROV 的市场需求主要体现在海洋油气开发、海底管道电缆的布设和维护、水下结构物的检测／监测／维修、水下施工和作业、水下救援、海洋水产养殖等领域，多集中于浅水和中深水（小于或等于 2 000 米）。可以说，在潜水员无法到达的作业场所都离不开 ROV 及其配套作业工具。随着海洋油气开发向深海进军，开采规模和工作水深将不断增大，对 ROV 的技术性能要求和需求量都在极大地增加。

自主无人潜水器。AUV 对认识、研究和开发海洋有重要的意义，并且作为水下无人作战体系的重要装备，AUV 广泛应用于海洋环境探测、水下侦察与搜索、反水雷、水下通信与导航、反潜作战等军事任务，在现代海上作战中具有重要的作用，已经成为世界各国海军关注的焦点，美国、日本、韩国、加拿大、欧洲各国等国家均开展了大量的工作，是未来海上作战的必然趋势。

水下滑翔机。AUG 具有一定的挂载能力，可以作为水下移动探测平台，通过搭载不同的传感器可以实现对多种目标的探测，满足海洋信息采集和对海洋进行分析的基本要求（图 5.2）。目前，已经成功在 AUG 上搭载了多种探测传感器：温盐深仪（Conductivity Temperature Depth，CTD）、浊度计（Turbidity Meter）、海流计（Current Meter）、水听器（Hydrophone）、溶解氧传感器（Dissolved Oxygen Sensor）、叶绿素荧光剂（Chlorophyll Fluorometer）和光学后向散射仪（Optical Backscatter）等。另外，AUG 运行范围大，组网运行可以覆盖较大尺度的海洋区域。

图 5.2　海洋采样网络

二、发展目标

2025 年，基本突破无人潜水器的共性平台技术、远距离大深度通信导航定位、高能量密度动力、新材料应用、深海感知与传输核心器件、深海促动与水密核心部件、智能控制等技术。开展仿真推演验证，形成无人潜水器技术体系核心技术方案。建立初步完善的无人潜水器装备体系，形成大深度无人潜水器总体设计能力，结合低成本、长航程、智能化、高效作业等是主要发展趋势，提高无人潜水器生存周期，初步实现水下无人潜水器布放自动化回收，为持续深海智能环境监测、海底地形测绘、海底管线探查、海洋平台探伤与维护等深海应用提供技术支撑。

2030年，突破水下仿生机器人的关键技术，无人潜水器形成谱系化研发、设计、制造、测试、配套、运维能力，打造适应不同应用环境和应用载荷的无人潜水器系列，在典型工业化应用场景实现业务化应用。建立基本完善的无人潜水器装备体系，完成万米级作业型ROV、深海重载作业型ROV等研制；AUV智能化水平显著提升，并在极地海洋等领域广泛应用，完成超长航程、万米级水下滑翔机研制；无人潜水器核心系统设备及零部件研制能力稳步提升。构建世界先进水平深海大型有人装备与智能无人系统相融合的技术体系与装备体系。

2035年，完善核心创新技术群的攻关研究，全面突破无人潜水器的共性平台、实现远距离大深度通信导航定位、高能量密度动力、新材料应用、深海感知与传输核心器件、深海促动与水密核心部件、智能控制的技术集成，基本具备深海安全保障、深海资源开发、深海原位观测实验、深海应急救援的实践应用能力。建立完善的无人潜水器体系，各类无人潜水器实现谱系化、产业化发展，在深海、极地探测与作业领域实现成熟应用，并实现与载人系统的集群协同探测与作业，装备能力与技术水平达到先进水平。

三、重点任务

技术方面。2025年形成大深度无人潜水器总体设计能力，提高无人潜水器生存周期技术，初步实现水下无人潜水器布放自动化回收技术；2030年完成水下无人潜水器模块化设计技术、精准导航技术、综合控制技术、高精度水下通信技术的研发；2035年完成无人潜水器智能控制技术、新型材料应用技术、新型能源技术的研发，实现全谱系化研制能力。

产品方面。2025年形成全海深无人潜水器研制能力；2030年打造适应不同应用环境和应用载荷的无人潜水器系列，在典型工业化应用场景实现业务化应用；2035年形成全海域无人潜水器研制能力，装备能力与技术水平达到先进水平。

重大工程方面。2025年实施全海深无人潜水器研制工程；2030年实施无人潜水器应用场景作业工程；2035年实施全海域无人潜水器研制工程（图5.3）。

四、制约因素

一是关键技术有待突破。现在的产业化无人潜水器多为浅水观察型无人潜水器，跟深海作业型有人潜水器相比还有很大的差距，如耐压材料及制造工艺、水下导航技术、水下通信技术等，并且潜水器谱系化、协同作业能力都亟待提高。

二是装备商业化开发不足。无人潜水器大多是科研机构主导研发的工程化实用样机，没有在实际中充分地应用，缺乏自主品牌的系列化产品，距离成熟的市场化产品仍有相当距离，尚未进入商业化市场应用阶段。

五、技术路线图

无人潜水器技术路线图如图5.3所示。

项目时间（年）	2025	2030	2035
需求 ROV	海洋油气开发、海底管道电缆的布设和维护、水下结构物的检测/监测/维修、水下施工和作业、水下救援、海洋水产养殖等领域		
需求 AUV	海洋环境探测、水下通信与导航，对认识、研究和开发海洋具有重要的意义		
需求 AUG	作为水下移动探测平台，通过搭载不同的传感器可以实现对多种目标的探测，满足海洋信息采集和对海洋进行分析的基本要求		
目标	建立初步完善的无人潜水器装备体系，为持续深海智能环境监测、海底地形测绘、海底管线探查、海洋平台探伤与维护等深海应用提供技术支撑	突破水下仿生机器人关键技术，实现核心系统设备、元器件自主可控，打造适应不同应用环境和应用载荷的无人载器系列，在典型工业应用场景实现业务化应用	建立完善的无人潜水器体系，在深海、极地探测与作业领域实现成熟应用，核心系统设备、元器件实现自主可控
重点任务 技术方面	形成大深度无人潜水器总体设计能力	完成水下无人潜水器模块化设计技术等新型技术研发与应用	完成无人潜水器智能控制技术等未来技术的研发与应用
重点任务 产品方面	形成全海深无人潜水器研制能力	打造适应不同应用环境和应用载荷的无人潜水器系列	形成全海域无人潜水器研制能力
重点任务 重大工程	全海深无人潜水器研制工程	无人潜水器应用场景作业工程	全海域无人潜水器研制工程
制约因素	一是关键技术有待突破		
制约因素	二是装备商业化开发不足		

图5.3 无人潜水器技术路线图

第三节　总体技术路线图

总体技术路线图如图 5.4 所示。

项目时间（年）		2025　　　　　　2030　　　　　　2035
需求	海洋安全	有利于在深海和大洋竞争中占据优势，全方位维护海洋权益
	海洋科考	有利于高端海洋科研教育体系的形成，深渊科学的推进，提升海洋科学研究水平及深海装备技术水平
	海洋经济	有利于带动深海新兴产业蓬勃发展与深海资源的勘探开发
	海洋救援	深海水下搜救是现代智能信息处理的重要应用领域，是一种多学科交叉的高新技术，基于深潜装备的深海水下搜救技术已成为航运与海洋工程领域的研究热点
思路目标		以统筹海洋发展和安全为动力，以深潜装备产业未来场景驱动为牵引，在深海载人与无人系统领域聚焦深海空间站、载人潜水器、缆控潜水器、自治潜水器等方向，着力构建绿色、智能、安全、经济的深潜装备产业体系，形成"深海进入与驻留、深海探测与感知、深海作业与开发"能力
重点任务	技术布局	载人装备迭代升级技术
		无人潜水器通用技术
		无人潜水器专用技术
	要素聚集	发挥新型研发机构作用
		培养更多的复合型人才
		组建创新联合体
		成立深潜产业创新基金
	深度协同	企业协同：实现不同产业领域、不同技术领域企业之间的交流合作
		产业链协同：实现深潜装备产业"产业研用"产业链协同发展格局
		产业大协同：充分发挥与人工智能等顶尖学科以及金融领域协同发展的乘数效应
	场景驱动	构建多维度和可持续的场景体系
	产业孵化	推动产业链下游企业采购深潜装备
		培育创新生态：整合各类创新资源，打造自主创新平台，完善科技成果转化机制

图 5.4　深潜装备产业技术路线图

第六章
深潜装备产业发展愿景

第一节　发展思路

充分把握新一轮科技革命和产业变革的机遇，以统筹海洋发展和安全为动力，以深潜装备产业未来场景驱动为牵引，在深海载人与无人系统领域聚焦载人潜水器、缆控潜水器、自治潜水器等方向。布局重大项目，加大经费投入、人才、平台等各产业要素集聚以及全领域全行业深度合作，着力构建绿色、智能、安全、经济的深潜装备产业体系，形成"深海进入与驻留、深海探测与感知、深海作业与开发"的能力，构建深潜装备工程体系，为掌控深海战略空间奠定坚实基础，带动海洋经济产业体系加快向产业链、向高端价值链迈进。

第二节　愿景目标

一、2025年

开展核心创新技术群的攻关研究，基本突破深潜装备的共性平台技术、远距离大深度通信导航定位、高能量密度动力、新材料应用、深海感知与传输核心器件、深海促动与水密核心部件、智能控制、深海环境与地质原位研究试验、深海能源与矿产资源开发海底供能、深海微生物原位研究与培育等技术，开展仿真推演验证，形成水下深潜装备技术体系核心技术方案。

建立初步完善的深潜装备体系，形成大深度无人潜水器总体设计能力，结合低成本、长航程、智能化、高效作业等主要发展趋势，提高无人潜水器生存周期，初步实现水下无人潜水器布放自动化回收，为持续深海智能环境监测、海底地形测绘、海底管线探查、海洋平台探伤与维护等深海应用提供技术支撑。

二、2030年

突破水下仿生机器人关键技术，完成超大型载人深潜装备关键装备研制与试验，开展饱和潜水装置的技术布局；无人潜水器形成谱系化研发、设计、制造、测试、配套、运维能力，打造适应不同应用环境和应用载荷的无人潜水器系列，在典型工业应用场景实现业务化应用。

建立基本完善的深潜装备体系；初步实现载人潜水器谱系化、产业化发展；完成万米级作业型ROV、深海重载作业型ROV等研制；AUV智能化水平显著提升，并在极地海洋等领域实现广泛应用，完成超长航程、万米级水下滑翔机研制；深潜装备核心系统设备及零部件国产化率稳步提升。构建世界先进水平深海大型有人装备与智能无人系统相融合的技术体系与装备体系。

三、2035年

完善核心创新技术群的攻关研究，全面突破深潜装备的共性平台、远距离大深度通信导航定位、高能量密度动力、新材料应用、深海感知与传输核心器件、深海促动与水密核心部件、智能控制、深海环境与地质原位研究试验、深海能源与矿产资源开发海底供能、深海微生物原位研究与培育的技术集成，基本具备深海安全保障、深海资源开发、深海原位观测实验、深海应急救援的实战能力。

建立完善的深潜装备体系，各类深潜装备实现谱系化、产业化发展，在深海、极地探测与作业领域实现成熟应用，并实现有无人系统的集群协同探测与作业，装备能力与技术水平达到国际领先水平。

第三节 重点任务

一、技术布局

深潜装备围绕载人装备迭代升级、无人潜水器通用技术、无人潜水器专用技术三方面开展技术布局。

载人装备迭代升级方面，突破复杂海洋环境条件下深海载人装备、智能无人系统及其互联互通、集群操控、协同作业等面临的基础科学问题和关键核心技术。针对深海工程、极地探测、深海救援等需求开展相关装备的应用技术研究，推动产业服务和产品开发，促进成果转化。

无人潜水器通用技术方面，突破深海耐压复合材料结构与性能的跨尺度分析技术、深海耐压平台多目标优化设计技术、典型材料及结构失效评估技术、水下无人平台可靠性与剩余寿命评估技术，建立水下无人平台低功耗健康监测系统，突破水面水下无人平台的协同布放、收放系统通用性等关键技术，构建无人潜水器智能集群，通过多种类型装备有机结合、异构集群协同作业，提升无人潜水器作业效率。

无人潜水器专用技术方面，以高能量密度能源技术发展为基础，突破惯性技术、地形地磁匹配、同时定位与制图（SLAM）图形匹配等组合导航技术难点，实现无人潜水器深海远程长续航。通过软硬件模块化设计，实现面向不同需求的快速配置变更，减轻无人潜水器自身重量及体积，提高作业效率，建立无人潜水器通用化标准。

二、要素集聚

一是发挥新型研发机构作用。建立新型研发机构，如跨机构新型研究所、深潜装备产业技术研究院及贯通研发到生产的新型机构等，建设贯穿创新链条的网络组织、科创园区乃至创新高地，在深潜技术领域积极探索支持产业发展的新型研发生产组织模式。制定深潜装备产业的顶层战略规划，通过战略和规划引导深潜装备技术和深潜产业的发展方向。通过建立完善中介服务体系形成创新活动的网络效应，通过硬件设施和软件环境建设推动相关产业创新要素集聚。

二是培养更多的复合型人才。让科研人才进入企业，也要让企业的人有更多机会进入科研院所，形成基础研究、应用研究和产业化研究以人才链为载体的连接；围绕深潜装备产业发展引进培养战略型专家与科研中介人才。

三是组建创新联合体。将深潜装备产业领域已经具备了一定基础研究能力的科研院所、民营龙头企业和骨干企业纳入深潜装备产业基础研究的科研项目里；将市场主体、未来的应用方纳入到深潜装备产业规划的场景要素里；通过体制机制创新，解决知识产权保护和科研成果转化问题。

四是成立深潜产业创新基金。成立专门支持深潜装备产业发展的产业创新基金。通过国家及地方的财政资金引领作用，引导产业资本、金融资本及社会资本等多渠道支持深潜装备产业发展。

三、深度协同

企业协同,聚焦深海领域重大战略需求,强化需求导向、场景导向,实现不同产业领域、不同技术领域企业之间的交流合作,特别是与新一代信息技术、先进制造技术、空天地等领域的先进企业实现更深层次的合作。产业链协同,以崂山实验室、太湖实验室等国家、省级实验室为引领,加大关键技术基础研究及共性技术供给,实现深潜装备产业领域企业、高校、科研院所、用户单位的"产业研用"产业链协同发展格局。产业大协同,跳出系统思维,充分发挥与人工智能、大数据、脑科学等顶尖学科、金融投资等领域协同发展的乘数效应,以新理念引领新发展。

四、场景驱动

构建多维度和可持续的场景体系。加速深潜装备产业与其他产业跨界融合发展,加快新兴技术的市场化和产业化进程,推进新技术在深潜装备领域具体应用场景的有效应用。依托海洋工程建设、海洋资源开发、海洋安全监测维护、冷泉生命探索、碳氮循环等应用的论证、设计与技术研究及验证,开展深海前沿科学探索研究,超前开发满足国家战略需求和引领市场需求的新装备,推动深潜装备新技术与生产、生活、生态、治理各领域各环节融合。

五、产业孵化

一是增强政府采购。借鉴发达国家在政府采购等方面的经验,增强政府采购对深潜装备前沿技术转化产品的支持力度,推动中国科学院、中国海洋石油集团有限公司、中华人民共和国自然资源部各研究所、高校等科研单位等产业链下游企业采购国内研制的深潜装备;国家统筹规划未来深潜装备的应用场景。对为前沿技术向未来产业的转化提供早期的市场需求牵引,加快前沿技术的产业化应用和迭代。

二是培育创新生态。整合各类创新资源,促进深潜装备产业链上下游企业、高校、科研院所、新型研发机构及第三方中介机构等科技创新主体融通创新,打造创新平台、深化国内外交流合作;完善科技成果转化机制,提升高新技术转化效率,促进技术应用与迭代成熟,打通深潜装备技术创新链条的上下游环节,破解经济和科技"两张皮"困境。

附录

深潜装备产业主体情况

一、载人潜水器

（一）研制

研发单位

研发单位	单位简介	研发设备	研发情况
		美国	
伍兹霍尔海洋研究所（WHOI）	伍兹霍尔海洋研究所是世界领先的、独立的、非营利性组织，致力于海洋研究、探索和教育，位于美国马萨诸塞州。主要组成结构：应用海洋物理与工程系（开发用于海洋探索和研究的新技术，包括水下航行器、传感器和海洋观测系统）、海洋化学和地球化学系、海洋生物学系、物理海洋学系、地质与地球物理学系、环境科学实验室。沿海海洋研究所（深海的探索和研究的新技术），伍兹霍尔海洋研究所（深海探索和研究新技术），伍兹霍尔海洋学人类健康中心。主要研究领域：海洋学；研究海洋循环、洋流、海洋混合以及海洋在地球气候系统中的作用。	"REMUS 6000"（AUV）、"Nereus"（HROV）	"Alvin"（阿尔文）号，载人深潜器，深度可达4500米。它于1964年首次开发，此后经历了数次升级。被用于各种海洋学研究项目，包括研究深海热液喷口，探索沉船以及收集深海生物样本。"Alvin"号已被用于与国家科学基金会、美国国家海洋与大气管理局（NOAA）等机构的合作研究。"Jason"号深度可达6500米。它于1988年首次开发，此后经历了数次升级。"Jason"号配备了各种传感器和工具，可以从海底收集数据和样本。"Jason"号曾被用于各种研究项目，包括研究深海热液喷口，探索海底峡谷以及收集深海生物样本。"Jason"号曾被用于与NOAA、美国国家科学基金会和法国研究机构（IFREMER）等机构的合作研究。远程环境监测装置（REMUS）深度可达600米，可用于多种应用，包括绘制海底地图，监测水质

续表

研发单位	单位简介	研发设备	研发情况
伍兹霍尔海洋研究所（WHOI）	海洋生物学：海洋生物和生态系统，包括海洋微生物，浮游生物，鱼类，以及人类活动对海洋生态系统的影响，例如捕鱼和污染，气候和环境科学：研究海洋和大气如何相互作用，以及气候变化对海洋和海洋生态系统的影响。海洋工程：设计和建造深潜器，海洋传感器和其他研究海洋的工具；为与海洋和海洋资源有关的政策决策提供信息，就渔业管理，海洋保护和海洋能源开发等问题向政府机构和其他组织提供科学建议。政府机构，私人基金会和个人捐助者，国家科学基金会（NSF，主要赞助商），美国国家海洋与大气管理局（NOAA），海军研究办公室（ONR），戈登和贝蒂摩尔基金会，施密特海洋研究所。	"Orpheus"号（AUV）"Jason"号和"Medea"号	和研究海洋生物。"REMUS"号运载器已用于美国海军，美国地质调查局等机构的合作研究。"Nereus"号于2008年开发，旨在探索海洋最深处，包括马里亚纳海沟。"Nereus"号配备了摄像头、传感器和采样工具，使其能够研究深海生物并收集岩石和沉积物样本。"Nereus"号在2014年的一次研究任务中被摧毁。
美国国家海洋与大气管理局（NOAA）	美国国家海洋与大气管理局（NOAA），隶属于美国商业部下属的科技部门，主要关注地球的大气和海洋变化，提供对灾害天气的预警，提供海图和空图，对海洋和沿海资源的利用和保护，研究如何改善对环境的了解和防护。"战略范围"包括为作出社会和经济的决策提供在全球生态系统中，了解大气、海洋和沿海环境的作用的详细信息。任务是了解和预测地球环境的变化，维护和管理海洋和沿海资源，以适应国家经济的可持续利用，从人类和自然双方平衡对沿海和海洋生态系统的利用；了解气候的变化，包括全球气候变化和厄尔尼诺现象，保证可以计划采取适当对策的需要。目标集中在生态系统、气候、气象、水、商业和运输方面。拥有两架专业追踪飓风的飞机保证资源的可持续利用，从人类和自然双方平衡对沿海和海洋生态系统的利用；了解气候的变化，包括全球气候变化和厄尔尼诺现象，保证可以计划采取适当对策，提供	"Deep Discoverer"号（ROV）	—

续表

研发单位	单位简介	研发设备	研发情况
美国国家海洋与大气管理局（NOAA）	气象和水循环预报的数据，包括风暴、干旱和洪水的数据；提供气候、气象和生态系统的信息，保证个人和商业运输安全。	"Deep Discoverer" 号（ROV）	—
佛罗里达大学海港分院海洋研究所（HBOI）	佛罗里达大学海港分校海洋研究所（Harbour Branch Oceanographic Institute，HBOI），2008 年至今隶属佛罗里达大西洋大学。主要研究方向：海洋生物医学、水产养殖、海洋基因组学、海洋生物和海洋生态系统健康。此外，还经营多艘科考船和潜水器，用于深海勘探和研究。研究中心及研究所：海洋生物医学和生物技术研究中心、水产养殖与发展中心、印度河潟湖天文台和国家珊瑚礁研究所、海洋发现研究所、海洋工程与科学研究所和海洋基因组学实验室。资助：仅依托海军和海洋相关科研项目获得少量资助。	"Seabed Autonomous Underwater Vehicle" 号（SAUV）、"Johnson-Sea-Link" 号（ROV）、"Autonomous Benthic Explorer" 号（ABE）	"Seabed Autonomous Underwater Vehicle" 号（SAUV）：SAUV 开发于 2000 年代初期，是一种设计用于在深达 6 000 米深度作业的 AUV。它主要用于深海测绘和勘探。 "Johnson-Sea-Link II（JSL Ⅱ）"号（ROV）：HBOI 运营的 "JSL Ⅱ" 号 ROV 由 Harbor Branch Oceanographic Institution 的母公司佛罗里达大西洋大学所有。"JSL Ⅱ" 号主要用于科学研究，能够在深达 3 000 米的深度下运行。 深海探测器（Autonomous Benthic Explorer，ABE）：HBOI 参与了 ABE（AUV）的开发和运营，该 AUV 旨在研究深达 4 500 米的海底环境。ABE 被用于各种研究项目，包括热液喷口系统和海底地质学的研究。
蒙特利湾水族馆研究所（MBARI）	专门从事海洋科学和技术研究的非营利性研究机构，位于蒙特利湾。	"Ventana" 号（ROV）、"Benthic Rover" 号、"Gulper" 号（AUV）、"i2map" 号（AUV）	"Ventana" 号 MBARI 在 20 世纪 80 年代开发的遥控潜水器（ROV）。它专为深海勘探和研究而设计，能够在深达 1 000 米的深度下作业。"Ventana" 号已被用于各种研究项目，包括热液喷口和深海珊瑚的研究。 "Benthic Rover" 号是 MBARI 项目工程师阿拉纳·谢尔曼（Alana Sherman）和海洋生物学家肯·史密斯（Ken Smith）领导的工程师和科学家团队经过四年辛勤工作的成果。用于记录深海底生物特征。 "Gulper" 号用于采集水体样本。 "i2map" 号监测海水横断面，从 25 米开始，一直延伸到 1 000 米，最大深度为 1 500 米。

续表

研发单位	单位简介	研发设备	研发情况
蒙特利湾水族馆研究所（MBARI）	主要研究内容：海洋生物的多样性、特性，海洋地质、海洋健康、海洋成像、海底化学、海水的基本化学技术，水下声学技术。	"Tethy"号（LRAUV），"Tiburon"号（ROV），"Doc Ricketts"号等	"Tethy"号，2007年开始研发，追求大的深度和更广的范围； "Tiburon"号（ROV），1996年完工，于2015年退役，它专为深海研究而设计，"Tiburon"号在MBARI的SWATH研究船R/V Western Flyer上作业。 "Dorado"号（AUV），研究深度达1 500米的中层水环境。 "Doc Ricketts"号（ROV），它能够潜水至4 000米。"Western Flyer"号是"Doc Ricketts"号的支援船。
斯克里普斯海洋研究所	成立于1903年，后隶属于加利福尼亚大学，专门研究海洋科学与技术的研究所，包括研究液液喷口、深海生态系统和海底地质等。 生物学：海洋生物技术和生物医学中心（CMBB），综合性海洋学部门（IOD），海洋生物学研究部门（MBRD）。 地球科学：Cecil H和Ida M.Green地球物理学和行星物理学研究所（IGPP）； 地球科学研究部门（GRD）：海洋和大气气候、大气科学及物理海洋学（CASPO），海洋物理实验室（MPL）。	"Deep Tow"号等	"Deep Tow"号（20世纪60年代）：斯克里普斯海洋学研究所开发的首批深潜器之一。这是一艘载人潜水器，深度可达609.6米。它的目的是探索和研究深海。 "Deepstar 4000"号（20世纪70年代）："Deepstar 4000"号是一种载人潜水器，深度可达1 219.2米。它旨在探索和研究深海，尤其是热液喷口。 "深海挑战者"号（2012）："深海挑战者"号是由电影制作人詹姆斯·卡梅隆设计和驾驶的单人潜水器。它是与斯克里普斯海洋研究所其他组织合作建造的，潜水器到了海洋最深处马里亚纳海沟10 907.9米的深度。
华盛顿大学	重点研究开发和使用先进的水下技术、海底测绘、热液喷口生态系统以及气候变化对海洋的影响。	"Seaglider"号（ROV）	"Seaglider"号配备了传感器、通信系统和能源，使其能够一次在海上停留数月。自主运行并在深达1 000米的深度收集有关洋流、温度、盐度和其他参数的数据。它已被用于各种海洋学研究项目，包括监测气候变化和监测气候变化对海洋生态系统的影响。

续表

研发单位	单位简介	研发设备	研发情况
其他单位	美国海军水下作战中心（美军）、斯坦福大学、水螅虫（Hydroid）公司、Teledyne公司、波音公司、洛克希德·马丁公司、麻省理工学院		
英国			
英国南安普敦海洋研究中心（NOC）	主要研究方向：海洋的演变和发展研究、气候变化、探索海洋和海床的奥秘、海洋生物地球化学和生态系统、海洋系统建模、海洋物理学与海洋气候、海洋技术与工程。	Autosub系列（AUV）	Autosub系列的AUV研发了如，"Autosub 6000"号设计可潜至6 000米，已在包括南极海域世界范围内完成了多次探测任务。
法国			
法国海洋开发研究院	法国海洋学研究受法国工业科研部和海洋国务秘书处双重领导，总部位于伊西莱穆利诺。主要研究方向：监测、利用和改善海洋沿岸、水产养殖生产的监测和优化，渔业资源、海洋及其生物多样性的探索和开发，海洋循环和海洋生态系统，机制、趋势和预测。主要构成：法国海洋开发研究院目前在法国全国总共有26个工作站或研究中心，包括位于布雷斯特、南特、土伦及法属波利尼西亚的大溪地的主要中心，以及位于伊西莱穆利诺的总部。	"Victor 6000"号（ROV）、A6K号（AUV）、Ultra-Deep-Explorer号（AUG）	法国"鹦鹉螺"号可下潜至6 000米的深度，已经完成了1 500多次的下潜，可用于海底生态调查、沉船搜救等任务。
日本			
日本海洋科学技术中心（JAMSTEC）	隶属于日本科学技术厅，2004年4月成为独立行政机构。研究中心6个：横须贺本部、陆奥海洋研究所、东京办公室、横滨地球科学研究所、高知县矿样研究中心和全球海洋数据中心。热点研究方向：海底资源研究开发、海洋与地球环境变化研究开发、海域地震带研究开发、生物工程开发、尖端基础技术开发与应用。	"深海（Shinkai）6500"号（HOV）、"KAIKO-Ⅱ"号（ROV）、"Hyper Dolphin"（海豚3K）号（ROV）、"NIPPON SALVAGE"号（ROV）等	1989年就完成了"深海（Shinkai）6500"号载人潜水器的研制，后不断改进；"KAIKO-Ⅱ"号是7 000米级ROV，主要任务是辅助"深海（Shinkai）6500"号进行作业并可实施紧急救援，已经丢失。

续表

研发单位	单位简介	研发设备	研发情况
其他机构		东京大学等	
	俄罗斯		
俄罗斯科学院希尔绍夫海洋研究所	俄罗斯科学院希尔绍夫海洋研究所是俄罗斯最大的综合性海洋研究所，原名为苏联科学院海洋研究所。1968年该所正式改为俄罗斯科学院希尔绍夫海洋研究所。总部设在莫斯科，另有彼得格勒北方分所、加里宁格勒大西洋分所、格林端克南方分所、莫斯科总部内设5个研究部，下辖28个研究室和若干研究组，分别从事海洋物理学、海洋化学、海洋地质学、海洋地球物理学、海洋生物学以及观测技术的综合研究。3个分所侧重于某些专题和区域海洋学的研究。该所拥有"勇士"号、"库尔恰托夫院士"号、"门捷列夫"号、"多瑙海洋调查船"号、"黑海"号、"皮塞斯"号、"百眼巨人"号等水下调查装置。该所任务主要是研究海洋学基础理论，特别是海洋动力学和生物地质过程的调查研究，并开展对海水位变化的专题研究。主要研究方向是：世界大洋水文学，世界大洋中物质变化的化学过程，海洋和生物结构等问题，以及里海水位变化中的化学、生物和地质过程的调查研究。海-气关系，海洋生物生产力的控制。该所很重视对调查工具、实验方法和水下技术以及海底矿床的研究。	"MIR Ⅰ"号与"MIR Ⅱ"号等	"MIR Ⅰ"号与"MIR Ⅱ"号在1987年建成，可下潜至6 000米，应用100千瓦时的电池为动力系统提供电能，可维持约12小时的水下操作。

附录 深潜装备产业主体情况 175

（二）运营

运营单位	代表性装备	运营情况
		美国
伍兹霍尔海洋研究所（WHOI）	"Alvin"（阿尔文）号、"深海挑战者"号、"Jason"号（ROV）、"Sentry"号（AUV）、"Nereu"号（HROV）	"Alvin"（阿尔文）号：WHOI下设部门进行管理，共13人员编制，包括驾驶员、培训驾驶员、技术员，其中团队的领导驾驶员担任。"Alvin"号执行海上任务期间，主要组织结构分为潜水器小组及母船支持组，潜水器小组由组长兼探险队长、潜航员、水面控制员、协调员、小艇人员组成，母船支持组由当值驾驶员、首席科学家、船长、甲板工程师、小艇驾驶员及水手组成。由WHOI和美国政府联合指导，并由大学国家海洋实验室系统（UNOLS）监督。
夏威夷海底研究实验室（HURL）	"Pisces IV"号、"Pisces V"号、"Deep Discoverer"号、"Seirios"号	由于2012年美国的国家海底研究计划（NURP）停止对夏威夷海底研究实验室（HURL）等6个国家海底实验室的资助，HURL自2013年由夏威夷大学资助并开展系列下潜作业；后因经费短缺，夏威夷大学于2018年宣布将停止载人潜水器的运营，包括"Pisces IV"号和"Pisces V"号在内的相关装备将被停止应用。"Deep Discoverer"搭载科考船"Okeanos"，"Seirios"搭载科考船"R/V Ka'imikai-O-Kanaloa"，HURL的相关业务由夏威夷大学和美国国家海洋与大气管理局（NOAA）联合指导。
佛罗里达大西洋大学海港分校海洋研究所（HBOI）	"Johnson Sea-Link I"号、"Johnson Sea-Link II"号、"Clelia"号	同样因经费短缺，300米级"Clelia"号因部件零散仅供参观和研究，300米级"Johnson Sea-Link I"号和914米级"Johnson Sea-Link II"号均置于仓库，佛罗里达大西洋大学海港分校海洋研究所（HBOI）的相关业务由佛罗里达大西洋大学指导。
		法国
法国海洋开发研究院（IFREMER）	"鹦鹉螺"号	"鹦鹉螺"号：法国海洋开发研究院下设深潜部门，该部门人员分为4个技术组，管理团队，其中技术组的负责人均为管理团队成员，水下机器人组为10人，电气组9名，机械组13名，其中技术组的负责人均为管理团队成员，水下机器人组负责HOV、AUV、ROV的操作，其余技术组负责维护保养及研制工作。

续表

运营单位	代表性装备	运营情况
		俄罗斯
俄罗斯科学院希尔绍夫海洋研究所	"MIR I"（和平 I）号 "MIR II"（和平 II）号	"MIR"号：研究所下设科学开发深海载人潜水器实验室，现有的潜航员同时也是"MIR"号载人潜水器技术研发和专业维护人员。两台"MIR"号潜水器的专职潜航员 3 名，都能独立携带科学家完成科学考察和地质样物取样等下潜任务；专业技术人员 6 名，分别承担"MIR"号潜水器各个分系统维修维护任务，同时也可客串潜航员进行下潜作业任务。
		日本
日本海洋事业株式会社	"深海（Shinkai）6500"号、"KAIKO-Ⅱ"(ROV)"Hyper Dolphin"号、"NIPPON SALVAGE"号、"URASHIMA"(ROV)、"PICASSH"号（AUV）、"MROV"号混合型无人潜水设备、"OTOHIME"号（AUV）、"JINBEI"号（AUV）、"YUMEIRUKA"号（AUV）深拖系统（安装在横须贺调查船上用于海洋调查）	2004 年，日本海洋事业株式会社受日本海洋科学技术中心委托，负责其所有科学考船舶及潜水器的运营管理。 "深海（Shinkai）6500"号： "深海（Shinkai）6500"号由 10 余人的保障团队负责其日常维护保障及海上作业，执行海上作业期间，主要组织结构分为科学家小组、船员小组及艇员小组，科学家小组主要由首席科学家、副首席科学家、岗位科学家及海事技术人员组成；船员小组由船长、大副、二副、三副、轮机长、大管轮、二管轮、三管轮、电报员、值班水手等组成；艇员小组由营运主管、副营运主管、一级潜航员、二级潜航员、三级潜航员等。一般情况下运营主管由潜航队长担任。 "KAIKO-Ⅱ"（ROV）号已丢失。

二、无人潜水器

（一）研制

单位	简介	组织架构	研制情况
蓝鳍机器人（Bluefin Robotics）公司	Bluefin Robotics 公司总部位于马萨诸塞州昆西市，专门从事军用和民用自主水下航行器（AUV）及相关技术的设计和制造。公司成立于1997年，2005年成为巴特尔纪念研究所的全资子公司，产品包括"Bluefin-21"水下搜索机器人及其军用衍生型Knifefish扫雷AUV，参与了几个先进的海军项目的开发，包括"Black Pearl"（AUV）和Proteus可选载人潜水器。Bluefin Robotics 公司是世界上第一家独立的AUV公司。	2016年2月，美国的通用动力公司收购了Bluefin Robotics公司。Bluefin Robotics公司成为美国的通用动力公司海事和战略系统业务线的一部分。	"Bluefin-21"号是一种鱼雷形多用途AUV，曾用于搜索"马航MH370"；"Knifefish"号是"Bluefin-21"号的衍生产品，是与美国的通用动力先进信息系统公司合作开发的，用于为美国海军执行扫雷行动，取代海洋哺乳动物计划中训练有素的扫雷海豚和海狮，与海军的濒海战斗舰协同作战。"Knifefish"计划于2015年开始海试，并于2017年进入现役海军服役；"Bluefin SandShark Micro"号AUV是一种重量不到15磅的自主式AUV，它的功能包括情报任务、恢复数据任务的小规模调查任务、通信中继、进行训练或充当美国海军的诱饵；"Bluefin"号HAUV是一款携带两人的悬停式AUV，专为船体检测而设计。它配备了高分辨率成像声呐，可以用最小的停留时间，操作员可以手动控制其他基础设施检查、港口和港口安全、地雷对策（MCM）、未爆弹药（UXO）、科学研究。2016年，Bluefin Robotics公司与美国海军研究办公室合作开发了第三代悬停自主水下航行器（HAUV-3）。
伍兹霍尔海洋研究所（WHOI）	伍兹霍尔海洋研究所是世界领先的、独立的、非营利性组织，致力于海洋研究、探索和教育，创建于1930年，位于美国马萨诸塞州。	主要组成结构：应用海洋物理与工程系（开发用于海洋探索和研究的新技术，包括水下航行器、传感器和海洋观测系统）、生物学、物质与地球物理学系、海洋化学和地球化学系、海洋政策、物理海洋学系。	"WHOI"号AUV。"REMUS"。远程环境监测装置或"REMUS"号航行器是由海洋系统实验室设计的低成本自主水下航行器（AUV），可通过简单的笔记本电脑进行操作。这些鱼雷形状的航行器最初是为沿海监测而设计的，现在被用作各种海洋深度范围内的各种仪器的平台。"REMUS"号特别适合测量和测绘，有条不紊地像割草机一样在一个区域上行进，以对关键的海洋特征进行采样。入水后，"REMUS"号航行器使用独立螺旋桨和鳍进行转向和潜水，同时内部传感器采样并记录数据。"REMUS"号航行器使用声学导航一个区域，AUV内部都有一台控制计算机，每辆"REMUS"

续表

单位	简介	组织架构	研制情况
伍兹霍尔海洋研究所（WHOI）	主要研究领域：①海洋学：研究海洋循环、洋流、海洋混合以及海洋在地球气候系统中的作用。②海洋生物学：海洋生物和生态系统，包括海洋微生物、浮游生物、鱼类，以及人类活动对海洋生态系统的影响，例如捕鱼和污染，对海洋生态系统的影响。③气候和环境科学：研究海洋和大气如何相互作用，以及气候变化对海洋和海洋生态系统的影响。④海洋工程：设计和建造深潜器、海洋传感器和其他研究海洋的工具。	此外，WHOI 工作人员跨部门，有时与其他机构合作，为各种研究中心作出贡献包括：海洋和环境放射性中心、海洋大气科学中心、Francis E. Fowler IV 海洋与用和海洋哺乳动物中心、海气相互作用气候中心、海洋哺乳动物中心、海洋政策中心、海洋与气候创新加速器（OCIA），美国伍兹霍尔海洋与人类健康中心。	其功能类似于微型笔记本电脑。在 2003 年伊拉克自由行动期间，美国海军使用"REMUS"号航行器探测波斯湾乌姆盖斯尔港的水雷。海军军官表示，他们更喜欢"REMUS"号 AUV，因为每个 AUV 都可以完成 12 名到 16 名人类潜水员的工作。另一个"REMUS"号，被称为隧道检查车，专门用于调查纽约市特拉华河渡槽的泄漏情况。 具体型号如下： "REMUS 100"号是一种紧凑、重量轻、自主的水下航行器，专为在深达 100 米的沿海环境中运行而设计。"REMUS 100"号可以配置为包括各种标准和客户指定的传感器和系统选项，以满足独特的自主任务要求。 "REMUS 600"号作为"REMUS AUV 中用途最广"的成员，"REMUS 600"号的模块化设计使其传感器能够根据任务情况轻松重新配置。它们的任务持续航时间接近 70 小时，速度可达 5 节，深度可达 600 米，航程可达 286 海里。 "REMUS 3000"号在尺寸上与"REMUS-600"号相似，但是这种由钛制成的航行器可以游到更深的深度，并且它带有用于水下测绘和成像的更先进的传感器包。 "REMUS 6000"号是一种创新的多功能研究工具，允许进行广泛的自主操作，25 米至 6 000 米的深度范围内运行，建于 2004 年，用于检查特拉华渡槽约 72 420 米的隧道检查段，并最终发现其泄漏。 "REMUS SharkCam"号是经过特别改装的"REMUS 100"号航行器，配备摄像机以及导航和科学仪器，使其能够定位、跟踪和密切跟踪标记的海洋动物，例如北大西洋白鲨（大白鲨）。 "REMUS Turtlecam"号使用与"SharkCam"号类似的技术，"TurtleCam"号跟踪一只附有发送器的海龟，在视频中捕捉它的运动并测量它周围水中的盐度、温度、深度和流速。

续表

单位	简介	组织架构	研制情况
伍兹霍尔海洋研究所（WHOI）	⑤提供决策信息：为与海洋和海洋资源有关的政策决策保护和海洋能源开发等问题向政府机构和其他组织提供科学建议。	Francis E. Fowler IV海洋与气候中心	"Sentry"号是国家深潜设施（NDSF）的一部分。继其前身ABE之后，"Sentry"号是一款完全自主的水下航行器，能够探索深达6 000米的海洋。"Sentry"号以ABE的成功为基础，提高了速度、射程和机动性。"Sentry"号的流体动力学形状还允许更快地上升和下降。"Sentry"号携带卓越的科学载荷，使其能够用于中层水域和海床近海底和海底图和磁图，并能够作各种深海地形（如中洋脊、深海喷口和海底边缘的冷泉）中拍摄数字底部照片。"Sentry"号具有在极端地形（包括火山山口和悬崖）上运行的独特能力。"Sentry"号航行系统使用多普勒速度计程仪和惯性导航系统，辅以声学导航系统（USBL或LBL）。USBL系统还提供声学通信，可用于获取航行器状态和传感器状态，"Sentry"号还配备了各种科学分配深潜器任务。除了标准传感器外，"Sentry"号还配备了各种为科学提供的传感器，包括Nakamura氧化还原电位探头、ACFR 3D成像系统和Tethys原位质谱仪。与之前的ABE一样，"Sentry"号可用于定位和量化热液通量。由于其卓越的传感器套件、更高的速度和耐力，改进的导航和声学通信，"Sentry"号能够用于更广泛的海洋学应用。与ABE一样，"Sentry"号可用作独立车辆或与"Alvin"号或ROV串联使用，以提高深潜调查的效率。 "Mesobot"号目前正在设计用于研究中层（中层水）过程。"Mesobot"号将使用摄像头和灯光以非侵入方式跟踪中层远洋动物，眼跟下降粒子的命运，并跟踪上升的气泡和液滴，使科学家能够首次表征它们在长时间内的原位行为。凭借超过一整天的续航能力，在它们下沉时跟踪动物进行昼夜垂直迁徙时跟随它们，并在它们上升时追踪逸出物中的气泡。该机器人还将携带一个抽水过滤采样器，使其能够捕获地球化学样本、浮游生物、微生物、斯坦福大学和蒙特利湾水族馆研究所（MBARI），斯坦福大学和得克萨斯大学奥斯丁分校德兰格兰齐诺河合作成果。该项目由国家科学基金会资助，预计将于2019年进行首次海试。

续表

单位	简介	组织架构	研制情况
伍兹霍尔海洋研究所（WHOI）	⑥费助：政府机构、私人基金会和个人捐助者，国家科学基金会（NSF，主要赞助商）、国家海洋与大气管理局（NOAA）、海军研究办公室（ONR）、戈登和贝蒂·摩尔基金会、施密特海洋研究所。	海洋哺乳动物中心、海洋政策中心、海洋与气候中心、新加速器（OCIA）、伍兹霍尔海洋与人类健康中心。	"Orpheus"号既能够到达海洋最深处的新型自主水下航行器（AUV），也是该级别的第一艘航行器。两艘相同的"Orpheus"号 AUV 于 2018 年建成，分别命名为"Orpheus"号和"Eurydice"号。4 个固定方向的推进器和紧凑的外形让"Orpheus"号变得灵活，使其能够在海底附近探索，着陆采集样本，然后再升空继续执行任务。"Orpheus"号于 2018 年 9 月和 WHOI 运营的研究船"Neil Armstrong"号进行了首次测试，并于 2019 年 9 月由 WHOI 运营的"Ocean X"号进行了首次测试。每一次测试都都提供了进入更深度和更复杂任务的机会。它还将作为基地球以外星球道路上的第一步，执行任务似于有朝一日可能在木卫二或土卫二覆盖的冰雪海洋中发射的任务。
水臭虫（Hydroid）公司与康斯伯格海事（Kongsberg Maritime）公司	Hydroid 公司是海洋深潜器的技术领导者之一，特别是自主水下航行器（AUV）。该公司设计和制造最先进的解决方案，用于许多行业应用，包括海洋研究、商业和国防。该公司位于美国，是世界上最值得信赖的先进自主水下航行器（AUV）制造商之一的 Kongsberg Maritime 公司的子公司。Hydroid 公司的 AUV 可下潜至 6000 米深度，探索浅水区并在难以航行的危险区域悬停。这些 AUV 降低了海洋勘探和采样的高成本，同时增加了科学海洋数据的可用性。此外，其 AUV 参与了海底排雷活动，这些活动通过将人类潜水员从雷区中移除来帮助挽救生命，并帮助解决了飞机和船舶灾难之谜，包括定位法航 447 航班残骸和生成泰坦尼克号的 3D 地图。	Hydroid 公司是先进自主水下航行器（AUV）制造商康斯伯格海事（Kongsberg Maritime）公司的子公司	自主水下航行器，"Seaglider"号。 SEAGLIDER™ AUV 彻底改变了海洋数据的收集方式。极长的耐用性允许以传统方法成本的一小部分收集数据，世界各地的研究人员、海军规划人员和商业企业都在广泛地应用中使用这些航行器。 自主水下航行器"MUNIN"号（AUV）旨在收集由测量级定位系统进行地理参考的高分辨率声呐数据。它是一种高效的紧凑型运载工具设计，可以更轻松地发射和回收，并有可能使用更小的发射船。 自主水下航行器"HUGIN"号（AUV）拥有商业和海军运营的运营经验。"HUGIN"号已在世界各地开发，从浅水到深水，在北极和热带水域。 自主水下航行器"REMUS 100"号、"REMUS 600"号、"REMUS 6000"（AUV）取得了巨大的成功，交付了 250 多辆。"REMUS"被广泛用于包括海军、水文学和海洋研究在内的许多应用领域。3 种不同的型号可供选择。 AUV 和 ROV 发射和回收系统；"NavLab"——通用模拟和后处理导航软件。

（二）运营

单位	简介	组织架构	运营情况
DeepOcean 公司	成立于 1999 年。总部位于挪威奥斯陆，主要运营中心位于挪威、英国、美国和墨西哥。 2016 年，国际投资公司 Triton 成为 DeepOcean 的第一大股东。2017 年，Deep Ocean 收购了总部位于法国、专注于非洲的 ROV 服务公司 Searov。次年，收购美国 ROV 和工具服务公司 Delta Subsea 进一步扩大业务。 2021 年，DeepOcean 公司达成协议收购 A depth Minerals 公司的多数股权，这是一家致力于海洋矿物可持续勘探和开采的公司。同年，该公司共同创立了 Wind Staller Alliance，旨在为海上风电和其他海上可再生能源领域提供全球最具成本效益的完整产品供应、制造和海洋服务。 DeepOcean 公司是世界领先的海洋服务提供商，并拥有一支经验丰富且具有深水作业知识和海洋环境的可持续利用。该公司为石油和天然气、近海可再生能源、深海矿物和其他能源领域的公司提供全方位的服务——从调查、工程、项目管理、安装到维护和回收。DeepOcean 公司秉承"go green"的态度。	DeepOcean 公司有一个监事会和一个执行管理团队，负责监督 Deep Ocean 公司活动的日常管理。	DeepOcean 公司拥有超过 50 架 ROV。 "Constructor 220 HP"号，旨在支持恶劣天气条件下的重型作业，深度等级 3 000 米； "Constructor"号（ROV），支持多重自动化的工作，例如自动定位、自动跟踪功能； "Falcon"号，尺寸非常灵活，1:1 功率重量比。四个推进器允许其在恶劣的条件下工作。包括一个带滑环的 300 米绞车和一个带视频覆盖和日常可读的显示屏的移动控制单元； "Installer"号（ROV）控制系统提供多种自动功能，例如"AutoPOS"和"AutoTRACK"功能； "Mohawk"，一款全电动紧凑型 ROV 系统，可用于各种水下任务，包括观察、测量、无损检测（NDT）检查。它专为广泛的水下任务而设计，包括潜水员监控和支持，结构检查，有效载荷项目部署，维护和维修支持，测量，海洋学和研究，军械回收，轻型施工支持，油井修井支持； "Mojave"号，可以在多种平台上运行； "Panther Plus"号（ROV）部署在 TMS（系绳管理系统）中，并使用"A"型框架 LARS（发射和回收系统）发射。"Panther Plus"甲板设备比传统的液压工作级 ROV 更小、更轻。由于甲板空间和电力需求更少； "Superior Survey"号（ROV）提供了全新水平的 ROV 测量性能。其流体动力学形状、动力和模块化设计提供了无与伦比的操作灵活性和数据质量。ROV 配备了最新的导航和传感器系统技术。它与 ROV 控制系统的集成确保了非常稳定和精确的 ROV 航行能力，与"Supporter"号（ROV）控制系统提供多种自动功能，如"AutoPOS"和"AutoTRACK"功能； "Triton XI"号儿平支持任何海上重型工作要求，包括：钻井支持、施工支持、平台清洁和检查、海底电缆铺设和维护，吸力桩打捞、远程部署、海底管道完工、深水打桩和安装。

续表

单位	简介	组织架构	运营情况
DOF Subsea 公司	DOF Subsea 公司成立于 2005 年。总部位于挪威卑尔根，是一家国际海底运营公司。该公司为全球海上石油和天然气行业提供综合项目管理和海底解决方案。该公司为世界各地的石油和天然气产区提供服务。资产包括 26 艘多功能重型船舶、52 艘遥控水下航行器、2 艘自主水下航行器和 11 个潜水点。该公司还拥有 70 台 ROV。	DOF Subsea 公司有一个监事会和一个执行管理团队。	为全球石油和天然气行业提供 ROV 和干预服务方面拥有超过 15 年的经验。适用于 DOF 海底操作船舶或作为任何近海船舶的补充支持。 "Kystdesign Supporter" 号：多达 24 个额外的工具液压功能，其中 4 个是高流量（75 升每分钟），以及多达 20 个额外的测量传感器和 8 个摄像头。所有液压功能均按比例控制，电子系统中的所有通道都有接地故障监控。ROV 控制系统提供多种自动功能和位置保持功能。主要规格：高度：1.20 米，宽度：1.20 米，长度：2.50 米，重量：2 450 千克，最大深度：2 000 米，速度：3.0 节，纬度航速：2.0 节。 "Schilling Robotics HD"号：系统专为性能、可靠性和可维护性而设计。设计和模块化子系统的创新功能相结合，生产出适用于 IMR、钻孔支撑和重型施工作业的高性能水下航行器。非常适合快速运输和移动。主要规格：高度：1.90 米，宽度：1.70 米，长度：2.90 米，重量：3 600 千克，最大深度：4 000 米，系船柱向前横向拉力：900 千克力，系船柱向上、向下拉力：850 千克力。 "Schilling Robotics" 号（UHD）：是一种超重型工作级 ROV 系统。它旨在应对苛刻的情况和条件，执行从施工支持到调查和检查的所有类型的海底工作。ROV 具有高度机动性，提供出色的操控性，并且可以容纳各种传感器、工具和设备。主要规格：高度：1.830 米，宽度：1.850 米，长度：3.00 米，重量：2 450 千克，最大深度：5 037 米。 "Schilling Robotics"号 UHD Ⅲ：UHD-Ⅲ 遥控潜水器（ROV）系统为最困难的深水任务提供市场领先的性能。250 马力能够处理所有超重型要求。是唯一能够满足 API 53 二级 BOP 干预标准的工作级 ROV，无须任何额外设备。UHD-Ⅲ 可提供 150 马力的介入应用，提供用户能够使用可携带在 ROV 上的多种流体执行其他复杂的任务，提供传统 ROV 系统无法实现的组合压力和流量。此功能还使用户能够使用可携带在 ROV 上的多种流体执行其他复杂苛刻的任务，包括修井和水合物修复。主要规格：高度：1.90 米，宽度：2.10 米，长度：3.50 米，重量：5 600 千克，最大深度：4 000 米，系船柱向前、横向拉力：1 200 千克力，系船柱向上、向下拉力：1 000 千克力。

续表

单位	简介	组织架构	运营情况
DOF Subsea 公司	该公司自20世纪80年代以来一直在运营。提供的海底服务包括海底测绘、测量，海底结构的维修和维护，施工支持和工程。DOF Subsea 公司在全球10多个国家开展业务。	执行管理团队：Michael Rosich，VEP Jan Kristian Haukeland，VEP Mario Fuzetti，VEP Marco Sclocchi，VEP	"Triton XLS 150"：是最新一代重型工作级 ROV 系统。它旨在应对苛刻的情况和条件，执行从施工支持到调查和检查的所有类型的海底工作。ROV 具有高度机动性，提供出色的操控性，并且可以容纳各种传感器，工具和设备。主要规格：高度：1.930 米，宽度：3 000 米，长度：3.0 节，重量：4 400 千克，最大深度：3 000 米，速度：3.0 节，最大纬度航速：2.0 节。 "FOCUS-2ROTV"：是一个稳定可靠的传感器载体，可水平和垂直控制，可跟随测量线：通过从海底装置到顶部的光纤电缆与测量船舶系统轻松连接单元。能够将集成作为独立的自包含各单元使用。主要规格：高度：1.20 米，宽度：1.20 米，长度：2.00 米，重量：160 千克，最大航速：6.0 节。 "TritonXLX"：是最先进的重型工作级 ROV 系统，能够应对最苛刻的海上应用。可以容纳各种现代化工具和传感器，并且它允许它的设计允许时间和准确地操作。主要规格：高度：1.950 米，宽度：1.80 米，长度：3.20 米，重量：4 900 千克，最大深度：3 000 米。
国际海洋工程（Oceaneering International）公司	国际海洋工程公司创立于 1964 年，总部位于美国得州休斯敦，全职雇员 8 600 人，是一家向全球海上石油和天然气行业提供工程服务和产品的公司。	分为5个部门来运作：ROV 远程操作，海底产品部门，海底项目，资产完整性、先进技术。ROV 远程操作：提供潜水 ROV，用于钻探支持，船舶检查、维护和维修，安装和调查，以及海底生产设施运营和维护服务。	世界上最大的工作级 ROV 系统制造商和运营商。其 ROV 舰队包括深水工作级 ROV 系统和超深水搜水救援系统。截至 2018 年 12 月 31 日，该部门拥有 275 辆工作级 ROV。 Heavy Work Class ROVs：NEXXUS ROV，Magnum® Plus ROV，Millennium® Plus ROV。

续表

单位	简介	组织架构	运营情况
国际海洋工程（Oceaneering International）公司	截至 2012 年，该公司收入的 80% 来自深水工作，是全球最大的 ROV 运营商。该公司为海上石油和天然气行业以及全球的国防、航空航天和商业主题公园行业提供工程服务和产品。	海底产品部门：构建各种特种海底硬件产品，包括利用钢管、热塑性软管和端接组件的海底脐带；ROV 工具和海底工作包；生产控制设备；安装和维修井控系统；夹紧连接器；管道连接器和维修系统；海底和海上部控制阀；海底化学品注入阀以及提供无立管轻井干预服务。 海底项目部门：执行海底油田硬件安装和检查、维护和维修服务；为浅水项目提供服务；并执行海底干预和硬件安装服务。 资产完整性部门：为海上客户设施的安全提供资产完整性服务；对石油天然气、石化和发电行业客户进行第三方检查，和首次通过完整性评估，以及无损检测服务。 先进技术部门：为非能源行业的应用提供项目管理，工程服务和设备。	Work Class ROVs: Isurus™ ROV、eNovus ROV Resident ROVs: Freedom™ ROV、Liberty™ E-ROV Observation and Inspection ROVs: Omni Maxx ROV、Sea Maxx ROV、Spectrum® ROV。

续表

单位	简介	组织架构	运营情况
螺旋能源解决方案（Helix Energy Solutions Group）公司	在2006年之前被称为卡尔迪夫国际（Cal Dive International）公司，是一家美国石油和天然气服务公司，总部位于得克萨斯州休斯敦。该公司是一家为新油气田和现有油气田的修井和ROV作业提供离岸服务的全球供应商。	分为四个业务部门：修井、自动化、油田退役处理、生产设施；执行油井增产或退役操作，从而通过延长现有油井的使用寿命来避免钻新井，并通过安全地退役老化油井和恢复环境来保护环境海底。为全球石油和天然气以及可再生能源市场提供挖沟、海底清理、海上施工和检查、维修和维护服务，从而协助提供负担得起的可靠能源并支持负责任的转型远离以碳为基础的经济。Helix Producer I（"HP I"），Helix 快速响应系统（"HFRS"）以及对油气资产的所有权。目前所有的生产设施活动都位于墨西哥湾。	拥有40多架ROV。Triton XLS ROV、Schilling ROV UHD III（深水任务）、Schilling ROV UHD II（深水任务）、Schilling ROV HD（重型）、Triton XLX ROV 200 hp、Triton XLX ROV 150 hp。

续表

单位	简介	组织架构	运营情况
德希尼布(TechnipFMC)公司	德希尼布公司(NYSE: FTI)创立于2015年，总部位于英国伦敦，由法国的德希尼布公司(1958年建立)和美国的FMC科技公司(FMC Technologies, 2001年建立)在2017年合并而成。全职雇员20 000人，是一家跨国石油、天然气公司，提供水下技术以及能源基础设施建设服务。TechnipFMC公司为全球能源行业提供技术解决方案，为润滑油、石油、燃料、添加剂和化学品以及石油和天然气工业提供服务，业务遍及水下技术、表面技术以及能源基础设施领域对应公司的2个部门——海底技术部门和表面处理技术部门。该公司在欧洲、俄罗斯、中亚、美洲、亚太地区、非洲和中东开展业务。旗下全资子公司是FMC Technologies AS (前身是FMC Holding Norway AS)、Fmc Kongsberg Holding AS 以及 FMC Kongsberg Metering AS 等。	公司拥有两个主要部门：海底技术部门(Subsea Technologies)：设计和制造产品和系统；执行工程、采购和项目管理；并对从事海上石油和天然气勘探和生产的石油和天然气公司提供服务。表面处理技术部门：设计和制造系统，并为从事陆地和浅水勘探以及原油和天然气生产的石油和天然气公司提供服务。该部门还为油田服务公司设计、制造和供应技术先进的井口系统以及用于增产活动的高压阀门和泵，并为勘探和流回生产公司提供安装、回流和其他服务。	该公司制造世界上最先进的遥控潜水器(ROV)和机械臂，是石油和天然气行业几乎所有深水ROV运营商的干预系统的领先供应商。其核心理念是专注于革新深水生产力，不仅在ROV和机械手的设计、建造和操作方面，而且还通过独特的售后服务来降低客户的运营成本。Schilling Robotics这一品牌于1985年进入深水领域，提供机械手系统，随后于2000年推出其第一款ROV。如今，其工作级ROV部署在全球范围内，在石油和天然气行业、可再生能源领域，军事应用和深水研究领域开展业务。Schilling Robotics机械手系统部署在世界上几乎所有工作级ROV以及其他潜水器上，包括电动ROV和研究与探索潜艇。 The GEMINI®ROV系统：下一代先进的250马力工作级ROV系统，可提供前所未有的海底生产力。ROV、机械手和工具的集成实现了向高度自动化海底机器人技术的过渡，从而将任务时间从数小时缩短至数分钟，确保每次都能获得可预测的结果。GEMINI®的额定深度可达4 000米，可以在海底停留1个月，实现24/7全天候运行，无须恢复工具重新配置。 "Ultra Heavy Duty (UHD-Ⅲ)" ROV：一款终极重型ROV，通过其软件控制ISOL-8泵执行海底任务。紧凑而强大的ISOL-8泵可以在5 000 psi下为BOP干预操作提供超过50加仑每分钟的流量，而在施工模式下，ISOL-8泵可以配置为单流体输出或双流体输出。 "Heavy Duty (HD) 150hp" ROV：提供了一系列功能，包括用于钻井支持和IMR领域，建筑部门以及勘察、打捞和军事支持领域的多级平台。

续表

单位	简介	组织架构	运营情况
康斯伯格海事（Kongsberg Maritime）公司	它是 Kongsberg Gruppen（KOG）旗下的一家挪威科技企业，创立于1814年，为商船和海上设施提供定位、测量、导航和自动化系统。他们的产品存在于自动态定位系统、海洋自动化和监视系统、过程自动化、卫星导航和水声学中。Kongsberg Maritime 公司的主要产品领域包括：甲板系统、动力定位系统、水声、回声测深仪、声呐、导航系统、水下航行器和海洋机器人系统、自主水下航行器和监视系统、运动传感器、船舶自动化和监视系统、海军舰艇、海洋信息技术、GPS、AIS和位置参考系统、海军系统、水下和恶劣环境相机系统等。	Kongsberg Maritime 公司是 Kongsberg Gruppen 公司的全资子公司。主要业务包括：货船、邮轮和渡轮、渔业、离岸供应和服务、海上勘探与生产、专业船只、包括极地考察船和风电场支援船、海岸警卫队和其他船、海军舰艇、海底测绘和勘测、海洋信息技术、过程自动化、自主解决方案。	自由游动的自主水下航行器具有出色的机动性和高精度，适用于民用和军用，包括 HUGIN 系列 AUV（"HUGIN"号、"HUGIN Egde"号、"HUGIN Superior"号和"HUGIN Endurance"号）。HUGIN：提供终极的自主远程海底勘测能力，有多种配置和深度等级。"HUGIN Superior"号：携带的传感器比以往任何一艘自由游动的 AUV 都多。其有效载荷传感器套件是固定的。它包括 HISAS 1032 双接收器，EM2040 Mk2 相机，激光剖面仪，海底剖面仪，磁力计以及甲烷、二氧化碳、氧气等传感器。"Hugin Superior"还配备了最新的功能，包括自主管道跟踪、地形导航和单信标水下转发器协议导航。微导航优于行驶距离的0.04%。"HUGIN Endurance"号：可以配置一系列任务能力和态势感知传感器。这包括经过验证的用于测绘和检查目的的水声仪器，例如 KONGSBERG HISAS 系列合成孔径声呐和 EM® 系列多波束回声测深仪和可更换相机或海底剖面仪，以及反方甫措施，快速环境评估，搜索波束。水下和水面感知传感器旨用于自主决策。"HUGIN Edge"号：长度不到4米，重量约为300千克。它采用最新的电池技术，可在深达1000米的深度下提供超过24小时的运行。总体布置包括下一代 KONGSBERG 合成孔径声呐，高频多波束回声测深仪和可更换相机或海底剖面仪，以及反甫措施，快速环境评估，搜索和恢复，以及对关键国家基础设施的调查。

续表

单位	简介	组织架构	运营情况
国际潜艇工程有限公司（ISE）	International Submarine Engineering Ltd.（ISE）是一家加拿大的高科技工程公司，从事海底、陆地和太空机器人系统的开发和制造。	该公司在以下领域拥有成熟的专业知识：自主水下航行器（AUV）的开发、制造和维护；用于海底作业的遥控潜水器（ROV）；载人潜水器的开发、制造和维护；开发独特的海底系统以满足海上石油行业的个性化需求；为公共部门的个性化需求开发独特的海底系统；液压、气动、电动机器人机械手的开发与制造；定制远程操作自主机器人系统的开发；用于核应用的机器人系统；通信和实时控制系统的开发。	拖曳对接系统：ISE公司一直在开发拖曳对接系统，允许其"Explorer"号AUV自动对接以进行充电和数据下载。这种拖曳系统允许在一定深度对接，从而最大限度地减少波浪效应的影响，使对接过程更加顺畅和可靠。该项目是ISE公司和达尔豪斯大学之间的联合项目，由国防卓越与安全创新（IDEaS）提供资金，目标是利用码头进行持续的海上监测。 "探索者"号AUV："探索者"号AUV以低运营成本、灵活性和卓越的无人监督远程能力而闻名。ISE公司制造的"Explorer"号AUV在北极完成了10多天的连续冰下作业，覆盖了1000多千米的连续无监督测量。充电和数据传输为监督在冰下进行的系统的模块化使其成为标准气象科学监测的理想选择，而易于定制使"Explorer"号AUV能够满足并超过石油和天然气以及海军最终用户的更具体的操作要求。"Explorer"号AUV作为功能强大的航行器和稳定的传感器平台受到国际科学界的好评，IFREMER交付了2个系统。"Explorer"号也被交付给美国国家海洋和大气管理局（NOAA），由南密西西比大学和密西西比大学共同运营。纽芬兰纪念大学、不来梅大学、加拿大自然资源部也接收了"Explorer"号AUV。 "Theseus"号AUV："Theseus"号AUV：作为美国-加拿大斯宾纳克（Spinmaker）联合项目的一部分，ISE根据与加拿大国防部的合同，开始开发"Theseus"号AUV，这是一系列先进机器人系统中的一个。推动"Theseus"号开发的要求是在北极冰层下铺设长距离光缆。该项目成功完成，两次部署到北极，第一次部署在2.5米厚的冰袋下600米水深中铺设了几条220千米的电缆，创造了超过60小时的AUV耐力纪录——全部在冰下。

续表

单位	简介	组织架构	运营情况
Atlas Elektronik 公司	该公司是一家海军/海洋电子和系统公司，总部位于德国不来梅。它参与了用于潜艇和重型鱼雷的集成声呐系统的开发。于2017年成为ThyssenKrupp Marine Systems 公司的全资子公司。共有10个业务领域（潜艇系统、全面作战系统、地雷战系统、反潜战系统、无人驾驶车辆、海军武器、海上安全系统海军通信、机载系统、服务），涵盖38个产品组。	首席执行官：Michael Ozegowski。员工组成：80%以上是工程师、技术人员和技术工人。	"SeaCat"号是一种中等大小的航行器，可以通过大量用户定义的有效载荷开展补充，这些载荷位于"SeaCat"号进水船首部分。"SwapHead"可在几分钟内在现场更换，并允许优化适应特定任务。"SeaCat"加上"SwapHead"号允许执行范围广泛的高要求任务。"SeaCat"号的主要特点：根据最高标准进行水文测量，实时数据传输，用于即时关注点检查供水管道内部一览，安装在旋转装置上的高频换能器可对垂直结构和船体进行非常详细的测绘，可以在AUV后面拖曳高度灵敏的磁力计，通过AUV后面拖曳高质量的海底剖面仪可用于考古、地质和军事任务满足特定要求的定制应用程序。
L3Harris 公司	L3Harris 公司是用于军事、研究和商业任务的自主、轻型无人驾驶水下航行器（UUV）的制造商，包括反水雷（MCM）、水文测量、情报、监视和侦察（ISR）、环境监测、反潜战、研究、调查、搜索和恢复。	—	"L3 Harris OceanServer Iver3-580"号是一款完全自主的水下航行器（AUV），能够在无人值守的情况下运行长达10小时，深度为100~200米，同时携带各种传感器。有效载荷传感器可以生成详细的测深图、侧扫图像、磁力计、水质、视频和静止图像、将其有VectorMap软件，一般用于地下安全和研究。具有VectorMap软件，地下安全图表、地图或照片图像，可用于几乎任何任务规划的地理参考图表。"Iver3-580"的机载载荷，并支电池允许在系统运行十小时（取决于环境条件和耐用性，它一次充电能够持电池部分交换以连续运行。凭借这种耐用性，它一次充电能够使用一系覆盖面积超过20千米的测量线。操作员只需花费很少的时间或额外编程精力，以搜索大列复杂的传感器来导航预编程的路径，同时保持离海底恒定的高度，无论水况如何。

续表

单位	简介	组织架构	运营情况
萨博（Saab）集团	萨博（Saab）集团是位于瑞典的一家航空及武器制造商，成立于1937年，主要目标是为瑞典提供军用飞机。在20世纪90年代，经过公司所有权的变更，名称变为萨博集团。现今，其为全球市场提供从军事防御到民用安全的产品，服务和解决方案。业务领域：航空、动力学、监控。	拥有世界一流的飞机系统、先进的航空结构和广泛的民用和军用航空支持解决方案的创新供应商。该业务领域不仅从事军用飞机系统的研究、开发和生产，还开展研究、为未来的有人和无人机系统做准备。为商业和国防市场提供支持武器、导弹、鱼雷、传感器、伪装和欺骗系统、训练和模拟系统、无人水下航行器以及战术水下和支持解决方案。监控业务领域为安全和保障、监视威胁监测、定位和保护提供有效的解决方案。拥有世界领先的微波和天线技术，其基础是有效的长期产品开发，利用各个产品领域之间的协同作用。	"Saab Seaeye"已在全球范围内交付了900多个航行器系统，将其用于科学研究、军事应用以及所有水下领域的观察检查和环境工作，范围包括：工作级遥控航行器、检查和观察ROV、调查遥控潜水器、自主水下航行器、ROV工具，用于商业和军事应用的水下航行器。 "Sabertooth"：具有深水能力、远航程、先进的AUV功能和六个自由度，以INS-DVL为标准的完全自主导航，是一个非常强大但重量轻的双壳版本，1 200米或3 000米作业深度选项，结合动力、维护和维修（IMR）平台，主要特征：提供单壳和双壳版本，无系绳操作和360度悬停。

续表

单位	简介	组织架构	运营情况
ECA集团	一家专注于私募股权和风险投资组合公司的专业项目人员配备和猎头公司。ECA集团在其机器人技术、自动化系统、模拟和工业流程方面的专业知识而闻名。	机器人系统：世界上最大的10支军队中有9支配备了ECA集团开发的解决方案。该集团是用于探雷和销毁AUV的领导者。其专业知识在世界范围内得到认可。ECA集团结合其在设计水上、水下、陆地和空中无人机以及开发集成系统方面的专业知识，以开发适合国防部门、海事、核能需求的全面解决方案电力、石油钻井平台和工业。 航空航天部：ECA集团的航空航天部门提供专为民用和军用航空设计的创新且可靠的解决方案。其在该领域的专业知识以及机器人和自动化领域使其能够满足航空制造商、航空公司、维修和保养中心以及航空的需求。	"A18-D"是"Exail"中型自主水下航行器（AUV），适用于深水应用。它致力于精确的3D海底测量。深度的自主任务，续航时间为21小时，并且易于通过飞机运输以执行海外任务。该系统可以与允许自动水下回收的LARS和用于数据后处理的软件一起交付。

续表

单位	简介	组织架构	运营情况
ECA集团	自1936年以来,它一直在开发完整的创新技术解决方案,以在恶劣条件性环境中执行复杂任务。自1936年成立以来,ECA集团一直在开发完整的创新技术解决方案,以在国防、海事、航空航天、模拟、能源和工业设备领域的恶劣或限制性环境中执行任务。	模拟部:50多年来,ECA集团一直致力于设计海军和水下无人机并开发集成系统。它还专注于空中和陆地无人机,并使用最新技术为任务提供完整的操作和训练模拟器。由于其在无人机和机器人方面的专业知识实力,ECA集团已将其所有产品归入模拟部门,以设计未来的模拟器。它们将用于远程操作或自主机器人执行的任务。由于模拟机器人通常由载体(船舶等)操作,因此这些模拟器训练器通常被集成到航行器训练模拟器中。	优点:轻型、在恶劣的海况条件下轻松下水和回收,便于海外任务部署(ISO集装箱运输),扩展的覆盖范围和续航能力,用户友好的任务管理系统,传感器有效载荷的灵活性。

续表

单位	简介	组织架构	运营情况
通用动力（Triton）公司	通用动力（Triton）公司是一家美国的国防企业集团。2020年时是世界第五大国防工业承包商。现今包含的业务集团有海洋、作战系统、航空系统和资讯科技集团。	该公司分为四个业务组：海洋系统、作战系统、资讯科技集团和航空航天。海洋系统：美国海外海运公司、巴斯钢铁厂、通用动力电船、国家钢铁和造船公司。武器系统：通用动力公司地面系统、通用动力装备与技术产品、通用动力军械和战术系统、通用动力欧洲陆地战斗系统。信息系统：通用动力先进信息系统、通用动力C4系统、通用动力信息技术、通用动力（英国）、通用动力公司无线系统。	Bluefin Robotics 公司为美国的通用动力公司海事和战略系统业务线的一部分，专门从事军用和民用自主水下航行器及相关技术的设计和制造。

续表

单位	简介	组织架构	运营情况
Hydromea 公司	Hydromea 公司总部位于瑞士，在水下机器人、透水下无线通信和水下导航方面拥有核心专业知识。多年前，它在澳大利亚组装了第一台便携式水下无人机"Serafina"。 它开发的产品和解决方案使客户能够实时进行自主的高速和大容量海底数据访问。通过结合自主机器人技术和无线通信网络系统，它淘汰了电缆，使以前昂贵得让人望而却步的项目变得负担得起，并使人类受性和海底数据访问的范式转变，它将人为风险降至零。这代表了可承受性和海底数据访问的范式转变，重要的是，它将人为风险降至零。	创始团队。伊戈尔·马丁，首席执行官，菲利克斯斯席尔，首席技术官，亚历山大·巴尔，首席运营官。	"LUMA" 快速水下无线通信：是一系列紧凑、节能的光学调制解调器，可下至 6 000 米深度下运行，低功耗和高数据速率，通信速度高达 10 兆字节每秒，范围可达 50 米。凭借小尺寸、低功耗和高数据速率，LUMA 在许多需要实时监控或检查水下资产的行业中开辟了新的水下连接可能性。"LUMA" 为常驻自主水下航行器（AUV）启用无线高清视频连接，以便飞行员可以在资产附近远程控制他们的 AUV。 "DISKDRIVE™ 50/80"：一款获得专利的超薄轮毂驱动无刷直垂稳定推进器，厚度仅为 16 毫米。纤薄的尺寸使其成为低阻力垂直稳定推进器应用的理想选择，也适用于空间有限的小型 ROV/AOV。无轮毂螺旋桨可以轻松牢过水草或绳索等漂浮物。此专利设计不含密封件，它是耐压、水润滑和无油的，设计使用户能够不到 10 秒的时间内快速更换螺旋桨，无须任何特殊工具。 "VERTEX" 号 AUV：专门为可扩展性而设计的，其以可接受的成本进行批量生产，体积小，重量轻，易于大量部署，并配备了一系列新颖的通信和本地化技术，可以作为一个团队进行合作。该团队开发了一种专为深潜器群设计的独特低频无线电系统，将水下机器人连接为无线电网络。先进的分布式调制算法可防止干扰并最大限度地提高通信吞吐量。"VERTEX" 号 AUV 配备了 5 个推进器和 2 个前向推进器，深潜器可以绕 3 个轴自由旋转，即使在静止时也能保持深度。"VERTEX" 可以配备多种微型电子设备来收集数据，无论是用于视频和图像的相机、用于测深研究的声呐还是用于环境测量的传感器。

参考文献

[1] 张洪亮. 深海空间站动力系统及其热管理研究[D]. 大连：大连理工大学出版社，2019.

[2] 苟鹏. 序列协同优化方法在深海空间站结构系统设计中的应用[D]. 上海：上海交通大学出版社，2009.

[3] 叶聪. 国外载人深潜技术的创新与发展[J]. 舰船科学技术，2023，45（1）：1-7.

[4] 曹俊. 深海潜水器装备体系现状及发展分析[J]. 中国造船，2020，61（1）：204-218.

[5] 徐文，李建龙，李一平，等. 无人潜水器组网观测探测技术进展与展望[J]. 前瞻科技，2022，1（2）：60-78.

[6] 黄明泉，徐景平，施林炜. ROV在海洋油气田开发中的应用及展望[J]. 海洋地质前沿，2021，37（2）：77-84.

[7] 杨波等. 载人潜水器——面向深海科考和海洋资源开发利用的"国之重器"[J]. 科技与社会，2021，36（5）：622-631.

[8] 胡震，曹俊. 载人深潜技术的发展与应用[J]. 中国工程科学，2019，21（6）：87-94.

[9] 连琏. 无人遥控潜水器发展现状与展望[J]. 海洋工程装备与技术，2018，5（4）：223-231.

[10] 国婧倩. AUV水下对接装置的关键技术研究[D]. 沈阳：东北大学出版社，2018.

[11] 张淏酥. 水下无人航行器的研究现状与展望[J]. 计算机测量与控制，2023，31（2）：1-40.

[12] 刘涛，王璇，王帅，等. 深海载人潜水器发展现状及技术进展[J]. 中国造船，2012，53（3）：233-243.

[13] 崔维成. 我国载人深渊器的发展策略及当前进展[J]. 江苏科技大学学报（自然科学版），2015，29（1）：1-9.

[14] 刘保华，丁忠军，史先鹏，等. 载人潜水器在深海科学考察中的应用研究进展[J]. 海洋学报，2015，37（10）：1-10.

[15] 徐伟哲，张庆勇. 全海深潜水器的技术现状和发展综述[J]. 中国造船，2016，57（2）：206-221.

[16] 秦蕊，李清平，姜哲，等. 深海空间站在海上油气田开发中的应用[J]. 石油机械，

2016, 44 (1): 51-54.

[17] 刘峰. 深海载人潜水器的现状与展望 [J]. 工程研究——跨学科视野中的工程, 2016, 8 (2): 172-178.

[18] 李一平, 李硕, 张艾群. 自主/遥控水下机器人研究现状 [J]. 工程研究——跨学科视野中的工程, 2016, 8 (2): 217-222.

[19] 朱大奇, 胡震. 深海潜水器研究现状与展望 [J]. 安徽师范大学学报（自然科学版）, 2018, 41 (3): 205-216.

[20] 连琏, 魏照宇, 陶军, 等. 无人遥控潜水器发展现状与展望 [J]. 海洋工程装备与技术, 2018, 5 (4): 223-231.

[21] 任玉刚, 刘保华, 丁忠军, 等. 载人潜水器发展现状及趋势 [J]. 海洋技术学报, 2018, 37 (2): 114-122.

[22] 胡震, 曹俊. 载人深潜技术的发展与应用 [J]. 中国工程科学, 2019, 21 (6): 87-94.

[23] 张洪亮. 深海空间站动力系统及其热管理研究 [D]. 大连: 大连理工大学出版社, 2019.

[24] 曹俊, 胡震, 刘涛, 等. 深海潜水器装备体系现状及发展分析 [J]. 中国造船, 2020, 61 (1): 204-218.

[25] 徐芑南, 叶聪, 王帅, 等. 蛟龙号载人潜水器在大洋勘探中的发展回顾与展望 [J]. 中国有色金属学报, 2021, 31 (10): 2738-2745.

[26] 李硕, 唐元贵, 黄琰, 等. 深海技术装备研制现状与展望 [J]. 中国科学院院刊, 2016, 31 (12): 1316-1325.

[27] 徐芑南, 胡震, 叶聪, 等. 载人深潜技术与应用的现状和展望 [J]. 前瞻科技, 2022, 1 (2): 36-48.

[28] 叶聪, 曹俊, 刘帅. 国外载人深潜技术的创新与发展 [J]. 舰船科学技术, 2023, 45 (1): 1-7.

[29] 科学家精神丛书编写组. 矢志攻坚 稳步挺进万米深海——载人深潜研发团队 [J]. 河海大学学报（自然科学版）, 2022, 50 (6): 2, 167.

[30] 王金平, 鲁景亮, 李风华. 以载人深潜器为标志的深海探测勘察技术将实现跨越发展 [J]. 中国科学院院刊, 2013, 28 (5): 645-648.

[31] 李文跃, 王帅, 刘涛, 等. 大深度载人潜水器耐压壳结构研究现状及最新进展 [J]. 中国造船, 2016, 57 (1): 210-221.

[32] 雷家峰, 马英杰, 杨锐, 等. 全海深载人潜水器载人球壳的选材及制造技术 [J]. 工程研究-跨学科视野中的工程, 2016, 8 (2): 179-184.

[33] 何成贵, 张培志, 郭方全, 等. 全海深浮力材料发展综述 [J]. 机械工程材料, 2017, 41 (9): 14-18.

[34] 郑超, 魏世丞, 梁义, 等. 深潜器结构材料腐蚀行为的研究现状 [J]. 材料保护, 2018, 51 (3): 103-106.

[35] 蒋鹏, 王启, 张斌斌, 等. 深海装备耐压结构用钛合金材料应用研究 [J]. 中国工程科

学，2019，21（6）：95-101.

[36] 杨锐，马英杰. 深潜装备用关键材料现状与展望[J]. 前瞻科技，2022，1（2）：145-156.

[37] 张滨，田达，宋竹满，等. 深潜器耐压壳用钛合金保载疲劳服役可靠性研究进展[J/OL]. 金属学报：1-16.

[38] 戴国群，陈性保，胡晨. 锂离子电池在深潜器上的应用现状及发展趋势[J]. 电源技术，2015，39（8）：1768-1772.

[39] 王莹. 深海探测装备的监控界面开发[D]. 杭州电子科技大学，2015.

[40] Walsh J B, Rainnie W D. ALVIN: OCEAN RESEARCH SUBMARINE [J]. MECHANICAL ENGINEERING, 2014, 136 (8): 28.

[41] Nakajoh H, Miyazaki T, Sawa T, et al. Development of 7000m work class ROV "KAIKO Mk-Ⅳ": OCEANS 2016 MTS/IEEE MONTEREY [Z]. MTS/IEEE Oceans Conference: 2016.

[42] Nakajoh H, Osawa H, Miyazaki T, et al. Development of work class ROV applied for submarine resource exploration in JAMSTEC: OCEANS, 2012-YEOSU [Z]. OCEANS MTS/IEEE Conference: 2012.

[43] Riqaud V, Michel J L, Ferguson J S, et al. First steps in Ifremer's autonomous underwater vehicle Program-A 3000m depth operational survey AUV for environmental monitoring: PROCEEDINGS of the FOURTEENTH (2004) INTERNATIONAL OFFSHORE and POLAR ENGINEERING CONFERENCE, VOL 2 [Z]. Matsui T, Chung J S, Michel J L, et al. 14th International Offshore and Polar Engineering Conference (ISOPE 2004): 203-208.

[44] 任玉刚，杨磊，丁忠军，等. JAMSTEC运行管理与装备发展现状分析与启示[J]. 海洋技术学报，2018，37（4）：109-118.

[45] McDonald G, IEEE. Operations to 11,000m: Nereus Ceramic Housing Design and Analysis: 2013 OCEANS-SAN DIEGO [Z]. MTS/IEEE Oceans Conference: 2013.

[46] 王建村，景春雷，田旭. 美国大型海洋装备运维现状及对我国的启示[J]. 海洋科学，2020，44（2）：171-179.

[47] 宋保维，潘光，张立川，等. 自主水下航行器发展趋势及关键技术[J]. 中国舰船研究，2022，17（5）：27-44.

[48] 侯海平，付春龙，赵楠，等. 智能自主式水下航行器技术发展研究[J]. 舰船科学技术，2022，44（1）：86-90.

[49] 陈舒，冯梁. 聚焦深海占领战略新高地——世界深海军事应用发展现状[J]. 北京：世界知识出版社，2018（24）：58-60.

[50] 王云飞，王志玲，宋伟，等. 水下潜器全球研发前沿识别与国家研发布局[J]. 科技管理研究，2022，42（14）：14-23.

[51] 孙盛智，苗壮，李杨，等. 无人潜航器作战运用模式及关键技术[J]. 现代防御技术，2022，50（5）：8-13.

[52] 钱洪宝, 俞建成, 韩鹏, 等. 我国大型深潜装备研发管理存在的问题及对策思考[J]. 高技术通讯, 2016, 26(2): 200-206.

[53] 史先鹏, 刘保华. 美国载人潜水器的应用和管理及其启示[J]. 海洋开发与管理, 2019, 36(8): 67-71.

[54] 齐海滨, 李德威, 刘保华, 等. 载人潜水器运行管理机制探析[J]. 海洋开发与管理, 2019, 36(7): 3-7.

[55] 张奕, 忠军. "蛟龙"号载人潜水器安全保障制度构建研究[J]. 海洋开发与管理, 2017, 34(11): 32-36.

[56] 陶军, 陈宗恒. "海马"号无人遥控潜水器的研制与应用[J]. 工程研究－跨学科视野中的工程, 2016, 8(2): 185-191.

[57] 中国船级社和中科院深海科学与工程研究所开展交流[J]. 中国船检, 2020, No.241(6): 3.

[58] 潘彬彬, 崔维成, 叶聪, 等. "蛟龙"号载人潜水器无动力潜浮运动分析系统开发[J]. 船舶力学, 2012, 16(1): 58-71.

[59] 马云鹏, 蒋陶, 尹艺. 世界六大海洋科研机构科研方向研究及对我国海洋科研机构的启示[J]. 中国海洋大学学报(社会科学版), 2022, No.190(S1): 14-20.

[60] 任翀, 李楠, 杜照鹏. 大深度无人潜航器研究现状及发展趋势[J]. 数字海洋与水下攻防, 2023, 6(1): 63-71.

[61] 刘雁集, 杨勇, 赵敏. 深海潜水器发展现状与关键技术[J]. 船舶工程, 2022, 44(11): 6-15.

[62] 李洁, 张哲浩. 中国科技护航万米载人深潜[N]. 光明日报, 2022-12-14(8).

[63] 张伟, 叶聪, 李德军, 等. 深海载人潜水器安全性研究进展[J]. 中国造船, 2022, 63(4): 83-92.

[64] 李向阳, 崔维成. 深海载人潜水器耐压球壳的接触有限元分析(英文)[J]. 船舶力学, 2004(6): 85-94.

[65] 田常录, 胡勇, 刘道启, 等. 深海耐压结构观察窗蠕变变形分析[J]. 船舶力学, 2010, 14(5): 526-532.

[66] 刘道启, 胡勇, 田常录, 等. 深海耐压结构观察窗应力分析[J]. 船舶力学, 2010, 14(Z1): 121-125.

[67] 刘道启, 胡勇, 王芳, 等. 载人深潜器观察窗的力学性能[J]. 船舶力学, 2010, 14(7): 782-788.

[68] 黄浔, 韩端锋, 刘峰, 等. 载人潜器锥台形观察窗蠕变特性分析[J]. 哈尔滨工程大学学报, 2019, 40(1): 12-19.

[69] 姜磊, 金凤来, 侯德永, 等. 大气环境控制技术在"蛟龙"号载人潜水器上的应用[J]. 舰船科学技术, 2014, 36(8): 127-132.

[70] 张伟, 杨申申, 程斐, 等. 深海潜水器防电解腐蚀的预警系统及运行方法: CN106501169B

[P]. 2019-07-19.
- [71] 杨友胜, 任荷. 潜水器浮力调节技术发展现状与展望[J]. 中国海洋大学学报（自然科学版）, 2019, 49（S1）: 110-119.
- [72] 郭悦. 智能水下机器人自救控制系统研究[D]. 华中科技大学, 2007.
- [73] 高波, 汤国伟. 深海载人潜水器可弃压载与应急抛载系统研究[J]. 中国制造业信息化, 2006（23）: 82-84.
- [74] 任玉刚, 刘庆亮, 李德威, 等. 基于蛟龙号载人潜水器的可弃压载配重装置改进设计与优化研究[J]. 机械工程师, 2016（8）: 43-46.
- [75] 鲍林. 全海深水下机器人多模式抛载技术研究[D]. 哈尔滨工程大学, 2018.
- [76] "彩虹鱼"号: 世界首个作业型全海深载人潜水器[N]. 海南日报, 2015-11-11（A03）.
- [77] 李志伟, 马岭, 崔维成. 小型载人潜水器的发展现状和展望[J]. 中国造船, 2012, 53（3）: 244-254.
- [78] 陈鹰, 杨灿军, 顾临怡, 等. 基于载人潜水器的深海资源勘探作业技术研究[J]. 机械工程学报, 2003（11）: 38-42.
- [79] 潘顺龙, 张敬杰, 宋广智. 深潜用空心玻璃微珠和固体浮力材料的研制及其研究现状[J]. 热带海洋学报, 2009, 28（4）: 17-21.
- [80] 江洪, 王微. 全球深海材料研究概况[J]. 新材料产业, 2013, No. 240（11）: 7-10.
- [81] 付本国. 载人潜水器水下对接关键技术研究[D]. 哈尔滨工程大学, 2009.
- [82] 孙谦, 王志鹏, 刘伟, 等. 深潜用空心微珠复合浮力材料研究进展[J]. 全面腐蚀控制, 2013, 27（9）: 31-33.
- [83] 王贺. 基于参数化的载人潜水器总体设计与优化[D]. 哈尔滨工程大学, 2019.
- [84] 霍海波, 郭明, 崔维成, 等. 深海潜水器电源系统的研究现状分析[J]. 电源技术, 2017, 41（8）: 1232-1235.
- [85] 赵羿羽. 创新环境下的海洋装备发展前景[J]. 船舶物资与市场, 2017, No. 144（2）: 38-40.
- [86] 招聪, 王孙清, 张炜, 等. 燃料电池在深海装备中的应用及关键技术[C]// 中国造船工程学会船舶力学学术委员会. 协同创新砥砺奋进——船舶力学学术委员会第九次全体会议文集, 2018: 5.
- [87] 袁学庆, 燕奎臣, 洪有陆, 等. 质子交换膜燃料电池在无缆水下机器人上的应用研究[J]. 机器人, 2003（2）: 123-126.
- [88] 侯明, 衣宝廉. 燃料电池技术发展现状与展望[J]. 电化学, 2012, 18（1）: 1-13.
- [89] 彭澎. 燃料电池技术及其在潜艇动力方面的应用前景[J]. 船电技术, 2003（1）: 27-30.
- [90] 蔡年生. UUV动力电池现状及发展趋势[J]. 鱼雷技术, 2010, 18（2）: 81-87.
- [91] 倪红军, 汪兴兴, 黄明宇, 等. 质子交换膜燃料电池及其双极板的研究[J]. 材料科学与工艺, 2008（2）: 250-254.

[92] 杨明, 王圣平, 张运丰, 等. 储氢材料的研究现状与发展趋势[J]. 硅酸盐学报, 2011, 39 (7): 1053-1060.

[93] 仝潘, 邹文天, 肖友军, 等. 核动力在深海领域的应用与发展[J]. 能源与环境, 2021, No. 168 (5): 46-48.

[94] 张彩坤, 陈国琳, 王磊. 国外核潜艇大潜深技术发展趋势[J]. 舰船科学技术, 2011, 33 (12): 134-137.

[95] 阎昌琪, 孙中宁, 李洪喜. 深海潜器用小型核动力的研制与发展前景[J]. 核动力工程, 2000 (4): 378-380, 384.

[96] 肖友军, 仝潘, 冯光, 等. 国外深海核动力装置应用发展概述[C]// 中国造船工程学会船舶力学学术委员会. 协同创新砥砺奋进——船舶力学学术委员会第九次全体会议文集. 2018: 5.

[97] 渠继东, 周念福, 张亦驰, 等. 深海载人原位研究装备发展概述[J]. 舰船科学技术, 2021, 43 (15): 148-153.

[98] 张雅砻. 高速度大潜深——苏联661型、685型试验核潜艇揭秘[J]. 舰载武器, 2007, 100 (12): 87-90.

[99] 赵佳欢. 浅析各国深海潜器用锂电池电性能[J]. 船电技术, 2022, 42 (10): 48-57.

[100] 吴天元, 江丽霞, 崔光磊. 水下观测和探测装备能源供给技术现状与发展趋势. 中国科学院院刊, 2022, 37 (7): 898-909.

[101] Venkateshan R, Venkatasamym A, Bhaskaran T A, et al. Corrosion of Ferrous Alloys in Deep Sea Environments [J]. British Corrosion Journal, 2002, 37 (4): 257-266.

[102] Sawant S S, Wagh A B. Corrosion Behaviour of Metals and Alloys the Waters of the Arabian Sea [J]. Corrosion prevention and Control, 1990 (36): 154-157.

[103] Venkatesan R. Studies on Corrosion of Some Structural Materials in Deep Sea Environment [J]. India Institute of Science, 2005 (18): 189-197.

[104] Logan H L. Studies of Hot Salt Cracking of the Titanium-8Al-1Mo-1V Alloy [C]//Proceedings of Conference on Fundamental Aspects of Stress Corrosion Cracking. Houston, Texas: Engineers National Association of Corrosion, 1969: 662-672.

[105] 王伟伟, 郭为民, 张慧霞. 不锈钢深海腐蚀研究[J]. 装备环境工程, 2010, 7 (05): 79-83.

[106] 黄彦良, 曹楚南, 林海潮, 等. 1Cr13不锈钢的应力腐蚀开裂和应力腐蚀的缓蚀剂[J]. 腐蚀科学与防护技术, 1994, 6 (4): 34-39.

[107] SCHUMACHER M. Seawater Corrosion Handbook [M]. Park Ridge: Noyes Data Corporation, 1979.

[108] 舒马赫. 海水腐蚀手册[M]. 李大超, 等译. 北京: 国防工业出版社, 1985.

[109] 黄桂桥. 铝合金在海洋环境中的腐蚀研究 (Ⅱ) ——海水全浸区16年暴露试验总结[J]. 腐蚀与防护, 2002 (2): 47-50.

[110] Zhoujianlong, lixiaogang, chengxuequn, et al. Corrosion Science and Protection Technology. 腐蚀科学与防护技术[J]. 中国科学院金属研究所, 2010, 22（1）: 47.

[111] 丁康康, 范林, 郭为民, 等. 典型金属材料深海腐蚀行为规律与研究热点探讨[J]. 装备环境工程, 2019, 16（1）: 107-113.

[112] 林俊辉, 淡振华, 陆嘉飞, 等. 深海腐蚀环境下钛合金海洋腐蚀的发展现状及展望[J]. 稀有金属材料与工程, 2020, 49（3）: 1090-1099.

[113] Sawant S S, Venkat K, Wagh A B. Corrosion of Metals and Alloys in the Coastal and Deep Waters of the Arabian Sea and the Bay of Bengal[J]. Indian Journal of Technology, 1993, 31（12）: 862-866.

[114] 孙飞龙, 李晓刚, 卢琳, 等. 铜合金在中国南海深海环境下的腐蚀行为研究[J]. 金属学报, 2013, 49（10）: 1211-1218.

[115] 程德彬, 刘文慧, 苏孟兴, 等. 深海装备防腐涂料研究进展与性能要求[J]. 涂层与防护, 2023, 44（1）: 1-5.

[116] Espelid B, Schei B, Sydberger T. Characterization of sacrificial anode materials through laboratory testing[C]. Corrosion, Houston: NACE, 1996: 551.

[117] 邢少华, 李焰, 马力, 等. 深海工程装备阴极保护技术进展[J]. 装备环境工程, 2015, 12（2）: 49-53.

[118] Feng L C, Qiao B, He Y Q, et al. Development of ceramic matrix composite used in deep-sea environment[J]. Mater. Heat Treat., 2012, 41.

[119] 郭为民, 孙明先, 邱日, 等. 材料深海自然环境腐蚀实验研究进展[J]. 腐蚀科学与防护技术, 2017, 29（3）: 313-317.

[120] 刁宏伟, 等. 水下滑翔机研究现状及发展趋势[J]. 舰船科学技术, 2022, 44（6）: 8-12.

[121] 李子凡. 1500 米水深载人潜器总体设计研究[D]. 哈尔滨工程大学, 2014.

[122] 刘涛. 大深度潜水器结构分析与设计研究[D]. 中国舰船研究院, 2001.

[123] 孙鹏飞. 全海深载人潜水器水动力性能研究及参数优化[D]. 上海海洋大学, 2020.

[124] 夏学知, 陈雁飞, 曹江丽. 深海信息体系构想及关键技术[J]. 中国工程科学, 2019, 21（6）: 102-105.

[125] 吕翀. 自主式水下机器人智能控制[D]. 哈尔滨工程大学, 2008.

[126] 杜志元, 杨磊, 陈云赛, 等. 深海信息体系构想及关键技术[J]. 海洋开发与管理, 2019（10）: 55-60.